中国共产党
早期乡村建设思想研究

王景新　鲁可荣　郭海霞 ◎ 编著

中国社会科学出版社

图书在版编目（CIP）数据

中国共产党早期乡村建设思想研究／王景新，鲁可荣，郭海霞编著．—北京：中国社会科学出版社，2011.6

ISBN 978 – 7 – 5004 – 9889 – 6

Ⅰ.①中…　Ⅱ.①王…②鲁…③郭…　Ⅲ.①中国共产党 – 城乡建设 – 经济思想史 – 研究　Ⅳ.①F092.7

中国版本图书馆 CIP 数据核字（2011）第 109195 号

责任编辑　宫京蕾
责任校对　石春梅
封面设计　郡　婷
技术编辑　李　建

出版发行　中国社会科学出版社
社　　址　北京鼓楼西大街甲 158 号　　　邮　编　100720
电　　话　010 – 84029450（邮购）
网　　址　http://www.csspw.cn
经　　销　新华书店
印　　刷　北京君升印刷有限公司　　　装　订　广增装订厂
版　　次　2011 年 6 月第 1 版　　　印　次　2011 年 6 月第 1 次印刷
开　　本　710×1000　1/16
印　　张　16.75　　　插　页　2
字　　数　223 千字
定　　价　36.00 元

目　　录

总　论

中国乡村建设思想的渊源、
发展脉络及框架体系

一　中国乡村建设思想的渊源及历史影响

中国具有悠久的农耕文明历史，中国历史主要是农村社会的绵延。中古时代的华夏文明是建立在农村基础上的文明，中国近代化的进程本质上也是乡村社会变迁的过程。尽管自 1840 年鸦片战争以来，"现代产业兴起，工商业城市兴起，农村地位的重要性大大降低，但是农村仍然是决定国家命运的重大因素，对国家的治乱兴衰仍有很大的决定作用。"① 与悠久的农耕文明史紧密关联，中国思想文化宝库中，乡村建设思想源远流长、积淀厚重。最早研究民国乡村运动史的陈序经在《乡村建设运动》第一章写道："国人重视乡村的观念，本来很早，老子说，'修之与乡，其德乃长'；孔子说'吾观于乡，而王道易易'……至于孟子所谓'死徙无出乡，乡里同井，出入相友，守望相助，疾病相扶持'，可以说是孔子、老子的理想乡村的注脚。此后，王阳明、吕新吾，对于乡治不但重视，而且有具体的计划，并努力实行。"② 陈序经基本勾画了中国乡村建设思想史的源头。

---

① 王桧林：《序》，参见朱汉国《梁漱溟乡村建设研究》，山西教育出版社 1996 年版，第 1 页。

② 陈序经：《乡村建设运动》，大东书局 1946 年版，第 5 页。

（一）"民惟邦本、本固邦宁"的思想

民为邦本的思想最早见于《尚书·五子之歌》的记载："黄祖有训，民可近，不可下。民惟邦本，本固邦宁。"① 春秋战国时期，诸子百家的民本思想演化为多个侧面。比如：孔子与民生息、惠民和裕民的思想，如"足食、足兵、民信之也"②，"敬事而信，节用而爱人，使民以时"③，"君子之行也，度于礼，施取其厚，敛从其薄……"④；荀子的民水君舟思想，"君者，舟也；庶人者，水也。水则载舟，水则覆舟"⑤；孟子的民贵君轻以及牧民及教民的思想，"民为贵，社稷次之，君为轻"，"以逸道使民，虽劳不怨，以生道杀民，虽死不怨杀者……"⑥；《左传·襄公三十一年》载，"《大誓》云：民之所欲，天必从之"⑦。

中国传统文化中以儒家思想为核心的民本思想，包括惠民、裕民、愚民、驭民等多个侧面，不仅将与民生息、富民强兵，以及民心向背等对国家政权和经济社会发展的极端重要性概括得淋漓尽致，而且将愚民、制民的"技巧"和管理思想也发展到极致。民本思想传承至今，经久不衰，在继承与创新中发展成为当今中国执政党和政府执政行政的基本理念，"科学发展"、"执政为民"、"以人为本"、"改善民生"、"尊重人民主体地位和保障人民各项权利"等思想，已成为新时代强音。

---

① 孔子：《尚书》，吉林人民出版社 1996 年版，第 128 页。

② 朱熹：《四书集注》，海南国际新闻出版中心 1992 年版，第 167 页。

③ 同上书，第 67 页。

④ 左丘明：《左传》，吉林人民出版社 1996 年版，第 738 页。

⑤ 《荀子·哀公篇》，转引自中国文明网"国学经典"，http://hxd.wenming.cn/gxt/content/2010 - 10/09/content_ 170634. html。

⑥ 朱熹：《四书集注》，海南国际新闻出版中心 1992 年版，第 504 页。

⑦ 左丘明：《左传》，吉林人民出版社 1996 年版，第 500 页。

（二）理想社会与大同、小康思想

《礼记·礼运篇》开篇写道："……大道之行也，天下为公。选贤与能，讲信修睦。故人不独亲其亲，不独子其子。使老有所终，壮有所用，幼有所长，矜寡孤独废疾者皆有所养。男有分，女有归。货恶其弃于地也，不必藏于己；力恶其不出于身也，不必为己。是故谋闭而不兴，盗窃乱贼而不作。故外户而不闭。是谓大同。今大道既隐，天下为家。各亲其亲，各子其子。货力为己。大人世及以为礼，城郭沟池以为固，礼义以为纪；以正君臣，以睦兄弟，以和夫妇，以设制度，以立田里，以贤勇智，以功为己。故谋用是作，而兵由此起，禹、汤、文、武、成王、周公由此其选也。此六君子者，未有不谨于礼者也。以著其义，以考其信。著有过，刑仁讲让，示民有常。如有不由此者，在势者去，众以为殃。是谓小康。"这段论述，表达了儒家思想对大同、小康理想社会的向往与追求。

尽管"大同小康"之论是否出于孔子之口一直以来存在争议，[①]但并不影响这一思想的传承。今日，中国共产党的十七大报告郑重承诺，"必须在经济发展的基础上，更加注重社会建设，着力保障和改善民生，……促进社会公平和正义，努力使全体人民学有所教、劳有所得、病有所医、老有所养、住有所居，推动建设和谐社会"[②]。这一目标，不仅向人们展示了全面小康及和谐社会的新画卷，同时充分体现出对中国传统思想文化的继承和弘扬。

（三）抑制兼并、均田和限田的思想

土地政策思想是乡村建设思想的根基。自周朝始至辛亥革命以前，"抑制兼并"、"均田"和"限田"思想周而复始，构成了中国

---

① 裴传永：《"大同小康"论并非孔子辩》，《孔子研究》2003 年第 6 期，第 12—21 页。

② 胡锦涛：《高举中国特色社会主义伟大旗帜为夺取全面建设小康社会新胜利而奋斗——在中国共产党第十七次代表大会上的报告》，人民出版社 2007 年版，第 37 页。

传统土地政策思想的主要特色。

土地问题一直是历代统治者所关注和重视的政务。管子认为，"地者，万物之本源"，"夫民之所生，衣与食也。食之所生，水与土也"；《商君书·徕民法》中说，"意民之情，其所欲者田宅也"。因此，"地者，政之本也，是故地可以正政也"；"理国之道，地德为首"；"地不平均和调，则政不可正也"①。显然，有无土地以及土地占有关系是否均衡，是民心趋从和离散的重大问题。上述思想在历史上不断发展，并被载入《资治通鉴》流传至今。

中国历史上土地"强制兼并"和"抑制兼并"的故事反复演绎，与此相对应的是朝代更迭的周而复始。强制兼并和掠夺土地的典型案例，如两宋时期的"公田法"和清代前期的"圈地令"。均田和限田的典型案例，如盛行于西周的"井田制"、晋代的"占田制"、北魏的"均田制"。强制兼并和掠夺带来极其严重的经济、政治后果，因此抑制兼并、均田和限田思想和政策主张在封建社会一直占据着重要地位。从两汉时期提出限田主张，经过唐宋时期抑制兼并思想的演变，到明清时已经形成了相当完备的理论。时至今日，"土地兼并必然引发社会动荡"的后此谬误，仍然严重制约着我国农村土地制度改革的深化。

"普天之下，莫非王土"，土地占有王权化的思想根深蒂固。中国自秦汉以来实行地主土地私有制，但在至高无上的皇权统治下，地主土地所有制、自耕农小土地所有制等私有土地权利并不稳定。田产可以随时易主，农民的私有土地产权没有保障。传统土地文化的王权化的"劣根性"挥之不去，演化为今日之"公权"对农民土地权益的侵害。

传统的土地经济理论和政策思想，既是现代中国土地制度变迁财

---

① 管子和商鞅语，均转引自马伯煌《中国经济政策思想史》，云南人民出版社 1993 年版，第 116—117 页。

富，又是土地制度创新的历史文化包袱。20 世纪土地革命和制度变迁就是在上述文化传统和制度基础上开始的；21 世纪的土地制度深化改革，还将受到这些思想的影响。这就是中国土地问题的特殊性。

（四）　农业是国家兴衰和社会稳定基础的思想

重视农业不仅是为了发展社会经济，而且是国家政权和社会稳定的最重要基础。周公在总结商代灭亡的教训时告诫："呜呼！君子所，其无逸。先知稼穑之艰辛，乃逸，则知小人之依。"周公把"不知稼穑之艰辛，不闻小人之劳"列为商代灭亡的重要原因①。《商君书·农战第三》开篇写到，"凡人主之所以劝民者，官爵也。国之所兴者，农战也"；又说"善为国者，仓廪虽满，偷于农"②，把农业和战争看成国家兴衰的头等大事，告诫人们，仓廪虽满也不要放松农事。

春秋战国时期，我国农业思想有了较大发展。如孟子以仁政为核心，论述用制产、轻敛和助农等方式保障百姓"饱食暖衣"。他说："夫仁政，必自经界始。经界不正，井地不均，谷禄不平……经界即正，分田制禄可坐而定也"；"民之为道也，有恒产者有恒心，无恒产者无恒心"③，"是故明君制民之产，必使足以事父母，府足以畜妻子"；同时"易其田畴，薄其税敛，民可使之富"④，还要采取"春省耕而补不足，秋省饮用水敛而助不给"⑤ 的措施，帮助农夫和扶持农业。同一时期，重视农业的思想还有：计然（计倪）的农业丰歉循环论的思想；墨翟惟从劳动力、财政、消费、储备等方面关注发

---

① 孔子：《尚书》，吉林人民出版社 1996 年版，第 84 页。
② 中央财政金融学院汉语教研室编：《财经古文选》，中国财政经济出版社 1983 年版，第 40 页。
③ 朱熹：《四书集注》，海南国际新闻出版中心 1992 年版，第 336、333 页。
④ 胡衍净：《试论孟子的"农本"思想》，《农业考古》2005 年第 5 期，第 20—21 页。
⑤ 朱熹：《四书集注》，海南国际新闻出版中心 1992 年版，第 470 页。

展农业生产方面的主张；老子对统治者聚敛、农业凋敝和税赋苛重的批评，以及"小国寡民"理想社会模式的向往和对统治者在经济管理上失于职守、导致农业凋敝的批评及其同情民苦的思想；韩非关于农业生产要遵行自然规律和尽量发挥人的主观能动性的思想，"不以小功妨大务，不以私欲害人事，丈夫尽于耕农，妇人力于织纴，则人多"①；等等。

在中国历朝历代的经济政策中，发展农业占据首要地位。农业经济思想史研究成果汗牛充栋，本书不赘述。总而言之，历代帝王的农业政策是以安置流民、减免税租、兴修水利、鼓励垦荒、颁行田制、指导生产、组织屯田、储粮赈灾等为主。"这些思想不仅在当时对农业生产产生了巨大作用，而且对后世的农业经营管理乃至社会发展都产生了重要影响，时至今日仍不乏启迪意义。"②

（五）定四民之居、士农工商各居其所各司其职的思想

中国重视农业、保护商务、善待工匠的思想历史悠久。管仲首先将民划分成士、农、工、商四民，主张将四种人固定集居起来，即"处士……就闲燕，处工就官府，处商就市井，处农就田野"③。司马迁的《史记·货殖列传》写道："《周书》曰，'农不出则乏其食，工不出则乏其事，商不出则三宝绝，虞不出则财匮少'，财匮少则山泽不辟矣。此四者，民所衣食之原也。"④ 表明了古人对农工商士相互依存关系的认识。司马迁还说："故待农食之，虞而处之，工而成之，商而通之。此宁有政教发征期会战？人各任其能，竭其力，以得所欲。故物贱之征贵，贵之征贱，各劝其业，乐其事，若水之趋

---

① 钟祥财：《中国农业经济思想史》，上海社会科学院出版社1997年版，第44页。
② 颜玉怀：《春秋战国时期的农业经营思想及其对现代农业的启示》，《中国古代史研究》2003年第1期。
③ 转引自钟祥财《中国农业经济思想史》，上海社会科学院出版社1997年版，第8页。
④ 司马迁：《史记》（4），吉林人民出版社1996年版，第1696页。

下，日夜无休时，不招而自来，不求而民出之。岂非道之所符，而自然之验邪？"① 这就是说，只要人们各尽其能，各劝其业，农工商各业可以协调发展，物价也可以自动调节。"司马迁在《史记·货殖列传》中的论述与亚当·斯密的《国富论》中的'看不见的手'的最初论述比较，……它们如出一辙，当然司马迁比斯密早了1800多年。"②

"重农抑商"的思想曾一度在中国历史上居于主流，但是，在乡土文化尤其是一些名门望族的传家思想中，士农工商各居其所的思想仍然传承不息。浙江兰溪《诸葛氏宗谱》记载："士农工商，谓之四民，四民俱备，各举其职，而国力以强"；"国有四民，而诸葛有其二，故能卓然自立，声施烂然，而为兰溪之望族也"。类似诸葛亮后裔这样的名门望族，大都以耕读传家，以农业稳家，以工商发家，彰显出乡土中国的农耕文化与工商业文化交互融合的传统思想的魅力。

（六）患难相恤、邻里互助合作的思想

《左传》就有"亲仁、善邻，国之宝也"；"天灾流行，国家代有。救灾恤邻，道也。行道有福"③ 等思想。古人不仅把善邻看做是国家之宝、人间正道，而且把传统邻里关系由日常交往关系拓展到"救灾恤邻"等社区公共职能层面。

《论语》说，"里仁为美"；"德不孤，必有邻"，阐明了"择邻而居、德不孤立，必以类应"的道理④。孟子说："死徙无出乡。乡田同井，出入相友，守望相助，疾病相扶持，则百姓和睦。方里而井，井九百亩，其中为公田，八家皆私百亩，同养公田。公事毕，

---

① 司马迁：《史记》（4），吉林人民出版社1996年版，第1696页。
② 王福重：《人人都爱看经济学》，人民邮电出版社2008年版，第32页。
③ 左丘明：《左传》，吉林人民出版社1996年版，第18、144页。
④ 朱熹：《四书集注》，海南国际新闻出版中心1992年版，第90、96页。

然后敢治私事，所以别野人也"①。这段文字论证了邻里守望相助的必要性，证明"井田者，九百亩，公田居一"的历史存在，说明了早在夏商周时期我国先民就创造了"邻"、"里"基层组织，形成了"同养公田"共同耕作的原始合作生产形式。

邻里互助合作的思想一直沿袭下来。北宋神宗熙宁九年（1076），陕西蓝田吕大钧（1031—1082）首创《吕氏乡约》，用契约规范将邻里互助思想固定下来。《乡约》的做法后经南宋朱熹推行于全国，成为中国农村采用的一种社会制度。在乡约制度下，透过教化，发挥人的爱心，为少数疲、癃、残、疾、恫、独、鳏、寡者提供了社会保障。近现代，梁漱溟、晏阳初等学者倡导村学乡学、农民合作，也是以《吕氏乡约》为蓝本的。不可否认，当今中国农村社区自助、互助、合作劳动与集体经济的思想，也是对中国传统乡土文化继承与创新。

（七）乡里制度及其基层自治的思想

中国农村治理结构中，乡里制度具有十分古老的历史。《尚书·酒诰》载，"自成汤咸至于帝乙，成王畏相惟御事，厥棐有功，不敢自暇自逸，矧曰其敢崇饮？越在外服，侯甸男卫邦伯，越在内服，百僚庶尹，惟亚惟服、宗工越百姓里居，罔敢湎于酒"②。周公颁布的中国最早的戒酒令，不但指出了从成汤到帝乙殷商的各代名君贤相到百姓"里居"没有人敢酗乐在酒中，而且透露出古代地方行政官吏次序——侯、甸、男、卫、宗室、贵族、里居等。按照学者张厚安的研究，商朝的社会基层组织是家族，民众按族而居，一族居住之地即为"里"，选出"里君"进行管理。《尚书大传·卷二》记载："古八家而为邻，三邻而为朋，三朋而为里，五里而为邑，十邑

---

① 朱熹：《四书集注》，海南国际新闻出版中心1992年版，第337—338页。

② 孔子：《尚书》，吉林人民出版社1996年版，第66页。

而为都，十都而为师，州十有二师焉。"这段记录与井田制有关，一井九百亩，中间百亩为公田，外围八家皆私百亩，"八家为邻"是最基层的组织，三邻（24 户）成"朋"，三"朋"（72 户）"成里"，说明汉语里的"邻里"、"朋友"等名词是由中国古代乡村基层组织名称演化而来。

中国最早的乡制出现在殷周时期。《汉书·食货志》载："'殷周之盛'……在壄（野）曰庐，在邑曰里。五家为邻，五邻为里，四里为族，五族为党，五党为州，五州为乡"[①]，表明了中国历史上邻里组织的变化。西周时期，王畿以城周围百里为郊，郊内设乡；郊外设遂。周王室直接管理六乡六遂，诸侯管理三乡三遂。乡遂之下的基层组织是：五家为比，五比为闾，四闾为族，五族为州，五州为乡。遂之下的基层组织是：五家为邻、五邻为里，四里为酇、五酇为鄙、五鄙为县，五县为遂。可见，西周乡遂同级，但不是县以下组织。春秋时期，随着井田制的破坏，县以下出现了乡（亭）、里、十、伍四级组织。战国时期，这种组织已经普遍存在于各国乡村。秦统一天下后，县是地方基本行政单位，县以下的基层组织统一为乡（亭）、里，里以下的居民则按什伍编制，是为乡里制。秦时乡里制度走向了成熟。

秦以后，乡里制度虽然经过了多次演变和曲折发展，但其基本架构和治理思想一直沿袭至今。就乡里制度的组织结构而言，乡（亭）以下一般为里、闾、邻或"什伍"或保甲等。从组织职责看，主要是维持社会治安，编制和监督户口，征收赋役，教化以及组织乡邻患难相恤、互助等事宜。从基层官吏来源而言，大多任（选）用当地的地主豪绅以及退休归里的官吏。乡里制度主要特征是基层社区自治，从古代部落自治、族群自治到乡里制度，再到近现代"乡绅治理"，这大概就是所谓"王权不下县"。事实证明，中国"乡政村

---

①　张厚安：《中国农村基层政权》，四川人民出版社 1992 年版，第 31—36 页。

治"格局和村民自治、民主管理的思想与中国乡里制度的思想文化一脉相承。

二　百年乡村建设及其思想发展脉络

孙中山作为资产阶级民主革命的伟大先行者,在他的早期思想中就蕴含了发展农业、改造和建设乡村的志向。辛亥革命后,他的乡村建设思想在建国方略中得到了充分的体现。在孙中山的影响下,民国的乡村建设运动风起云涌,形成了许多有价值的实践经验和思想观念,其中乡村建设派的做法及其思想影响最大,当今仍在海内外效仿和传播。

百年以来,中国共产党肩负着中华民族伟大复兴的历史使命。"伟大的革命先行者孙中山先生一九一一年领导的辛亥革命,推翻了清王朝,结束了两千多年的封建帝制。但是,中国社会的半殖民地、半封建性质并没有改变。无论是当时的国民党,还是其他资产阶级和小资产阶级政治派别,都没有也不可能找到国家和民族的出路。只有中国共产党才给人民指出了中国的出路在于彻底推翻帝国主义、封建主义的反动统治,并进而转入社会主义。"①

自 1919 年五四运动到中国共产党创立,共产党人就把农民问题看成是民主革命的中心问题,以主要精力领导农民运动和开展乡村建设。从 1921—1937 年,围绕土地革命这一中心,中国共产党在中央苏区成功地领导了农民运动、政权建设、经济建设和文化建设。抗日战争和解放战争期间,仍然在延安边区和各解放区开展以土地改革、发展经济为主体的乡村建设。新中国 60 多年的历程中,中国乡村发生了翻天覆地的变化,尤其是改革开放 30 多年来,中国乡村

---

① 《中国共产党中央委员会关于建国以来党的若干历史问题的决议》,参见中共中央文献研究室编《十一届三中全会以来党的历次全国代表大会中央全会重要文件选编》(上),中央文献出版社 1997 年版,第 157—158 页。

向现代化飞跃式跨进，取得了举世公认的辉煌成就，农村改革发展思想被当成"中国经验"在当今世界尤其是发展中国家推广。中国共产党90年的光辉历程，从"建立农村根据地，以农村包围城市，最后夺取城市"①，到土地改革，互助合作及人民公社，再到"第二次农村包围城市"的改革，一路走来，农村革命（"改革是中国的第二次革命"②）和现代化建设，始终是中国共产党领导国家革命和建设的先导。共产党为中国近现代百年乡村建设思想史写下了浓墨重彩的一笔，是居于统治地位的主体思想史。

中国百年乡村建设思想史，在中国近现代经济社会变迁史上应该占有重要地位，在世界乡村发展理论体系中也应该占有重要地位。

（一）孙中山的乡村建设思想

孙中山的乡村建设思想具有先驱性和开创性，对国共两党的乡村建设思想形成、发展以及其他派别的乡村建设实验都产生了重要影响。

1. "平均地权"和"耕者有其田"的思想

孙中山以"三民主义"为基本内容的建国方略中，"平均地权、节制资本"、"耕者有其田"等思想主张最为著名和影响深远。"平均地权"首次见诸文字是1903年秋，孙中山为（日本东京训练班）学员制定的誓词是"驱除鞑虏、恢复中华、创立民国、平均地权"③。1905年成立中国同盟会时，孙中山将其作为同盟会纲领，同年11月创立的同盟会机关报《民报》发刊词中，第一次把同盟会的十六字纲领概括为"三民主义"，即民族主义、民权主义、民生主义，而民生主义的基本内容就是"平均地权、节制资本"。1924年，国民党第一次全国代表大会通过的《宣言》，对三民主义作了适应潮流的新

---

① 《毛泽东选集》（第五卷），人民出版社1977年版，第307页。

② 《邓小平文选》（第三卷），人民出版社1993年版，第113页。

③ 钟祥财：《中国农业经济思想史》，上海社会科学院出版社1997年版，第514页。

解释:"所谓平均地权就是私人所有的土地,由地主估价呈报政府,国家就价征税,并于必要时依报价收买之;农民之缺田地,沦为佃户者,国家当给以土地,资其耕种"[①]。他还提出,"核定天下地价,仍属原主所有;其革命后社会改良之增价,则归于国家,为国民所共享",表达了他"土地增值归公"的思想。

"平均地权"是受古代井田制、均田和限田等思想影响,孙中山曾说,平均地权论即"井田之遗意也"。因为"井田之法,既板滞而不可复用,则惟有师其意而已"[②];另一方面,明末清初杰出思想家王夫之的"土地民有"和清初反对土地兼并的激进思想家王源的"有田者必自耕"主张,也可能对孙中山的思想产生了影响。王夫之在中国历史上第一次提出了"土地民有"的论点,民有之土地可以自耕和佃耕。王源则强调,"有田者必自耕,毋募人以代耕。自耕者为农,更无得为士为商为工……不为农则无田,士商工且无田,况官呼"[③]。

孙中山晚年,由于受中国共产党和苏联社会主义革命的影响,"平均地权"思想有了重大发展。他说:"现在的农民,都不是耕自己的田,都是替地主来耕田,所生产的农产品,大半是被地主夺去了。……如果不能够解决这个问题,民生问题便无从解决。"[④]他还说:"我们现在革命,要仿效俄国这种公平办法,也要耕者有其田,才算是彻底的革命。"[⑤]可见,孙中山"耕者有其田"思想,既包含"平均地权"的主张,又包含"有田者必自耕"的思想内涵。

---

① 转引自杜虹《20 世纪中国农民问题》,中国社会出版社 1998 年版,第 2—4 页。

② 《孙中山全集》第 5 卷,中华书局 1981 年版,第 193 页。

③ 钟祥财:《中国农业经济思想史》,上海社会科学院出版社 1997 年版,第 332、341 页。

④ 《孙中山全集》第 9 卷,中华书局 1986 年版,第 400 页。

⑤ 《孙中山全集》第 10 卷,中华书局 1986 年版,第 556 页。

2. 以农为经、以商为纬富强国家的思想

孙中山历来重视发展农业。他在 1890 年《致郑藻如书》中就提出："今天下农桑之不振，鸦片之为害，亦已甚矣！"[1] 由此，他提出"兴农会以倡革农桑业"、"立会设局以禁绝鸦片"和"兴学会设学校以普及教育"三点改良乡政的建议。1891 年，孙中山撰写《农功》一文，建议清政府派员出洋考察，"参仿西法"、"讲求树艺农桑、养蚕牧畜、机器耕种、化瘠为腴一切善法"[2]。1893 年 12 月，孙中山《上李鸿章书》指出，"夫国以民为本，民以食为天，不足食胡以养民？不养民胡以立国？是在先养而后教，此农致之兴尤为今日之急务也"[3]。强调"农桑之大政，为生民命脉之所关"；"凡有利于农田者无不兴，无利于农田者无不除"。[4]

孙中山强调农工商要协调发展。他在《农功》中指出，"以农为经，以商为纬，本末备具，巨细毕赅，是即强兵富国之先声，治国平天下之枢纽也"[5]。他在《中国事业如何发展》中还提出，发展农业与发展矿业同样重要，他说"盖农矿二业，实为其他种种事业之母也。农、矿一兴，则凡百事业由之而兴矣"[6]。

3. 城市与乡村相互配合与促进的思想

孙中山的《建国方略·实业计划》包括交通建设、开辟商港、在铁路中心和商港等地的都市建设、发展水力、建立钢铁和水泥工厂以供国内建设所需、发展矿业、发展农业和灌溉、在中国北部中部造林八个方面的内容，表达了他"将城市发展和农村发展作综合规划，强调中国的实业建设要将'中心'（城市）与'腹地'（农

---

[1] 《孙中山全集》第 1 卷，中华书局 1981 年版，第 3 页。
[2] 同上书，第 5 页。
[3] 同上书，第 17 页。
[4] 同上书，第 10—18 页。
[5] 同上书，第 6 页。
[6] 同上书，第 134 页。

村）有机联系起来，农业的振兴要与工矿业、商业的发展结合起来，形成城市与乡村的良性相互促进"①的思想。他说，长江流域"在中国为农矿产最富之区而居民又极稠密也。以整治长江工程完成之后，水路运送，所费极廉，则此水路通衢两旁，定成为实业荟萃之点，而又有此两岸之廉价劳工附翼之，则即所谓将来沿江两岸，转瞬之间变为两行相连之市镇，东起海边，西达汉口者，非甚奇异之事也"②。

4. 实行县域自治、发展合作经济的思想

以县域为单位实现地方自治是孙先生乡村建设思想的重要组成部分。基于中国当时的政况，为解决中央集权与地方分权这一矛盾，孙中山提出了地方自治的主张。他在《地方自治实行法》中规定，"地方自治之范围，当以一县为充分之区域"，自治区域内"凡成年之男女悉有选举权，创制权，复决权，罢官权"，地方自治机关对地方人民负责，"每年当公布预算决算，并拟举办之事业，以求人民同意"③，人民对于地方自治单位应尽义务。孙中山还把地方自治机构举办合作经济看成是改造乡村社会的重要手段，希望通过举办合作经济，培养农民的合作意识与合作观念，实现乡村社会秩序的重建。

5. 重视农业科技、乡村文化教育和社会建设

孙中山的《致郑藻如书》、《农功》、《上李鸿章书》等早期著作强调对农民进行科学技术教育。他指出："盖人民则日有加多，而土地不能以日广也。倘不日求进益，日出新法，则荒土既垦之后，人民之溢于地者，不将又有饥馑之患乎？是在急兴农学，讲求树畜，速其长植，倍其繁衍，以弥此憾也。"④ 孙中山重视农业机械的使用，

---

① 吴恒心：《孙中山农业近代化思想论析》，《中国农史》2002 年第 21 卷第 3 期，第 104—106 页。

② 《孙中山选集》，人民出版社 1981 年版，第 255 页。

③ 《孙中山全集》第 5 卷，中华书局 1985 年版，第 220 页。

④ 《孙中山全集》第 1 卷，中华书局 1981 年版，第 11—137 页。

指出"农官既设，农学既兴，则非有巧机无以节其劳，非有灵器无以速其事，此农器宜讲求也。……我中国宜购其器而仿制之"①。中华民国成立以后，他在《建国方略·实业计划》中提出："开放废地，改良农地"，"则农器之需要必多"②，因此需要设立农器制造厂。在《三民主义第三讲》中他再次强调，"如果用机械来耕田，生产厂至少可以多一倍，费用可减轻十倍或百倍……若用机械生产便可养活八万万人"③。孙先生重视农村启蒙教育和农村文化建设，指出，"凡在自治区域之少年男女，皆有受教育之权利，学费、书籍与及学童之衣食，当由公家供给。学校之等级由幼稚园而小学，而中学，当陆续按级而登，以至大学而已。教育少年之处，当设公共讲堂、书库、夜学，为年长者养育知识之所"④。孙中山的社会建设构想包括了经济建设、政治建设、文化建设、思想建设等各个方面，强调既要有破又要有立；既要依靠农民自身的力量，又需借助政府和社会之力。⑤

综上所述，孙中山乡村建设思想脉络是：以耕者有其田作为解决乡村问题的前提条件，以农业与工商各业协调发展、城乡相互促进作为农民富裕和国家富强的主要途径，以实行县域自治、发展合作经济、重视农业科技、乡村文化教育和社会建设作为解决民生问题和改造社会的根本道路。

（二）民国乡村建设思想

1. 早期的村治、村政和地方自治

乡村建设实验可以上溯晚清米氏父子的"村治"活动。光绪三

---

① 《孙中山全集》第 1 卷，中华书局 1981 年版，第 10 页。

② 《孙中山选集》，人民出版社 1981 年版，第 349—350 页。

③ 同上书，第 850—851 页。

④ 《孙中山全集》第 5 卷，中华书局 1985 年版，第 220—221 页。

⑤ 欧阳仕文、陈金龙：《孙中山关于乡村社会建设的构想》，光明日报，2010 年 7 月 6 日。

十年（1904），河北定县翟城村米鉴三、米迪刚父子通过乡村教育和发展农业来推动乡村建设。在教育方面，米氏父子创设国民初级小学校与女子学塾，又有农村识字班，后改为简易识字班、半日学校、乐贤会、宣讲所等。在农业方面，米氏父子仿效《吕氏乡约》，制定了看守禾稼、保护森林、禁止赌博等规约。民国三年（1914），河北定县县长孙发绪对翟城村的乡村工作倍加赞赏并加以提倡。米氏父子除了教育和农业以外，对于乡村卫生、保卫、路政风俗等都加以改善，还创设了利协社与村公所。

孙发绪和阎锡山的山西村政。孙发绪于民国五年（1916）离开定县到山西任省长，他到任后关注山西村政建设，又得到督军阎锡山的支持。山西村政建设实际上是通过建立邻（五家为邻）、闾（二十五家为闾）和村的体制，达到更严密控制乡村和农民的目的；所办村政除编查户口以外，尚有禁赌、禁蓄辫、禁裹足、植树、开渠、养牛六项。山西村政经过了官厅提倡村治和村民自办村治两个阶段，但在当时的条件下，"村民自办村治"也是在官厅严格控制下的。山西村政建设的政治因素很明显，又因为毗邻陕西，1935 年太原绥靖公署阎锡山从巩固割据目的出发，呈请国民政府实行"土地村公有制"，企图通过解决农民土地问题，以防止"共匪即以土地革命为夺取农民心理之要诀"，堵死农民"亦受共匪之煽惑"的通途，在武力防共之外构筑"政治防公、思想防共"①的防线。出于政治和军事斗争需要，"山西村政"得到了国民政府的支持和推崇。

地方实力派的乡村建设，首推宛西彭禹廷及他创办的乡村治理学院。当时的宛西，乡村残破，经济凋敝，土匪猖獗，民众饱受痛苦。1929 年 1 月，河南省政府任命彭禹廷为河南自卫团豫南第二区区长，统辖豫西九县（南阳、南召、方城、唐河、邓县、内乡、淅川、新

---

① 中国（南京）第二历史档案馆资料：《会议土地村所有制》，见卷宗号四二二（2）1322 页。

野、镇平）的民团。他联络内乡民众自卫武装司令别廷芳、邓县民团首领宁古先、淅川乡绅陈重华等地方实力派人物，从剿匪自卫做起。土匪肃清后，他发现农村问题仍然很多，如农业改良、工业提倡、农村经济调剂等，而要解决这些问题，就必须办理地方自治。在冯玉祥部下、时任河南省主席韩复榘的支持下，成立了河南乡村治理学院，彭禹廷为第一任院长（梁漱溟为主任教授），于 1930 年 1 月开学。彭禹廷以乡村治理学院为骨干，在镇平开展了以调查户口、编查保甲、整理田赋和财政、倡办合作、推广农业、修桥筑路、发展教育、改良风俗的工作，直至 1933 年彭禹廷被人暗杀。中原大战后，支持村治学院的韩复榘 1930 年调任山东省政府主席，乡村治理学院的主要骨干（如梁漱溟）也到了山东，1931 年 6 月在邹平组建山东乡村建设研究院，从村治运动转向乡村建设运动。可以说，宛西的乡村建设是从自卫开始的，山东乡村建设研究院是河南乡村治理学院的延续和扩展。

国民党元老沈定一与浙江萧山东乡自治区。沈定一，字剑侯，曾任国民党中央委员。1928 年年初，他感到国民党中央政事已"无可为"，毅然辞职回乡，致全力于东乡的地方自治，希望从东乡做起，为国民党的政治找到一条出路。由于东乡自治组织与国民党及浙江省府的有关法令不合，因此遭到一些人的怀疑与反对，沈定一也于1928 年被暗杀，东乡自治会被取消。

2. 高潮期的乡村建设思想

20 世纪 30 年代中国乡村建设运动进入高潮时期。根据南京国民政府实业部的调查，全国从事乡村工作的团体有 600 多个，先后设立的各种实（试）验区 1000 多处。① 乡村建设团体和机构非常复杂，用梁漱溟的话说，"各有各的来历，各有各的背景。有的是社会团

---

① 晏阳初：《乡村运动成功的基本条件》，晏阳初著，宋恩荣主编：《晏阳初全集》（第一卷），湖南教育出版社 1992 年版，第 305 页。

体，有的是政府机关，有的是教育机关；其思想有的'左'倾，有的右倾，其主张有的如此，有的如彼"。① 对此，陈序经曾尖锐批评："今日一般所谓乡村建设，很多名不副实，因为能够埋头苦干、实事求是的团体，实在很少。有好多人与好多团体，从来没有丝毫注意到农村问题，可是一听到乡村运动，是一个新运动，于是立刻改变方针，更换名义，以从事乡村工作，推进运动；然而事实上，他们不但好多对于乡村建设没有相当的认识、充分的诚意，以致没有好的效果，……其更甚者，是见得自己本来所做的事业不能久持，就要失败，以至无路可跑，于是也利用乡村建设这个招牌，以掩人耳目。"② 1934 年 10 月乡村建设工作讨论会第二次集会时，晏阳初表示："今日乡村建设运动的风起云涌之势，……可以说是乡村建设的极好现象，但同时不能不为此运动担忧。盖深恐热烈过度，忽略了实际，如以往一般的运动，同归消沉也。"③

乡村建设团体的复杂性决定了乡村建设模式及其思想的多样性。就其模式而言，大体上有三种类型，一是以教育和学术团体、大中专院校、民众教育馆等构成的乡村建设主流派，二是教会组织、慈善机构、地方实力派人物开展的乡村建设，三是国民党中央部门和国民政府参与或主办的实验县（区）。就其性质而言，民国乡村建设运动是"在维护现存社会制度和秩序的前提下，采用和平的方法，通过兴办教育、改良农业、流通金融、提倡合作、办理地方自治与自卫、建立公共卫生保健制度以及移风易俗等措施，复兴日趋衰落的农村经济，实现所谓的'民族再造'（晏阳初语）或'民族自救'（梁漱溟语）"④。这个判断既概括了民国乡村建设的性质，也概括了乡村建设的内容。确实，民国乡村建设运动是在半殖民地半封建社

---

① 梁漱溟：《梁漱溟全集》（第二卷），山东人民出版社 2005 年版，第 582 页。

② 陈序经：《乡村建设运动》，大东书局 1946 年版，第 53—54 页。

③ 同上书，第 53 页。

④ 郑大华：《民国乡村建设运动》，社会科学文献出版社 2000 年版，第 473 页。

会条件下，以知识分子为先导、社会各界参与的救济乡村或社会改良运动，是乡村建设救国论的理论表达和实验活动。就其生命力而言，以下列代表人物及团体的做法和思想的影响著名而持久。

晏阳初及中华平民教育促进会在定县、衡山和新都的实验，称为定县模式或"青年会式"①。20世纪20年代初，晏阳初从美国获得硕士学位回国后即提出"乡村建设"概念，创办了中华平民教育促进会。1926年，他带领"博士团"进行乡村社会调查，诊断出"愚、贫、弱、私"四大病症，选点开展乡村建设实验：采用学校教育、家庭教育、社会教育三大方式；推行"文艺、生计、卫生、公民"四大教育；推广合作组织，创建实验农场，传授农业科技，改良动植物品种，创办手工业和其他副业，建立医疗卫生保健制度；还开展了农民戏剧、诗歌民谣演唱等文艺活动。"1952年，一群怀有平民主张的菲律宾人邀请晏博士来到菲律宾，他们认为晏博士的理论对解决菲律宾的问题很有价值"②，因此，支持晏阳初创办了菲律宾国际乡村建设学院。他的思想在海外被广为传播。

梁漱溟及山东乡村建设研究院在邹平的实验，称为邹平模式（或孔家店式）。梁漱溟的办法是：把乡村组织起来，建立乡农学校作为政教合一的机关，向农民进行安分守法的伦理道德教育，达到社会安定的目的；组织乡村自卫团体，以维护治安；在经济上组织农村合作社，以谋取"乡村文明"、"乡村都市化"，并达到全国乡村建设运动的大联合，以期改造中国。邹平一度成为全国乡村建设的中心之一。梁漱溟的乡村建设思想在日本深受推崇。

卢作孚在重庆北碚实验，称为北碚模式。卢作孚走的是实业救国的路子，他以民生公司为后盾，于抗战期间在重庆北碚开展了乡村

---

① 陈序经：《乡村建设运动》，大东书局1946年版，第27页。

② ［菲律宾］Marissa B. Espineli：《晏阳初先生的乡村建设理念和实践》，见浙江师范大学农村研究中心编《中国新农村建设：理论实践与政策》，中国经济出版社2006年版，第302—303页。

建设实验。十几年间，他带领村民修建铁路、治理河滩、疏浚河道、开发矿业、兴建工厂、开办银行、建设电站、开通邮电、建立农场、发展贸易、组织科技服务等，又重视文化、教育、卫生、市容市貌的建设，使北碚在短短的 20 年间，就从一个穷乡僻壤变成了一个具有现代化雏形的城市。卢作孚创建的民生公司对抗日战争作出过巨大贡献。1984 年，民生公司在当地政府的支持下得以重建，目前已经发展成为中国最大的民营航运企业集团，仍然孜孜不倦地关心乡村发展。

黄炎培、江恒源等人和中华职业教育社在徐公桥、黄墟、善人桥、沪郊的实验区，被称为徐公桥模式。黄炎培等注重乡村改进，于 1928 年 4 月成立了徐公桥乡村改进会，制定章程，使之成为改进乡村的唯一机关，主持改进事业的重要团体，然后在它的组织下，实施乡村的普及教育，推广合作，改良农事、提倡副业和推行新农具，建设道路、桥梁、卫生等公共事业等。今日，昆山徐公桥社区已经成为社会主义新农村的"明星村"。

高践四等人和江苏省立教育学院在无锡（黄巷、北夏、惠北）的实验，被称为无锡模式。该模式首先从事乡村教育，包括设立民众学校、建设乡村小学、举办青年学园和训练班；其次，成立乡村自治协进会，开展地方自治，进行民众教育与保甲合一的实验；再次，指导农事和进行农业推广，与江苏省农业银行无锡分行合作设立北夏农民借款储蓄处和惠北农村贷款处流通金融；最后，推进农民合作，发展家庭副业，建设农村公共卫生等。1987 年，苏南被国家农业部确定为"土地规模经营和农业现代化建设试验区"，无锡黄巷等地乡村的现代化先行一步。

陶行知和中华教育改进会创办的晓庄学校，被称为晓庄模式。晓庄学校积极支持师生的民主革命活动，声援共产党领导的工人运动，最终被国民党当局关闭。有学者评价陶行知是我国乡村建设与乡村教育的先驱："他强调乡村建设要坚持'民为邦本'的理念，塑造

'共和新民'，发扬'农民民主'、对农民进行'科学与生利教育'、采用'创新与试验'的方式，建设一支'服务型'的领导队伍，积极'缩减城乡教育差异'等思想，这对于当下社会主义新农村建设具有重要的启示与借鉴作用。"①

3. 乡村工作讨论会

"乡村工作讨论会"作为社团，出现在民国乡村运动高潮时期。1932 年，中华职业教育社镇江黄墟乡村改进试验区倡议召开乡村工作会议，后经过山东乡村建设研究院、中华平民教育促进会、江苏省立教育学院等大力促成，1933 年 7 月 14 在山东邹平成立了"乡村工作讨论会"（原拟定名"乡村建设协进会"）。乡村工作讨论会的性质是"国内从事实地乡建事业者—工作讨论团体"。其宗旨为"由各地同道分别报告工作情况，然后详加讨论；藉彼此聚首之机会，作学术意见之交换，庶使各地得失经验，互相切磋，期于不同之环境中，收集思广益之效果"。② 乡村工作讨论会贡献在于：连续三次召开全国性工作讨论会议，每次会议都要求与会团体撰写工作报告并讨论有关问题，因此，该会集合了乡村建设高潮时期几乎所有乡建团队的各种做法及其思想观点。

1933 年 7 月，在乡村工作讨论会成立的同时召开了第一次集会。这次集会共 63 人出席，分别属于 35 个团体。1934 年 10 月 10—12 日，在河北定县召开第二次乡村工作讨论会，"共有代表一百五十余人，其所代表的团体机关七十余处"③；1935 年 10 月，在江苏无锡召开第三次乡村工作讨论会，"到会人数一百七十人，到会团体九十九个，会员籍贯十九省市，外籍会员二人，旁听约二百人，工作单位

　　① 刘建：《新农村建设：陶行知乡村建设思想的启示》，《湖南师范大学教育科学学报》2008 年第 2 期。

　　② 乡村工作讨论会、千家驹、李紫翔：《乡村建设实验第一集》，中华书局 1935 年版，第 5—6 页。

　　③ 同上书，第 3 页。

散布十三省市。"① 参加这三次集会的共有 100 多个团体和机构，集中了当年乡村建设运动中最活跃、最有思想和纲领、最有成就者。每次讨论会的工作报告和论文都由章元善、许仕廉、江问渔、梁漱溟等分别编辑，相继由中华书局结集出版了《乡村建设实验第一集》（1935）、《乡村建设实验第二集》（1935）、《乡村建设实验第三集》（1938）。这套文献，为今天的乡村建设思想史研究保留了异常珍贵原始史料。

4. 国民政府参与和掌控乡村建设的思想

乡村建设团体在各地实验大多没有官方背景，所以运动之初，国民党及政府当局不予认可。随着乡村建设实验影响日益扩大，当局转变策略，1931 年邀请晏阳初、梁漱溟南下，商讨乡村建设问题，同时派内政部长黄绍竑、次长甘乃光等分别到定县、邹平考察，随后，召开国民党第二次全国内政会议（1932 年 12 月 10—15 日）通过了《县政改革案》，1933 年 7 月，经过国民党中央政治会议批准，下发各地执行。"县政改革"在全国成立了 5 个实验县，包括河北定县、山东邹平与菏泽、江苏江宁、浙江兰溪。其中，江宁和兰溪实验县更是国民党直接掌控，分别派遣中央政治大学（蒋介石任校长）政治系和法律系主任任县长，选派该校教师或毕业生 40 余人，分别任两县县直机关的科（局）长和各区的区长，把持了实验县的一切权利。

国民政府的参与、指导或掌控首先是通过行政院农村复兴委员会进行的。据行政院农村复兴委员会梁定蜀在乡村工作讨论会第一次集会上介绍："1933 年 4 月 11 日，汪精卫在行政院第九十六次院会上提出了'救济农村'一案，要组成委员会。此提案经决议，于当年 5 月成立了农村复兴委员会，附属于国民政府行政院，汪精卫兼任

---

① 乡村工作讨论会、千家驹、李紫翔：《乡村建设实验第三集》，中华书局 1938 年版，第 19 页。

会长，下设：秘书处，彭学沛任秘书处主任；经济组，负责农村金融、农产品价格调剂问题；组织组，负责农村自治方面的问题；技术组，负责改良农业增加生产等方面的问题。复兴委员会的任务是为行政院制定农村政策提供参考依据。复兴委员会的性质"是一个设计与推动的机关，并不是一个执行的机关。本会的委员，专门委员的提案或计划，经过行政院通过，就交由行政院各主管部执行"①。尽管农村复兴委员会的成立有一定的政治目的，但它对推进乡村建设还是起了一定的作用。它组织的一些农村调查及出版的著作，也为日后中国乡村建设运动及其思想研究留下了颇有价值的史料。

参与乡村工作讨论会意图之一是灌输政党和政府的思想。一方面，对乡村工作讨论会核心骨干委以重任，如邀请晏阳初、梁漱溟参加国民党的内政会议，并分别委任为河北省和山东省地方自治指导员；另一方面，派员参与这个讨论会的筹组，如国民党实业部全国经济委员会农业处吴仕廉、中国华洋义赈救灾总会的章元善等。再一方面，乡村工作讨论会每一次集会，农村复兴委员会、实业部都要派员参加会议，发表演讲，引导乡村建设，比如：第一次集会，梁定蜀除了介绍工作之外，还对全国的乡村建设提出了"中国救亡的办法，就是改造农村了"等个人意见；第二次集会，中央党部韦立人参加会议，农村复兴委员会孙晓村和实业部徐廷瑚分别发表了演讲，绥远省政府、青岛市政府和五大实验县等政府官员出席会议；第三次也是如此。

考察督导是国民政府参与和掌控乡村建设的另一途径。1934年，国民党中央执委会委员、江宁实验县设计委员会中央指导员李宗黄带领考察团（7人），5月20日出发，历时34天，分别考察了江宁、邹平、青岛、定县的乡村建设实验（试验）。每到一处，考察团都要

① 乡村工作讨论会、千家驹、李紫翔：《乡村建设实验第一集》，中华书局1935年版，第199—200页。

对当地的乡村建设提出建议。回南京后，在国民党中央149次纪念周上（1934年9月24日），李宗黄作了题为"考察各地农村后之感想"的报告，对四个县的乡村建设理念、方法、内容、成绩、问题等作了详细介绍和评价，认为"据实而论，邹平定县，似有独创一格、自成一种学说之趋势，……就国家前途，本党立场，中央法令而论，则县市单位建设，应以江宁青岛为张本，区村单位建设，应以无锡昆山为模范。无论其为平民教育，乡村建设，民众教育，乡村改进，统不为过"。他在报告结尾时提醒："全党的革命同志，认清农村破产即国家破产，无论在朝在野，为官为民，有职务无职务，互相观摩，互相策励，各尽心力奔赴复兴农村之一途，为乡党尽瘁，为自己努力，政府党部，以是为考成。……少谈空论，多干实事，坚定主义，勇往直前，勿视为时髦，勿假公济私，屏除身居都市高唱农村之投机分子，接近胼手胝足可爱可怜之劳苦民众……"① 如果撇开政治立场，单从统治者巩固政权的视角观察和评价，国民政府对乡村建设运动的主导和控制是无可非议并可借鉴的。

（三）中国共产党的乡村建设思想

中国共产党乡村建设思想是以毛泽东和其他后继者（领袖群体）为主要代表的中国共产党人，运用马克思主义的立场、观点和方法，长期坚持深入农村调查研究，对中国农业、农村和农民问题及解决办法所形成的具有独创性、规律性的认识，是中国共产党领导的乡村革命和乡村发展实践中的一系列战略、政策、措施及其经验的理论概括，也是这个历史进程中众多"明星村"以及广大农民群众首创、政府认可试验推广的做法及经验的理论总结。

1. 早期的乡村革命和建设思想

中国共产党早期的乡村建设及思想发展，经历了自五四运动至中

---

① 李宗黄：《考察江宁邹平青岛定县纪实》，南京正中书局民国二十四年元月版，第14—16页。

国共产党的创立时期（1919—1921）、新民主主义革命的第一个时期（1921—1927）、土地革命时期（1927—1937）、抗日战争（1937—1945）和解放战争时期（1945—1949）等不同阶段。其中，土地革命时期中央苏区的乡村革命和建设实践，是中共早期乡村建设思想形成的重要来源。之所以将抗日战争和解放战争时期的乡村建设思想纳入"早期"的范畴，一是因为这一时期以战争为中心，乡村建设思想仍然是土地革命时期的乡村建设思想延续；二是中国共产党肩负重大历史使命，如毛泽东所言"夺取全国胜利，这只是万里长征走完了第一步"[①]，将1949年以前的乡村建设思想都划入"早期"，更能适应中共党史的延续。

李大钊是中共党内最早注意农民问题、重视农民运动的领导人。五四运动爆发前，李大钊发表了许多重要文章传播马克思列宁主义，推动新文化运动。1919年2月，他在《青年与农村》一文中，提倡知识分子到民间去，到农村去。五四运动后，李大钊于1920年3月在北京大学发起组织马克思学说研究会，10月建立北京共产主义小组。中国共产党成立以后，他选派党员到农村发展党的组织，组织农民协会，而且亲自指导北京郊区广大农民开展抗捐抗税的斗争。1925年，他发表《土地与农民》，论述了中国历史上平均地权的运动及中国农民破产的趋势，提出了"耕地农有"的主张。这份文献"成为我们党当时指导农民运动的重要文献"[②]。

"在中国新民主主义革命的第一个时期中"[③]，中共领导人和农民运动领袖撰写了大量关于农民问题的文章，如陈独秀《中国农民问题》（1923.7）、恽代英《农村运动》（1924.6）、彭湃《海丰农民运动》（1926.1）、张太雷《我们怎样对待花县农民》（1926.9）、毛泽

---

① 《毛泽东选集》（第四卷），人民出版社1991年版，第1438页。
② 李运昌：《中国革命的伟大先驱——纪念李大钊诞辰一百周年》，《人民日报》，1989年11月2日。
③ 《关于若干历史问题的决议》（1945年4月20日中共六届七次全体会议通过）。

东《中国佃农生活举例》（1926）和《湖南农民运动考察报告》（1927.3）等。这一时期，中国共产党的宣言、决议案等文件也突出了农民和农村问题，如：《中国共产党第二次全国代表大会宣言》（1922.7）指出，"中国三万万农民，乃是革命运动中的最大要素。农民因为土地缺乏，人口稠密，天灾流行，战争和土匪扰乱，军阀的额外征税和剥削，外国商品的压迫，生活程度增高等原因，以致日趋贫穷和痛苦。……如果贫苦农民要除去穷困和痛苦的环境，那就非起来革命不可"；类似的还有《中国共产党第五次全国代表大会关于土地问题的决议案》（1925.7），《中国共产党告农民书》（1925.11）等。

土地革命时期，"从一九二七年革命失败至一九三七年抗日战争爆发的十年间，……中国共产党创造了红军，建立了工农兵代表会议的政府，建立了革命根据地，分配了土地给贫苦的农民"①，领导了苏区和革命根据地的乡村建设。这一时期，毛泽东极力倡导农村调查，收入《毛泽东农村调查文集》的就有《反对本本主义》（1930.5）、《寻乌调查》（1930.5）、《兴国调查》（1930.10）、《木口村调查》（1930.11）、《长冈乡调查》（1933.11）、《才溪乡调查》（1933.11）等重要文献。特别要指出，《红色中华》② 作为中华苏维埃共和国临时中央政府机关报，记录了这一时期中共领导人、知识分子的许多关于农村调查和乡村运动和建设的文章，报道了乡村革命和建设的模范案例，是研究中共早期乡村建设思想的重要史料。

自抗战爆发至新中国成立，战争是时代主旋律。为了保障战争的胜利，共产党领导下的各抗日根据地和各解放区，在农村广泛建立红色政权，进行土地改革、自力更生发展经济，力所能及地开展文化教育、妇女解放、权益保护等乡村建设活动，其思想也有所发展。

---

① 《关于若干历史问题的决议》（1945 年 4 月 20 日中共六届七次全体会议通过）。

② 《红色中华》从 1931 年 12 月 11 日创刊，1934 年 10 月红军长征后一度停刊，红军达到陕北后又继续出版，直到 1937 年 1 月 29 日改为《新中华报》。

比如毛泽东《关于农村调查》（1941.9）、 《新民主主义论》
（1940.1）、《抗日根据地的政权问题》（1940.3）、《农村调查的序言
和跋》（1941.3）、《组织起来》（1943.11）、《游击区也能够进行生
产》（1945.1）、《新解放区农村工作的策略问题》（1948.5）、《一
九四八年的土地改革工作和整党工作》（1948.5）等论著代表了这一
时期的乡村建设思想。

综上所述，中共早期的乡村革命和建设实践，是以土地革命为中心
而展开的全方位探索。在中央苏区和其他革命根据地始终坚持以分田分
地、减租减息作为解决农村问题的根基，以组织农会、开展武装斗争和
政权建设为中心，以组织合作社、恢复生产和发展经济为重要任务，以
开办农民学（夜）校扫盲识字、卫生、妇女解放等文化和社会建设为保
障。这些内容构成了中共早期的乡村建设思想框架体系。

2. 以陈翰笙、薛暮桥等为代表的"中国农村派"乡村建设思想

20 世纪 30 年代，中国农村经济的破产和农村社会的动荡引起了
社会各界的关注，大批知识分子和进步青年深入农村调查，使用新
的理论方法研究农村问题。1928 年，陈翰笙接受蔡元培先生的邀请，
担任中央研究院社会科学研究所的工作。他邀请进步青年用马克思
主义的观点从事农村经济调查，尔后在上海成立了中国农村经济研
究会，编辑《中国农村》月刊，刊登研究会会员的农村调查报告，
形成了鲜明的学术特色，被称为"中国农村派"。

中国农村派农村调查研究文章很丰富，主要有：（1）许涤新的
《动荡底中国农村》 （1932.12）、《捐税繁重与农村经济之没落》
（1934.6）、《灾荒打击下的中国农村》（1934.9）、《农村破产中底农
民生计问题》（1934.12）、《怎样改良农民的生活》（1938.5）等调
研报告，以翔实的数据和马克思主义政治经济学的眼光，揭露军阀
割据和封建残余势力摧残下的农村动荡、凋敝、经济崩溃的局面和
"中国目下捐税繁重的程度"，描述"生计陷入绝境中底农民"的惨
境，讨论"解决农民生计的对策之检讨"。（2）钱亦石的《中国农

村的过去与今后》（1934.1）认为，"帝国主义和封建主义是宰割中国农民的两把尖刀"，将其宰割成"一幅千疮百孔的画面"，批评国民政府"农村复兴运动之声，鼓噪全国，不幸到现在，还未看见农村复兴"。（3）吴半农的《论"定县主义"》（1934.4）批评了当时国内对"定县的工作是美国的金元铸成的"是"奢侈的游戏"、"没有哲学和理论……零星的乱干"等责难，实事求是地评价了定县乡村建设的成绩和问题，认为愚、穷、弱、私"四个字充其量不过是中国社会四个病态的现象而已"，"中国农村之所以穷困到破产的地步，其根本原因，……第一是帝国主义商品之长期入侵，……第二是军阀混战，……第三是水旱天灾，……第四是匪患，……第五是苛捐杂税"。（4）刘梦飞的《中国农村经济的现阶段——任曙、严灵峰先生的理论批判》（1933.7），《中国农村经济现阶段之商榷》（1933.12）；吴承喜的《合会在中国今日之农村金融中的地位》（1934.10）、《中国各地的农民借贷——几个极堪玩味的统计申述》；王亚南的《中国地租总论》（1943.6）。需要指出的是，改革开放初期陈翰笙、薛暮桥、冯和法收录了"中国农村派"20世纪30年代组织撰写的大量的农村调查报告和论文，合编成《解放前的中国农村》，"比较系统地选录了中国共产党成立前后到全国解放这一新民主主义时期内，党的农村经济政策、文件和法令，各个历史时期的领导同志、理论工作者和著名经济学家有关农村经济的重要论著，以及农村调查、农村实况报道（农村通讯）等文献资料"①。

"中国农村派"接受马克思主义影响，对农村经济危机高度关注，有着深厚的民本情怀，而且更倾向于通过阶级斗争来改变封建土地所有制度，平均土地分配，从而谋求农村经济的发展。这是中国农村派的重要思想特色，也是他们中的代表人物后来都成长为新

---

① 薛暮桥：《序》，参见陈翰笙、薛暮桥、冯和法合编《解放前的中国农村》（第一辑），中国展望出版社1985年版。

中国著名经济学家的重要原因。他们的早期探索与思想观念与中共一致，而且参与策划了中国社会主义农村建设。我们据此将"中国农村派"的乡村建设思想纳入中共乡村建设思想体系。

3. 新中国的乡村建设思想

1949—1957 年中国拉开了社会主义农村建设的大幕。在基本完成社会主义改造的过程中，"我们党领导全国各族人民有步骤地实现从新民主主义到社会主义的转变，迅速恢复了国民经济并开展了有计划的经济建设，在全国绝大部分地区基本上完成了对生产资料私有制的社会主义改造"①。在这样的宏观背景下，掀起了中国农村社会高潮。1955 年 9 月和 12 月，毛泽东主席先后为《中国农村的社会主义高潮》写了两篇序言，指出，"在几万万农民中实行农业的社会主义改造，是一件了不起的工作"，"群众已经看见了自己的伟大前途"②，接下来是进行大规模的社会主义农村建设。1956 年 1 月 26 日，人民日报发表了《毛泽东主席召集最高国务会议，讨论中共中央提出的一九五六到一九六七年全国农业发展纲要草案》（即"十七条"），1 月 23 日，中共中央政治局在"十七条"的基础上提出了《一九五六到一九六七年全国农业发展纲要（草案）》四十条（简称"农业纲要四十条"）。两年后"农业纲要四十条"修正草案出台，是新中国社会主义农村建设的第一个中长期规划。《农业集体化重要文件汇编》（1949—1957）③ 汇集了这一时期我国农业集体化以及农村经济建设的重要文件、条例及领导人的调查报告等重要历史文献，是研究新中国成立初期乡村建设思想史的重要来源。

---

① 《中国共产党中央委员会关于建国以来党的若干历史问题的决议》，参见中共中央文献研究室编《十一届三中全会以来党的历次全国代表大会中央全会重要文件选编》（上），中央文献出版社 1997 年版，第 167 页。

② 中华人民共和国国家农业委员会办公厅编：《农业集体化重要文件汇编》（1949—1957），中共中央党校出版社 1981 年版，第 504、506 页。

③ 《农业集体化重要文件汇编》（1949—1957），中共中央党校出版社 1981 年版。

1958—1978 年，人民公社时期的乡村建设及其思想在曲折中不断发展。"直到'文化大革命'前夕的十年中，我们虽然遭到过严重挫折，仍然取得了很大的成就……农业的基本建设和技术改造开始大规模地展开，并逐渐收到成效。全国农业用拖拉机和化肥施用量都增长六倍以上，农村用电量增长七十倍。……我们现在赖以进行现代化建设的物质技术基础，很大一部分是这个期间建设起来的"①。人民公社时期的乡村建设同样取得了很大成绩。（1）从 1949—1978 年，中国农村以农田水利建设为中心的农业基础建设成就惊人，极大提高了农业综合生产能力，主要农产品大幅度增长，保障了全国农产品供给和社会稳定。（2）以民办教师、赤脚医生、信贷员、农技员、兽医、广播员、水管员等专业人员为主体，以民办学校、合作医疗站、信用社、农业技术推广站、农业机械管理站、水利站、畜牧兽医站、供销合作社、文化站、广播站、福利院等为载体，农村社会化服务和社会保障体系建设达到了前所未有的程度，有些方面至今仍然发挥着重要作用。《农业集体化重要文件汇编》（1958—1981）忠实地记录了这一时期乡村建设思想史料，等待人们去挖掘。

1978—2011 年社会主义新农村建设高潮迭起。1979 年 9 月 28 日，中共十一届四中全会通过《中共中央关于加快农业发展若干问题的决定》，提出要"有计划地发展小城镇建设和加强城市对农村的支持"。自 1982—1986 年，中共中央、国务院连续颁布关于农村改革和发展的五个"中央一号文件"，全面部署农村改革和经济建设，从而确立了农村土地集体所有、家庭承包经营的"双层经营体制"。1991 年 11 月 29 日，中共十三届八中全会通过的《中共中央关于进一步加强农业和农村工作的决定》，明确提出了 90 年代建设新农村的总目标：逐步实现物质生活比较丰富，精神生活比较充实，居住

---

①《中国共产党中央委员会关于建国以来党的若干历史问题的决议》，参见中共中央文献研究室编《十一届三中全会以来党的历次全国代表大会中央全会重要文件选编》（上），中央文献出版社 1997 年版，第 172、174 页。

环境改善，健康水平提高，公益事业发展，社会治安良好。1998 年
10 月 14 日《中共中央关于农业和农村工作若干重大问题的决定》使
用了"建成富裕民主文明的社会主义新农村"、"建设有中国特色社
会主义新农村"等概念，规划了从那时到 2010 年建设有中国特色社
会主义新农村在经济、政治和文化等方面的奋斗目标。从 2004—
2011 年，中共中央、国务院又连续颁布关于解决"三农"问题的八
个"中央一号文件"。2006 年的一号文件《关于推进社会主义新农
村建设的若干意见》明确提出：统筹城乡经济社会发展，实行工业
反哺农业、城市支持农村和"多予少取放活"的方针，按照"生产
发展、生活宽裕、乡风文明、村容整洁、管理民主"的要求，协调
推进农村经济建设、政治建设、文化建设、社会建设和党的建设。
自此，中国乡村建设进入一个新阶段。《十一届三中全会以来农村政
策文件选》和《1985—1989 年农村政策法规文件选》①等系列的农
村政策法规文件选集，也是我们研究这一时期乡村建设思想的主要
依据。

　　改革开放时期的新农村建设是以农村土地经营制度改革为中心的
经济制度及利益格局的重构，以提高农户和村集体的生产经营能力
为出发点，以发展农业、乡镇企业和建设小城镇为基本内容，并且
与撤销人民公社三级体制、恢复和重建乡镇人民政府、实行村民自
治制度等基层组织体制改革结合在一起的。30 多年的改革发展奠定
了我国农村总体小康的制度和物质基础，造就了全面小康新农村建
设的起点。

　　中国共产党领导的乡村现代化建设历程中"明星村"不断涌现，
不仅烙下了中国乡村建设的历史痕迹，而且，以"明星村"的精英
为代表的一大批农民，首创了许多具有鲜明时代气息的乡村建设思

---

　　① 《十一届三中全会以来农村政策文件选》、《1985—1989 年农村政策法规文件选》，中
共中央党校出版社，分别于 1984 年、1990 年出版。

想，对中国乡村产生过典型示范效应，比如：土地革命战争时期"乡苏工作的模范"江西兴国县长冈乡（包括长冈、泗望2村）、福建上杭县才溪乡（上才溪、下才溪2村）；民国时期传统小农经济率先向工商业经济转变的江苏吴江庙港镇开弦弓村（江村）；互助合作先行实践村——河北遵化县西铺村（"穷棒子社"）、浙江永嘉县燎原社（"包产到户第一村"）；人民公社时期"农业战线两面红旗"——山西昔阳县大寨村、海南儋州石屋村；改革开放初期农村改革发展先行"明星村"——安徽小岗村、江苏华西村、河南南街村；农村可持续发展的先进示范村——浙江奉化滕头村、山东烟台南山村、北京房山韩村河村、云南省昆明福保村。毫无疑问，选择其中最具代表性的乡村样本进行研究，不仅可以从村域层面佐证中国百年乡村建设的巨大成就，凝练平民和草根人物的乡村建设思想，而且可以体现"人民创造历史"的思想，从而突破思想史研究主要以历代统治者、领袖人物及不同派别精英人物的思想为"伟大的经典文本"的研究范式，把史学研究由关注朝廷兴衰史转变到关注民生发展史。

4. 中国共产党乡村建设思想的主要特色及历史价值

乡村社会特殊论、新民主主义革命论、社会主义初级阶段理论环环相扣，是中国共产党坚持马克思主义的世界观和方法论、准确地认识国情和判断时局的结果，是近现代中国独立富强、乡村现代化快速推进的理论创新基石，崇尚调查，实事求是，彰显出中国共产党的先进品质和与时俱进的理论创新能力。

平均地权、耕地农有、集体所有家庭承包经营一脉相承，是中国共产党提纲挈领、吸引农民参加革命和乡村建设的制胜法宝，是近现代中国乡村经济发展和社会稳定的坚实基础，"理国之道，地德为首"，反映了中国共产党对传统土地经济政策思想的继承和发展。

一切为了群众、一切依靠群众、从群众中来到群众中去、以人为本一以贯之，是中国共产党高屋建瓴、动员农民夺取政权和巩固政权的根本保证，是中华民族复兴和乡村发展的力量源泉；立党为公，执政为民，展示了中国共产党尊重人民主体地位和保障人民各项权利的民本情怀。

互助组、合作社、乡镇企业和中心村镇一路攀升，是中国共产党领导农民展开大规模的乡村经济建设的组织方式，是中国农业现代化、乡村工业化和城镇化的通途。产业、人口集聚相统一，造就星罗棋布的小型经济文化中心，为世界乡村现代化理论增添了最具中国特色的经验。

扫盲识字、义务教育、基本公共服务和社会建设一体化，是中国共产党保障农民的公平的生存发展权利、促进和谐发展的重要基础，是近现代中国处理工农业和城乡关系的典范。以工补农、以城带乡，凸显出中国共产党的超凡的资源动员能力。

三 百年乡村建设思想史的研究意义、框架和方法

（一）百年乡村建设思想史研究的意义

2011 年，是中国共产党成立 90 周年，又恰逢辛亥革命 100 周年。这 100 年，是中国革命胜利和现代化快速推进的 100 年，是中国的城市和乡村发生翻天覆地变化的 100 年，也是中华民族复兴的 100 年。中国乡村建设思想犹如一颗颗闪光的珍珠，掩隐在百年乡村建设的历史进程中，如影随形地伴随在民国乡村建设运动史和代表人物的传记中，镶嵌在中共早期的农村调查文献、历史文件及历代领袖人物的著作中，蕴涵在社会主义农村建设的巨大成就和"中国经验"中，等待着有志于此项研究的人们去挖掘和整理。"盛世修史，明时修志"，修一部乡村建设思想史是时候了。

1. 中国乡村建设思想不仅源远流长，而且异常丰富。这些思想深深融入中国的乡土文化之中，传承弘扬至今，演绎为以人为本、

关注民生、科学发展等科学思想和执政理念。中国百年乡村建设的历史和现实层面，沉淀着丰富的融入了中国乡土文化的制度变迁、经济社会转型的痕迹，掩藏着博大精深的经济社会发展规律及其乡村建设思想。挖掘、整理和保护我国乡村建设思想文化遗产，提炼具有中国特色、世界影响的乡村建设思想和发展理论，利在当代，功在千秋。

2. 孙中山的乡村建设思想以及 20 世纪二三十年代民国的乡村建设运动及其思想发展，是中国百年乡村建设思想不可或缺的重要内容。然而，对民国乡村建设研究，一直停留于对乡村建设运动史的研究上，十分需要在民国乡村运动史研究、民国乡村建设代表人物传记等成果的基础上，提炼乡村建设思想，勾勒其框架体系，分析它在国外的传播和影响。这样做，对于形成中国乡村建设思想史体系，完整展示中华民族乡村建设思想的精神和灵魂，进一步扩大中国乡村发展思想的国际影响，是不可或缺的。

3. 中国共产党乡村建设思想是百年乡村建设思想史中居于统治和主导地位的思想。研究中国共产党的乡村建设思想史，形成具有中国特色、世界影响的乡村发展理论，为中华思想文化宝库增添具有科学发展理念和现代管理思想的时代内容，是当代人文社会科学工作者义不容辞的历史使命。目前，中国正处在社会主义新农村建设及全面小康社会建设的关键时期，在贯彻落实科学发展观、继续推进农村改革发展的时代大背景下，研究中国共产党的乡村建设思想史，还具有提升国家文化软实力，更好地服务社会主义新农村建设的重大现实意义。

中国百年乡村建设思想研究如此重要，但是，检索国内外关于乡村建设研究的相关课题和成果文献，迄今为止，尚未看到专门针对中国百年乡村建设思想史研究的课题及成体系的研究成果问世，乡村建设思想研究理论意义显而易见。

（二）百年乡村建设思想史研究的基础

中国百年乡村建设思想史研究，必须充分依靠和借重相关历史文献资料。浙江师范大学农村研究中心（RCC）为此进行了6年准备，不仅先后到国家图书馆、南京第二历史档案馆、四川巴中市晏阳初博士史迹展览馆等处收集历史文献、资料、影像图片；而且多次组织研究人员到民国乡村建设实验区（如无锡黄巷、昆山徐公桥、兰溪实验县）等地进行实地调查并收集当年资料和乡村工作讨论会论文集等。课题组还依托RCC与浙江省农办共建的"江南村落研究基地"，开展与菲律宾国际乡村建设学院、西南大学卢作孚研究中心、四川巴中晏阳初博士史迹展览馆等机构的交流与合作，完成了历史文献资料的收集、翻拍、复印等工作。2011年年初，RCC课题组在兴国县党史办和上杭县党史办的鼎力协助下，沿着毛泽东当年开展长冈乡调查和才溪乡调查之路，重访兴国县长冈乡长冈村、泗望村和福建省上杭县才溪乡的上、下才溪村，瞻仰兴国县革命历史纪念馆、将军馆、长冈乡调查纪念馆和毛泽东才溪乡调查纪念馆，从而收集了《红色中华》、《斗争》等珍贵历史文献和中央苏区最新研究成果。这些文献资料和已有研究成果，是我们研究中国百年乡村建设思想史的基础。

中国百年乡村建设思想史研究，还需要借鉴学界和其他研究机构的先前相关成果。应该看到，尽管没有专门成果，但与中国百年乡村建设思想史的相关研究成果却异常丰富。先前的研究成果主要集中于四个方面：一是中共早期的乡村革命和建设史研究；二是百年经济和社会思想史研究；三是新中国"三农"经济史、政策思想史和社会主义农村建设史研究；四是关于民国乡村建设运动史、乡村建设派代表人物的传记。

中共早期的乡村革命和建设史研究，如：《福建中央苏区从横（上杭卷）》（2009），《上杭革命基点村简史》（2010），《兴国人民革命史》（2003），《才溪人民革命史》（1—2）（1997、2001）等一类关于苏区乡村建设的最新研究成果；中国农村派思想研究，如池子华、倪东升的《〈中国农村〉的历史和思想》（1995），汪效驷的《陈翰笙与"中国农村派"》（2007），李玮的《陈翰笙农村经济思想研究》（2007），叶世昌、施正康的《中国近代市场经济思想》（1998）研究了钱俊瑞、骆耕漠、冯和法、孙晓村、薛暮桥、徐雪寒等的农产品商品化思想。

百年经济社会思想史研究成果，如：钟祥财的《20世纪中国经济思想述论》（2006），《中国土地思想史稿》（1995）、《中国农业经济思想史》（1997）；武力、郑有贵的《解决"三农"问题之路——中国共产党"三农"思想政策史》（2004）；徐勇、徐增阳的《中国农村和农民问题研究的百年回顾》（2008）；项继权的《中国农村建设：百年探索及路径转换》（2009）；王景新的《新乡村建设思想史脉络浅议》（2007）；邱幼云、张义祯的《中国近百年农村建设的历史逻辑》（2006）；游海华的《近百年来中国农村建设考察》（2009）；张鸣的《乡村社会权力和文化结构的变迁（1903—1953）》（2001）等。

新中国"三农"经济史、政策思想史和社会主义农村建设史研究成果，如：陈吉元、陈家骥、杨勋的《中国农村社会经济变迁（1949—1989）》（1993）；郑杭生的《改革开放三十年：社会发展理论和社会转型理论》（2009）和《60年，中国社会如何转型和发展》（2009）；郑有贵的《目标与路径：中国共产党"三农"理论与实践60年》（2009）；徐勇《城乡一体治理：社会主义新农村建设的方向与探索》（2007）；朱云汉、温铁军、张静等的《共和国六十年与中国模式》（2009）；温铁军的《新农村建设：挑战与反思》（2006）；贺雪峰的《乡村治理一百年》（2007）；孔祥智的《怎样理解社会主义新农村建设——评〈建设社会主义新农村论纲〉》（2006）；黄祖辉、徐旭初等的《中国"三农"问题：分析框架、现实研判和解决思路》（2009）；徐杰舜、海路的《从新村主义到新农村建设——中国农村建设思想史发展述略》（2008）；王伟强、丁国胜的《中国乡村建设实验演变及其特征考察》（2010）。

民国乡村建设运动史、乡村建设派代表人物传记方面成果，如：郑大华的《民国乡村建设运动》（2000）；朱汉国的《梁漱溟乡村建设研究》（1996）；邹进文、王芸的《国民政府时期乡村经济建设思潮研究》（2006）；中国文化书院学术委员会编辑的《梁漱溟全集》第1—8卷（1989—1993）；艾恺的《梁漱溟传》（1992）；晏阳初全集编委会的《晏阳初全集》第1—3卷（1989—1992）；吴相湘《晏阳初传》（1981）；刘重来的《卢作孚与民国乡村建设研究》（2008）；等等。

面对百年乡村建设思想史相关研究的浩瀚文献，以上的列举只是挂一漏万。这些成果中蕴涵着大量的乡村建设思想，中国百年乡村建设思想史研究将从这些成果中汲取营养。

（三）百年乡村建设思想史研究的思路、框架和方法

1. 研究思路

中国百年乡村建设思想史研究，将研究时限截取自辛亥革命始至社会主义新农村建设（1911—2011）这一时期，分成"总论：中国乡村建设思想渊源、发展脉络及框架体系"、"中共早期乡村建设思想史"、"民国乡村建设思想史"、"新中国乡村建设思想史"四部，每部再按思想专题分类，然后循着历史顺序展开研究。

2. 研究框架

百年乡村建设思想史研究框架

总论：中国乡村建设思想渊源、发展脉络及框架体系	1. 乡村建设思想渊源及历史影响 2. 百年乡村建设及其思想发展脉络 　　——孙中山的乡村建设思想 　　——民国的乡村建设及其思想 　　——中国共产党的乡村建设及其思想 3. 百年乡村建设思想史的研究意义、框架和方法

中共早期乡村建设思想史	1. 乡村建设思想的背景、基石与形成过程 2. 乡村社会的特殊性与乡村建设的主要内容 3. 土地革命：乡村建设的基石和根本途径 4. 农会运动与农民政权建设 5. 农民合作与乡村经济建设 6. 乡村文化教育与社会建设 7. 中共早期乡村建设的主要阶段及典型实践
新中国乡村建设思想史	1. 毛泽东思想体系中的乡村建设思想 2. 邓小平理论体系中的乡村建设思想 3. 新时期中国共产党和中国政府的乡村建设思想 4. 新中国"明星村"的乡村建设思想
民国乡村建设思想史	1. 晏阳初的乡村建设思想 2. 梁漱溟的乡村建设思想 3. 卢作孚的乡村建设思想 4. 其他社会团体的乡村建设思想 5. "乡村工作讨论会"乡村建设思想荟萃 6. 南京国民政府的乡村建设思想 7. 地方实力派的乡村建设思想 8. 乡村建设思想在国外的传播与发展

上述研究的最终研究成果将分成三卷出版，即《中国共产党早期乡村建设思想史》、《新中国乡村建设思想史》、《民国乡村建设思想史》，《总论》作为每一卷的开篇。

3. 研究方法

文献史料研究。用活用好前述的历史文献、决定决议、政党领袖和学派代表人物的调查研究报告和论文、论著；参阅中国百年经济史、农业思想史、社会思想史以及乡村建设代表人物传记等相关研究成果；发掘乡村建设实验县、实验村，以及乡村现代化进城中的"明星村"的乡村建设思想。需要强调的是，文献研究应以中共中央文件和国家政策法规作为重要依据，并且从毛泽东思想、邓小平理论和新时期执政党领导人的思想理论体系中汲取营养。

田野调查。本书将选择不同历史时期，对中国乡村建设发挥了示范作用和产生了巨大影响的"明星村"作为田野调查的重点。通过田野调查，总结蕴涵在这些典型村落现代化进程中的村落精英的乡村建设思想。

口述历史。主要通过乡村建设实验县和实验村的亲历者，乡村建设派代表人物的后裔、传记作者等的访谈、回忆，口述历史，弥补文献记载之不足，增强研究者对代表人物和典型案例所隐含的思想观念的认识和把握。

（四）百年乡村建设思想史研究的难点和特色

中国百年乡村建设思想史研究的难点在于：（1）如何坚持以中国共产党两个"历史问题的决议"为指导思想，坚持用历史唯物主义和辩证唯物主义的世界观和发展观，准确评价重要历史时期的乡村建设代表人物的思想及行动。1945 年中共六届七中全会通过的《关于若干历史问题的决议》和 1981 年中共十一届六中全会通过的《关于建国以来党的若干历史问题的决议》是中国共产党关于重要历史问题的指导性文件，也是本书必须遵循的重要指导思想。随着时代的发展，人们对中国乡村建设代表性历史人物的思想及其行动的评价也在不断发展，需要在遵循"两个历史问题的决议"和坚持与时俱进、坚持"实践是检验真理的唯一标准"方面，把握好"度"。（2）已有的研究为本书积累了极为丰富的史料，要从如此浩瀚的文献史料中发掘各个时期的代表人物、历史事件和乡村建设实践所蕴涵的思想，准确把握其思想内涵，不致误读历史，具有相当的挑战性。（3）如何突破单一学科、单一视角的局限，全面准确地把握中国百年乡村建设思想内涵、框架体系及其演化发展，也是本书需要突破的难点。

第一章

中共早期乡村建设思想的形成与发展

鸦片战争以后，中国逐渐被沦为一个半殖民地半封建社会。一方面，随着帝国主义对中国政治经济侵略的不断加深，导致一切政治经济命脉无不被帝国主义列强所操纵；另一方面，中国经济"尚停留在半原始的家庭农业和手工业的经济基础上，工业资本主义化的时期还是很远。……处于军阀官僚的封建制度的把持之下"①，封建残余势力依然强劲，封建余孽还占据着统治的地位。这种特殊的社会性质在乡村主要表现为以自然经济为主体的小农经济日趋衰落与破产、乡村阶级的分化与对立及农民阶层的分化、豪绅地主阶级掌握和垄断乡村政权。基于对中国乡村社会特殊性的正确认识与科学判断，中共早期领导人逐步明确了乡村建设的基本性质、目标及任务等，从而初步形成了中共早期乡村建设思想。

一 乡村建设思想形成的历史背景与社会条件

（一）以小农经济为主体的乡村经济日趋衰落与破产

20世纪初，中国的农村经济不但和现代资本主义的欧美等国家

---

① 《中国共产党第二次全国大会宣言》（1922年7月），参见中央档案馆编《中共中央文件选集》（第一册），中共中央党校出版社1989年版，第109页。

不同，而且与欧洲中世纪时代一些国家的农村经济也存在较大的差异。"这种差异的最重要的前提，实在就是中国生产之自然界的环境与中国历史发展之特殊条件。……中国农业生产的方法上，有许多特点，使农村经济呈特殊的状态。"[①]

1. 农业依然是国民经济的基础

中国自古以来就是一个农业国家，农业是国民经济的基础，农业的兴衰对整个国民经济乃至国家的稳定都有着至关重要的影响。1922 年 6 月，《中国共产党对于时局的主张》指出："中国经过了几千年的封建政治，人民生活基础自来都建设在农业经济上面。"[②] 进入 20 世纪以后，中国虽然被沦为半殖民地半封建国家，但农业作为国民经济的基础并未受到根本性的改变。1925 年 1 月，中共四大通过的《对于农民运动之议决案》明确指出：虽然遭受帝国主义长期侵略，小农经济面临崩溃，但"经济落后的中国，农业是基础。……农民阶级至今是社会的重要成分"[③]。

陈独秀、李大钊、毛泽东、瞿秋白等中共早期领导人也对此有着清醒的认识。如 1923 年 7 月陈独秀在《中国农民问题》一文中开宗明义地提出："在经济落后的殖民地半殖民，不但农民占全人口之大半，其国民经济之真正基础还是农业。"[④]

乡村经济是以小农经济为主体的半殖民地半封建的经济形式。20世纪二三十年代中国农村经济"就是一幅图画：许多半封建的经济关系之余迹与正在发展的资本主义元素，互相密切地交缠着。……

---

① 《中国共产党土地问题党纲草案》，参见陈翰笙、薛暮桥、冯和法合编《解放前的中国农村》（第一辑），中国展望出版社 1985 年版，第 12 页。

② 《中国共产党对于时局的主张》，参见中央档案馆编《中共中央文件选集》（第一册），中共中央党校出版社 1989 年版，第 33 页。

③ 中国共产党第四次全国代表大会《对于农民运动之议决案》，参见中央档案馆编《中共中央文件选集》（第一册），中共中央党校出版社 1989 年版，第 358 页。

④ 陈独秀：《中国农民问题》，参见陈翰笙、薛暮桥、冯和法合编《解放前的中国农村》（第一辑），中国展望出版社 1985 年版，第 318 页。

又细小又分散的土地私有制，很多数量的农民是佃农与半佃农，大小农业经济都用原始技术"①。因此，1927 年 5 月中共五大通过的《关于土地问题议决案》中指出："农村的经济生活，大半尚建筑在封建的关系之上。"② 1928 年 7 月，中共六大通过的《关于土地问题决议案》进一步明确："中国现在的地位是半殖民地，因此中国农村经济的资本主义进化，有特殊的性质。……中国没有大农业经济，差不多完全是最小的小农经济。……小农经济在中国占着完全统治地位，无论在农民自己的土地上也好，无论在'地主'的土地上也好，都是以小农经济占统治；另一方面，除农民经济外，差不多完全没有其他经济（其他耕作营业的方法，如地主的大经济，包括几百亩田地以上的农场，或者资本主义式的农场——在中国是很少很少）。"因此，"在中国农业里，小的农家经济，是统治着全国，不过被封建余毒、强暴压迫等所层层束缚着罢了"③。

对于这一时期乡村经济的特殊性，中共早期领导人和一些马克思主义学者都作出了准确的判断。例如，毛泽东在《中国红色政权为什么能够存在?》中指出：帝国主义间接统治的经济是"农业经济（不是统一的资本主义经济）"④。在《井冈山的斗争》中也明确指出："边界的经济，是农业经济，有些地方还停留在杵臼时代（山地大都用杵臼舂米，平地方有许多石碓）。"⑤ 马克思主义历史学家何干之先生在 1937 年发表的《中国社会性质问题的论战》中明确提出：

① 共产国际执行委员会第七次扩大全体会议《关于中国问题决议案》（1926 年 11 月），参见中央档案馆编《中共中央文件选集》（第三册），中共中央党校出版社 1989 年版，第 669 页。

② 陈翰笙、薛暮桥、冯和法合编：《解放前的中国农村》（第一辑），中国展望出版社 1985 年版，第 6 页。

③ 同上书，第 24—25 页。

④ 毛泽东：《中国红色政权为什么能够存在?》，《毛泽东选集》（第一卷），人民出版社 1991 年版，第 49 页。

⑤ 毛泽东：《井冈山的斗争》，《毛泽东选集》（第一卷），人民出版社 1991 年版，第 74 页。

目前中国的农业经济，既不是一种传统意义上的"纯粹的封建关系"——"地主立脚于传统的身份关系，世世代代对农民施以超经济的剥削"的经济形式，也不是一种"资本主义的地主经济"，"目前最流行的是半封建的农业经营，即商品经济已普遍流行，土地已自由买卖，身份的等级制已失去了基础，可是土地仍然操纵在地主手里"。①

2. 乡村经济日趋衰落与破产

随着帝国主义对中国政治经济侵略的不断加深，中国乡村经济处于"崩溃与动荡之状态中"②。正如陈翰笙所言："农村经济之衰落，在中国已成普遍之现象。水旱蝗虫之天灾，兵匪苛捐之人祸，物价飞涨，举债之绝路。"③

乡村土地高度集中与垄断。20 世纪二三十年代随着中国半殖民地半封建化程度的加深，农村土地越来越集中到豪绅地主阶级手中，广大的农民占有很少的土地。1925 年 12 月李大钊在《土地与农民》中指出："小农因受外货侵入、军阀横行的影响，生活日感苦痛，农村虽显出不安的现象，壮丁相率弃去其田里而流为兵匪，故农户日渐减少，耕田日渐荒芜。……由六年至九年间的统计比较以观，则知十亩未满及十亩以上、三十亩以下的户数，著见增加；三十亩以上、五十亩以下的户数，略见增加；而五十亩以上、百亩以下及百亩以上的户数，则著见减少。由此现象，可以看出中农破产的趋势。盖五十亩以上百亩以下，及百亩以上的户数减少，即其间有些破产而流为小农者，而小农户数的增加以此。由此趋势以推，则由小农

① 何干之：《中国社会性质问题论战》，参见陈翰笙、薛暮桥、冯和法合编《解放前的中国农村》（第一辑），中国展望出版社 1985 年版，第 611 页。

② 许涤新：《灾荒打击下的中国农村》，参见陈翰笙、薛暮桥、冯和法合编《解放前的中国农村》（第一辑），中国展望出版社 1985 年版，第 469 页。

③ 陈翰笙：《中国农村经济之发轫》，参见中国社会科学院科研局编《陈翰笙集》，中国社会科学出版社 2002 年版，第 5—6 页。

完全丧失或弃去其土地。……但五十亩以上百亩以下，及百亩以上的户数减少，一方面是中农破产而为小农的验征，在另一方面，亦有豪强兼并土地集中的意义。因为百亩以上者，可以自含至千亩、万亩乃至百万亩，而此百亩以上的各级户数，在统计上并未分别等差为之表出，此其中必有连阡连陌新兴的大地主阶级，吸收多数中农而集中其土地者等户数不必加多，而土地之量可以增至甚巨，此不可不注意者。"① 1929 年 7 月闽西六县农村土地的占有情况是"土地百分之八十五为地主阶级，农民所有田地不到百分之十五"②。

农产品价格不断下跌，乡村经济受到极大破坏，农民大量失业。帝国主义资本和商品对中国乡村的大举侵入导致了国内农产品价格不断下跌，农产品市场占有份额逐渐萎缩。1927 年 11 月中共中央临时政治局扩大会议召开，中国共产党明确地认识到当时乡村经济的衰败之势。例如，《中国现状与党的任务决议案》指出：由于帝国主义和封建势力的压迫，"农业经济的'重复生产'，即使在极隘小的范围内也简直是不可能的了。……再则因为战祸连年的关系，水利灌溉防旱防水的工作，都大受妨害，国家秩序混乱分崩，天灾日益倾数（这些天灾亦大半由于中国社会制度而来的），还有财政金融的紊乱，使乡村中多量的出产品流入城市而不能得着相等的报酬，商业和市场的停滞纷扰，使农业经济上技术方面的准备也日益破毁，乡村中土匪蜂起等等。凡此种种，都使农业经济崩败衰落。农业经济的危机是一天天的增加，而有天崩地陷似的暴落的趋势"③。《中国共产党土地问题党纲草案》进一步分析了农产品价格不断下跌的窘

① 李大钊：《土地与农民》，参见陈翰笙、薛暮桥、冯和法合编《解放前的中国农村》（第一辑），中国展望出版社 1985 年版，第 96—97 页。

② 中共闽西第一次代表大会《关于土地问题决案》，参见中国社会科学院经济研究所中国现代经济史组编《第一、二次国内革命战争时期土地斗争史料选编》，人民出版社 1981 年版，第 300 页。

③ 中央临时政治局扩大会议《中国现状与党的任务决议案》，参见中央档案馆编《中共中央文件选集》（第 3 册），中共中央党校出版社 1989 年版，第 447 页。

境：一方面，"帝国主义的侵入，使农业中各种种植的分配，大有变动。……资本主义式的茶叶大农场竞争的力量很大，……中国自身则厘金杂捐日多，所以中国茶叶生产大受破败的影响"。另一方面，"商业却日益扩大起来，但是尽在旧式的商业方法的范围之内。贫农和小农不得不在收获之后立刻出卖谷物，简直不暇顾及市价如何，他们只能照村中最低的价格出售，因为急于要付田租、赋税、债息。等到第二次收获以前，他们早已完全用尽了，只得出很高的价钱去买米、借米吃。商业重利资本将与工业有关系的农产品（丝、棉、茶、豆、烟、靛等）完全握入自己掌握之中，他们用极低的价格向农民生产者收买这些农产品。农民中贫苦的分子受着市场的一切痛苦，而不能得着市场的丝毫好处，至多也只能得着很少很少的好处。与工商业有关的农产品之极大部分的利益，是国外贸易的输出商（外商洋行）所得的，是中国商业重利资本所得的"[1]。

由于土地高度集中，农业与农村经济不断衰落，从而导致农村劳动力人口不断过剩，农民大量失业。1927年5月，中共五大上通过的《关于土地问题议决案》明确指出："帝国主义的统治，阻止中国经济的进展；于是中国产业特别落后，形成农村人口的过剩。"[2] "农民的失地和农民家庭工业的崩败，尤其主要的是田地的零星分割（贫农小农所耕田地非常之琐小），都使苦力农场工人的数量增加。"[3] 1928年7月，中共六大通过的《关于土地问题决议案》进一步指出：由于农业经济及家庭手工业的衰落，"于是农村之中便发现

① 《中国共产党土地问题党纲草案》，参见陈翰笙、薛暮桥、冯和法合编《解放前的中国农村》（第一辑），中国展望出版社1985年版，第15—16页。
② 中国共产党第五次全国代表大会《关于土地问题议决案》，参见陈翰笙、薛暮桥、冯和法合编《解放前的中国农村》（第一辑），中国展望出版社1985年版，第7页。
③ 《中国共产党土地问题党纲草案》，参见陈翰笙、薛暮桥、冯和法合编《解放前的中国农村》（第一辑），中国展望出版社1985年版，第16页。

极大的人口过剩的现象"①，从而形成了大量的农业失业人口。

农村金融枯竭，农村发展乏力。帝国主义和封建军阀地主阶级为维护对农民的压迫和剥削，不仅掌握了中国乡村农业和手工业发展的命脉，而且还通过钱庄、高利贷等方式渗透到中国乡村金融资本体系，导致农村金融枯竭，从而进一步加剧了乡村经济的衰落。

1927 年 11 月，中共中央临时政治局扩大会议通过的《中国共产党土地问题党纲草案》指出：随着帝国主义和军阀地主的金融渗透，重利盘剥者的势力也不断扩大，广大的贫苦农民"甚至于连维持生活之最小限度的资财也没有。天灾战祸，因而不断地破产失业，还要履行种种旧习惯中糜费的礼节（婚丧赶节，等等），都使农民不得不向重利盘剥者借钱。借钱的利息，从月利二分到十分。重利盘剥之中还有一种借贷谷物的办法，这种办法的残酷更是无以复加，简直是公开的掠夺农民"。同时，帝国主义利用银价的低落疯狂地掠夺中国人民财富，导致"农村中及城市贫民中最流通的货币（铜元）之价格，日益低落"；"军阀政府发出许多纸币，军用票国库券等等，这种东西过不了几天便不值钱了，使农民及城市贫民受巨大的损失"。②

总之，"帝国主义和封建势力是宰割中国农村的两把尖刀"③，"中国的农民在帝国主义压迫之下已日趋难境，重以兵祸连年流离失所，入民国以来，苛捐杂税，负担日重，各省田赋，有预征至数年后者"④，从而导致乡村经济衰落和农民生活日趋贫穷。正是基于对

---

① 中共第六次代表大会《关于土地问题决议案》，参见陈翰笙、薛暮桥、冯和法合编《解放前的中国农村》（第一辑），中国展望出版社 1985 年版，第 24 页。

② 《中国共产党土地问题党纲草案》，参见陈翰笙、薛暮桥、冯和法合编《解放前的中国农村》（第一辑），中国展望出版社 1985 年版，第 15—16 页。

③ 钱亦石：《中国农村的过去与今后》，参见陈翰笙、薛暮桥、冯和法合编《解放前的中国农村》（第一辑），中国展望出版社 1985 年版，第 509 页。

④ 李大钊：《土地与农民》，参见陈翰笙、薛暮桥、冯和法合编《解放前的中国农村》（第一辑），中国展望出版社 1985 年版，第 101 页。

中国乡村经济特殊性的准确判断，中国共产党明确地认识到要解决中国的问题必须要从解决乡村问题入手，从而提出了开展乡村建设运动的基本思想。

（二）农村社会阶级不断分化与阶级矛盾日益激化

20世纪二三十年代中国乡村经济基础虽然遭受帝国主义长期侵略而崩溃，然而农民仍然是乡村社会的重要组成部分。同时，面对急剧变化的国内外政治经济形势，乡村社会结构也发生了重大变化，农村社会阶级不断分化，阶级矛盾与阶级斗争日益激化。

1. 农村社会阶级不断分化

随着中国半殖民地半封建社会化程度进一步加深，以小农经济为主体的乡村经济逐步衰落，乡村社会阶级也逐步分化。陈独秀、毛泽东等中共早期领导人较早地认识到乡村社会阶级分化之势，准确地分析了乡村社会阶级的主要矛盾。

1923年7月，陈独秀发表了《中国农民问题》一文，他将中国乡村社会阶级分成地主和农民两个阶级，并指出：由于经济地位"有几多复杂之区别，兹将地主与农民略分为十等"，其中地主又分为"大地主、中地主、小地主"，"地过万亩之大地主，在全国每省不过十人左右，此等大地主少数是前清贵族，大多数是旧官僚或新军阀，他们对于佃农有很大的权威。……有过千亩之中等地主，在全国至少有二三万以上，……其居乡村者，或多为乡董把持乡村之政权，或为高利营业盘剥农民。……有过地百亩之小地主，其数至少十倍于中等地主，他们多数居住乡村，其职业或在乡镇经营小商业，或在乡村为乡董"。[①]

1925年12月，毛泽东在《中国社会各阶级分析》中将中国乡村

---

① 陈独秀：《中国农民问题》，参见陈翰笙、薛暮桥、冯和法合编《解放前的中国农村》（第一辑），中国展望出版社1985年版，第318—319页。

社会阶级分成地主阶级、农村半无产阶级和农村无产阶级（雇农）三部分，并指出："在经济落后的半殖民地的中国，地主阶级和买办阶级完全是国际资产阶级的附庸，其生存和发展是附属于帝国主义的。这些阶级代表中国最落后的和最反动的生产关系，阻碍了中国生产力的发展。他们和中国革命的目的完全不相容。特别是大地主阶级和大买办阶级，他们始终站在帝国主义一边是极端的反革命派。其政治代表是国家主义派和国民党右派。……所谓半无产阶级，包含：（一）绝大部分半自耕农；（二）贫农；（三）小手工业者；（四）店员；（五）小贩五种。绝大部分半自耕农和贫农是农村中一个数量极大的群众。所谓农民问题，主要就是他们的问题。……所谓农村无产阶级，是指长工、月工、零工等雇农而言。此等雇农不仅无土地，无农具，又无丝毫资金，只得营工度日。其劳动时间之长，工资之少，待遇之薄，职业之不安定，超过其他工人。此种人在乡村中是最感困难者，在农民运动中和贫农处于同一紧要的地位。"①

1929 年 11 月，中共六届二中全会明确指出：帝国主义的资本和商品侵略逐渐打破了中国农村半自然经济，导致广大农民的急剧破产，同时也加剧了农村社会阶级分化，农民阶级与地主阶级的冲突已经成为"目前农村中一般的主要矛盾"②。

1933 年 10 月，为了纠正土地改革工作中出现的问题，正确地解决好农村土地问题，毛泽东在《怎样分析农村阶级》中明确提出了划分地主阶级的标准。所谓地主是"占有土地，自己不劳动，或只有附带的劳动，而靠剥削农民为生的，叫做地主。地主剥削的方式，主要的是收取地租，此外或兼放债，或兼雇工，或兼营工商业。但

① 毛泽东：《中国社会各阶级分析》，《毛泽东选集》（第一卷），人民出版社 1991 年版，第 3、4、6、8 页。

② 《中共中央关于接受国际对农民问题之指示的决议》，参见陈翰笙、薛暮桥、冯和法编《解放前的中国农村》（第一辑），中国展望出版社 1985 年版，第 41 页。

对农民剥削地租是地主剥削的主要的方式。管公堂和收学租也是地主剥削的一类。有些地主虽然已经破产了，但破产之后仍不劳动，依靠欺骗、掠夺或亲友接济等方法为生，而其生活状况超过普通中农者，仍然算是地主。军阀、官僚、土豪、劣绅是地主阶级的政治代表，是地主中特别凶恶者。富农中亦常有较小的土豪、劣绅。帮助地主收租管家，依靠地主剥削农民为主要的生活来源，其生活状况超过普通中农的一些人，应和地主一律看待。依靠高利贷剥削为主要生活来源，其生活状况超过普通中农的人，称为高利贷者，应和地主一律看待"[1]。

1936 年 12 月，毛泽东在《中国革命和中国共产党》中明确地提出了"地主阶级"和"农民阶级"这两个概念。"现阶段的中国社会里，有些什么阶级呢？有地主阶级，……有农民阶级。……地主阶级是帝国主义统治中国的主要的社会基础，是用封建制度剥削和压迫农民的阶级，是在政治上、经济上、文化上阻碍中国社会前进而没有丝毫进步作用的阶级"。因此，中国乡村社会的"主要矛盾，是农民阶级和地主阶级的矛盾"。地主阶级"残酷的剥削和压迫所造成的农民的极端的穷苦和落后，就是中国社会几千年在经济上和社会生活上停滞不前的基本原因"[2]。

2. 农民阶层分化日益明显

由于帝国主义对中国政治经济侵略的不断加深，乡村经济日趋衰落，大量农民失业并陷于破产的边缘，农民阶层分化也日益明显，形成了富农、中农、贫农等不同的农民阶层。

1923 年 7 月，陈独秀在《中国农民问题》中将农民分为七种：自耕农（包括自耕农兼地主、自耕农兼雇主、自耕农民和自耕农兼

---

① 毛泽东:《怎样分析农村阶级》,《毛泽东选集》（第一卷），人民出版社 1991 年版，第 127—128 页。

② 毛泽东:《中国革命和中国共产党》,《毛泽东选集》（第二卷），人民出版社 1991 年版，第 638、624 页。

佃农四种）、半益农（半无产阶级，包括佃农兼雇主和佃农两种以及雇工），并进一步指出"以上七种农民中，后三种（佃农兼雇主、佃农、雇工）都是无地农民，在全国农民总数中约占百分之四十，人数当在九千万以上"①。

1924年5月彭湃在《海丰农民运动》中对海丰地区农民阶级的构成进行了详细叙述。"海丰一县人口约四十余万，约七万余户，其中五万六千户属于农户，这些农户中的成分为以下几种：一、纯自耕农，约占百分之二十；二、半自耕农，约占百分之二十五；三、佃农，约占百分之五十五。自耕农兼小地主及雇农极为少数，全县简直不上五百人。……自耕农兼小地主其地位比较颇为优越，而半自耕农之地位则次之，最苦者莫如大多数之佃农。"②

1925年12月，李大钊发表了《农民与土地》一文，指出："中国的农业经营是小农的经济，故以自耕农、佃户及自耕兼佃为最多"，自耕农与佃农是"农民中最多数最痛苦的阶级"。③

毛泽东也十分重视对中国农民问题的调查研究和科学分析，从1925—1939年先后发表了许多文章分析农村阶级状况和农民阶层分化，其中最具代表性的有：《中国社会各阶级分析》、《湖南农民运动考察报告》、《怎样分析农村阶级》以及《中国革命和中国共产党》等。在《中国社会各阶级分析》中，毛泽东将农民阶层分为"自耕农"、"半自耕农"、"贫农"和"农村无产阶级"（雇农）四个阶层，并进一步指出："绝大部分半自耕农和贫农是农村中一个数量极大的群众。所谓农民问题，主要就是他们的问题。……绝大部分半自耕

---

① 陈独秀：《中国农民问题》，参见陈翰笙、薛暮桥、冯和法合编《解放前的中国农村》（第一辑），中国展望出版社1985年版，第318—320页。

② 彭湃：《海丰农民运动》，参见陈翰笙、薛暮桥、冯和法合编《解放前的中国农村》（第一辑），中国展望出版社1985年版，第120页。

③ 李大钊：《农民与土地》，参见陈翰笙、薛暮桥、冯和法合编《解放前的中国农村》（第一辑），中国展望出版社1985年版，第96、98页。

农和贫农虽同属半无产阶级，但其经济状况仍有上、中、下三个细别。"半自耕农"有比较充足的农具和相当数量的资金"的"一部分贫农"和"既无充足的农具，又无资金，肥料不足，土地歉收，送租之外，所得无几，更需要出卖一部分劳动力"的"另一部分贫农"。①在《湖南农民运动考察报告》中，毛泽东明确指出："农民中有富农、中农、贫农三种。……贫农中，又分赤贫、次贫二类。全然无业，即既无土地，又无资金，完全失去生活依据，不得不出外当兵，或出去做工，或打流当乞丐的，都是'赤贫'，占百分之二十。半无业，即略有土地，或略有资金，但吃的多，收的少，终年在劳碌愁苦中过生活的，如手工工人、佃农（富佃除外）、半自耕农等，都是'次贫'，占百分之五十。"②

毛泽东在《井冈山的斗争》中更为全面准确地分析了中国农村阶级结构，"农村中略分为三种阶级，即大、中地主阶级，小地主、富农的中间阶级，中农、贫农阶级。富农往往与小地主利害联在一起"③。1933 年 10 月，毛泽东又发表了《怎样分析农村阶级》一文，对如何划分富农、中农和贫农作出了明确的界定。富农"一般占有土地。富农的剥削是经常的，许多富农的剥削收入在其全部收入中并且是主要的"；中农"许多都占有土地。……中农的生活来源全靠自己劳动，或主要靠自己劳动。中农一般不剥削别人，许多中农还要受别人小部分地租债利等剥削。但中农一般不出卖劳动力。另一部分中农（富裕中农）则对别人有轻微的剥削，但非经常的和主要的"；贫农"有些占有一部分土地和不完全的工具；……一般都须租

---

① 毛泽东：《中国社会各阶级的分析》，《毛泽东选集》（第一卷），人民出版社 1991 年版，第 5—7 页。

② 毛泽东：《湖南农民运动考察报告》，《毛泽东选集》（第一卷），人民出版社 1991 年版，第 19、20—21 页。

③ 毛泽东：《井冈山的斗争》，《毛泽东选集》（第一卷），人民出版社 1991 年版，第 69 页。

入土地来耕，受人地租、债利和小部分雇佣劳动的剥削。中农一般不要出卖劳动力，贫农一般要出卖小部分的劳动力，这是区别中农和贫农的主要标准"；雇农"一般全无土地和工具，有些工人有极小部分的土地和工具。工人完全地或主要地以出卖劳动力为生"。①

1939 年 12 月，毛泽东在《中国革命和中国共产党》中详细分析了农民各阶层状况。"农民在全国总人口中大约占百分之八十，……农民的内部是在激烈地分化的过程中。""富农占农村人口百分之五左右（连地主一起共约占农村人口百分之十），被称为农村的资产阶级。中国的富农大多有一部分土地出租，又放高利贷，对于雇农的剥削也很残酷，带有半封建性。但富农一般都自己参加劳动，在这点上它又是农民的一部分"；"中农在中国农村人口中占百分之二十左右。中农一般地不剥削别人，在经济上能自给自足（但在年丰收时能有些许盈余，有时也利用一点雇佣劳动或放一点小债），而受帝国主义、地主阶级和资产阶级的剥削"。"中国的贫农，连同雇农在内，约占农村人口百分之七十。贫农是没有土地或土地不足的广大的农民群众，是农村中的半无产阶级"。并强调指出："农民这个名称所包括的内容，主要地是指贫农和中农。"② 毛泽东关于中国农村和农民的阶级划分为中共早期乡村建设思想的形成奠定了理论基础。

此外，李立三、瞿秋白等人也对农村阶级分化作出了明确的分析。1928 年 12 月，李立三在《中国革命中的农民问题》中指出："农民是封建社会过渡到资本主义社会的产物，他是农奴制的反抗者，即是封建剥削关系的反抗者，所以农民是资产阶级在乡村中的代表。农民是资产阶级与无产阶级中间的过渡阶级，他仍在随着资本主义的发展，继续向两极化——大部分一天天破产渐成为无产阶

---

① 毛泽东：《怎样分析农村阶级》，《毛泽东选集》（第一卷），人民出版社 1991 年版，第 128—129 页。

② 毛泽东：《中国革命和中国共产党》，《毛泽东选集》（第二卷），人民出版社 1991 年版，第 642—644 页。

级，极少数以资本主义积累变成资产阶级。"① 1929 年 9 月，瞿秋白在《中国革命和农民运动的策略》中认为："中国农民阶层的问题，并且因为一般的政治经济状况和发展趋势，以及极端复杂的土地关系的缘故，所以更加有特殊意义。……外国资本侵略之下，特殊的中国土地关系，绅商混合统治的军阀制度，破产失业的丧失土地的农民非常之广大，……受多方面的阻碍，农村里市场关系和货币关系发展，所引起的畸形的阶级分化，使农民在这资本主义畸形的发展之下有特殊的形势，而富农也就带有特殊的社会性质。"②

综上所述，20 世纪二三十年代中国乡村经济不断衰落与破坏，农民遭受的剥削压迫日益加剧，农村社会阶级不断分化，尤其是农民中的阶级分化已经日益明显，阶级矛盾日趋激化。绝大部分半自耕农和贫农是农村中一个数量极大的群众，"所谓农民问题，主要就是他们的问题"。因此，要解决中国的问题首先要解决农民问题，农民问题是中国革命的核心问题。中国共产党正是基于对当时中国乡村社会特殊性的清醒认识和科学判断，提出了中共早期乡村建设运动的性质、任务以及基本途径等。

（三）豪绅地主阶级掌握和垄断乡村政权

20 世纪二三十年代，豪绅地主阶级垄断和把持了乡村政权，"因为地主阶级的权力实施封建宗法制度，在中国农村之中，仍旧保持其为经济政治及行使制度之重要特质"。③ 地主政权、封建宗法势力成为帝国主义和封建地主阶级统治中国以及剥削压迫广大农民群众

---

① 李立三：《中国革命中的农民问题》，参见陈翰笙、薛暮桥、冯和法合编《解放前的中国农村》（第一辑），中国展望出版社 1985 年版，第 225 页。

② 瞿秋白：《中国革命和农民运动的策略》，参见陈翰笙、薛暮桥、冯和法合编《解放前的中国农村》（第一辑），中国展望出版社 1985 年版，第 209—210 页。

③ 中国共产党第五次全国代表大会《关于土地问题议决案》，参见陈翰笙、薛暮桥、冯和法合编《解放前的中国农村》（第一辑），中国展望出版社 1985 年版，第 4 页。

的政治基础。

1. 豪绅地主阶级垄断了乡村政权

20 世纪二三十年代，豪绅地主阶级掌握和垄断了乡村政权，成为乡村统治阶级的代表。对此，李大钊、毛泽东、瞿秋白等中共早期领导人都进行了深入的分析。1925 年 12 月，李大钊在《土地与农民》一文中指出："乡村中旧有的农民团体，多为乡村资产阶级的贵族政治，全为一乡绅所操纵，仅为乡村资产阶级所依为保障其阶级的利益的工具，不惟于贫农的疾苦漠不关心，甚且专一剥削贫农为事。在此等组织中，贫农几无容喙的余地。"①

1926 年 12 月，中国共产党在汉口召开中央特别会议，在分析农村问题时指出："在农村中，因许多历史条件的关系，劣绅阶级（地主包含在内）乃是事实上的政权。"所以，在中国共产党领导的乡村建设运动中，"农民阶级改善其地位的最低限度要求的斗争，就变成反对劣绅政权的斗争"②。

1927 年 3 月，毛泽东在《湖南农民运动考察报告》中指出："旧式的都团（即区乡）政权机关，尤其是都之一级，即接近县之一级，几乎完全是土豪劣绅占领。"并进一步指出："地主政权，是一切权力的基干。""政权、族权、神权、夫权，代表了全部封建宗法的思想和制度，是束缚中国人民特别是农民的四条极大的绳索。"③ 同年 5 月，瞿秋白发表了《农民政权与土地革命》一文，指出：这些旧有的乡村政权或组织代表地主阶级的利益，"乡村之中的土豪劣绅，实际上是乡村里的小政府：这些土豪乡绅在农村之中包揽一切地方公

---

① 李大钊：《土地与农民》，参见陈翰笙、薛暮桥、冯和法合编《解放前的中国农村》（第一辑），中国展望出版社 1985 年版，第 101 页。

② 《中国共产党关于农民政纲的草案》（1926 年 11 月），参见中央档案馆合编《中共中央文件选集》（第 2 册），中共中央党校出版社 1989 年版，第 436 页。

③ 毛泽东：《湖南农民运动考察报告》，《毛泽东选集》（第一卷），人民出版社 1991 年版，第 27—28、31 页。

务，霸占祠堂、庙宇及所谓慈善团体、公益团体的田地财产，欺压乡民，剥削佃农，作威作福，俨然乡里的小诸侯。"①

1927 年 11 月，《关于土地问题党纲草案》进一步分析了豪绅地主阶级掌握和垄断了乡村政权的状况，"他们依据自己的暴力机关（民团、团防、商团、军阀的军队，以及他们所勾结收买的土匪），他们依据帝国主义的助力，对于土地制度之革命的变革，竭全力以抗御。"因此，"中国共产党要组织农民于农民协会等类的战斗的组织之中，竭全力以赞助农民的一切斗争，宣传以城乡劳动民众武装暴动而建立苏维埃政府之主张，并且在群众运动相当的阶段上进而组织苏维埃。……农民代表会议（苏维埃），是乡村中的革命政权机关"②。1929 年 7 月，中共六届二中全会《关于接受共产国际对于农民问题之指示的决议》明确指出：因许多历史条件的关系，"中国的乡村政权，完全掌握在豪绅手里，极力镇压农民对于地主阶级的反抗，可以自由屠杀农民，抽收捐税等各种的特权"③。

2. 地主阶级把持控制了民团乡团组织

20 世纪二三十年代，不仅乡村政权为豪绅地主阶级所掌握，而且乡村的民团、乡团等组织也为豪绅地主所控制，成为豪绅地主镇压农民的反动武装。1925 年 1 月，中共四大在讨论农民问题时已经认识到："在连年军阀战争中，地主阶级利用农民以武装自己而成立民团、乡团之组织，现在广东这种组织，已成为地主阶级压迫农民的反革命武力。"④ 1927 年 5 月，中共五大通过的《关于土地问题议

---

① 瞿秋白：《农民政权与土地革命》，参见陈翰笙、薛暮桥、冯和法合编《解放前的中国农村》（第一辑），中国展望出版社 1985 年版，第 197 页。

② 《中国共产党关于土地问题党纲草案》，参见陈翰笙、薛暮桥、冯和法合编《解放前的中国农村》（第一辑），中国展望出版社 1985 年版，第 11、17 页。

③ 《中央关于接受共产国际对于农民问题之指示的决议》，参见陈翰笙、薛暮桥、冯和法合编《解放前的中国农村》（第一辑），中国展望出版社 1985 年版，第 40 页。

④ 《对于农民运动之议决案》，参见中央档案馆编《中共中央文件选集》（第 1 册），中共中央党校出版社 1989 年版，第 359 页。

决案》中指出："农民运动发展的时候,封建宗法的反动政权（所谓
土豪劣绅、贪官污吏等）自然竭力压迫。他们勾结军阀,利用自己
的武装（民团、团防等）以及土匪,来进攻农民,屠杀农民,要想
镇压农民运动。"① 同年5月,瞿秋白在《农民政权与土地问题》中
也提到："土豪劣绅,除军阀的军队外,还有自己的武装",如乡村
中的所谓的"民团"、"团防"、"保卫团"和"保甲"等民间武装组
织。这些民团乡团组织"虽然名目繁多实际上是地主豪绅的乡村军
队,往往以防御土匪为名,而事实上是压迫农民的武器。有时候,
民团等类东西,甚至于和土匪联合起来蹂躏农民"②。1928年7月,
中共六大更进一步明确指出："许多地方红枪会、大刀会等在农民群
众中占有很大的势力,其领导权大半握在豪绅地主富农手里。""在
农村阶级矛盾斗争到了最激烈的地方,每一小的日常生活的斗争,
都将要走到武装的冲突。"③ 因此,在中共领导的革命运动和乡村建
设中必须充分发动和组织农民建立农民自己的武装组织开展革命
斗争。

二 乡村建设思想形成的理论基础与发展阶段

（一）中国传统文化的继承与弘扬

中国是一个具有悠久农耕文明历史的国家,从古至今历代统治者
都非常重视"农业、农民和农村"问题。中国传统思想文化中乡村

---

① 中国共产党第五次代表大会《关于土地问题议决案》,见陈翰笙、薛暮桥、冯和法编
《解放前的中国农村》（第一辑）,中国展望出版社1985年版,第9页。
② 瞿秋白:《农民政权与土地问题》,参见陈翰笙、薛暮桥、冯和法合编《解放前的中
国农村》（第一辑）,中国展望出版社1985年版,第197页。
③ 中共全国第六次代表大会《关于农民问题决议案》,参见陈翰笙、薛暮桥、冯和法合
编《解放前的中国农村》（第一辑）,中国展望出版社1985年版,第31—32页。

建设思想源远流长、积淀厚重。例如：以民为本思想中的民水君舟、民贵君轻、民为邦本、本固邦宁的思想；牧民思想中的富民、教民思想；社会理想中大同、均平、保护商务、善待工匠、社会和谐的思想；抑制兼并、均田和限田的思想；农业是国家兴衰和社会稳定基础的思想；中国村社传统中的患难相恤、邻里互助合作的思想；以及乡里制度和基层自治的思想。可以说，中国传统文化思想为共产党早期乡村建设思想的形成和发展奠定了坚实基础。本书总论已有较为全面的论述，不再赘述。

（二）近现代重大历史事件对思想解放的冲击

1911 年 10 月，辛亥革命爆发，结束了我国两千多年的君主专制制度。它也是一次重要的思想解放运动。其主要成果是，从忠君爱国走向革命救国，这是中华民族近代觉醒中的一个重要界碑。在这个过程中，维新与保守、革命与保皇经过激烈较量，使民主共和思想深入人心，封建皇权思想受到冲击和唾弃。[①]

1917 年俄国十月革命的胜利，开辟了人类历史的新纪元。"十月革命一声炮响，给我们送来了马克思列宁主义。十月革命帮助了全世界的也帮助了中国的先进分子，用无产阶级的宇宙观作为观察国家命运的工具，重新考虑自己的问题。"[②]

1919 年爆发的五四运动是一场伟大的思想解放运动和新文化运动，是影响中国社会发展和政治文明进程的具有深刻影响的社会变革运动。毛泽东评价："五四运动是反帝国主义的运动，又是反封建的运动。五四运动的杰出的历史意义，在于它带着为辛亥革命还不曾有的姿态，这就是彻底地不妥协地反帝国主义和彻底地不妥协地

---

① 参见任仲平《中华民族的伟大觉醒——纪念辛亥革命九十周年》，《人民日报》，2001年 10 月 9 日。

② 毛泽东：《论人民民主专政》，《毛泽东选集》（第四卷），第 1470—1471 页。

反封建主义。"① 五四运动使中国的先进分子从中国外交失败的惨痛教训中进一步认识了帝国主义列强联合压迫中国人民的实质，坚定了反对封建主义和帝国主义及其列强的决心。五四运动促使一批具有初步共产主义思想的知识分子纷纷组织社团，利用《新中国》、《每周评论》、《晨报副刊》、《国民》等刊物来研究和宣传马克思主义。马克思主义在中国的传播，为共产党乡村革命和建设思想的乡村发展奠定了坚实基础。

（三）马克思主义基本观点和方法论的深刻影响

马克思认为"到目前为止的一切社会的历史都是阶级斗争的历史"②，而且阶级斗争贯穿于社会生活的基本方面，影响和制约着社会运动的全过程。

关于不同阶级的革命性问题，马克思认为"一切阶级斗争都是政治斗争"③。在这些阶级中，只有无产阶级是"真正革命的阶级"；中间等级，即小工业家、小商人、手工业者、农民，他们同资产阶级作斗争，都是为了维护他们这种中间等级的生存，以免于灭亡，所以"他们不是革命的，而是保守的。不仅如此，他们甚至是反动的"④；如果说他们是革命的，那是鉴于他们行将转入无产阶级的队伍，这样，他们就不是维护他们目前的利益，而是维护他们将来的利益，他们就离开自己原来的立场，而站到无产阶级的立场上来。

在中国共产党领导的乡村建设过程中，始终坚持运用马克思主义的阶级斗争观点和阶级分析方法去研究中国乡村社会各个阶级的经济地位和政治态度，透过现象看本质，科学判断中国乡村社会的特

---

① 毛泽东：《论人民民主专政》，《毛泽东选集》（第四卷），第 669—700 页

② 《共产党宣言》，中共中央马克思恩格斯列宁斯大林著作编译局：《马克思恩格斯选集》（第 1 卷）（上），人民出版社 1972 年 5 月版，第 250 页。

③ 同上书，第 260 页。

④ 同上书，第 261 页。

殊性及其发展的规律，从而对革命斗争的形势作出正确的判断，明确政治方向，制定正确的路线、方针和政策。

（四）列宁和斯大林革命理论的重要支撑

1920 年 7 月，列宁在《民族和民族殖民地提纲》一文中指出，第一次世界大战和十月革命后，民族和殖民地问题已成为世界无产阶级革命的一部分，殖民地半殖民地国家的无产阶级在民族解放中必须和农民建立巩固的联盟，援助农民反对封建土地占有制的斗争，竭力使农民运动具有最大的革命性。在新的历史条件下，殖民地国家的革命应"把苏维埃制度的基本原则应用到资本主义前的关系占有统治地位的国家中去"，这些国家"可以不经过资本主义发展阶段而过渡到苏维埃制度，然后经过一定的发展阶段过渡到共产主义"[①]。

斯大林认为土地问题是中国民主革命的基础和内容。"我认为不论中国共产党或国民党（也就是广东政权）都应当立即从言论转到行动，提出立刻就满足农民最切身要求的问题"；"应该做到为农民没收地主的土地，并使土地国有"。[②] 关于农民武装问题，斯大林指出"在中国是武装革命反对武装的反革命。这是中国革命的特点之一和优点之一"，所以，"中国共产党人应当特别注意军队工作"，"应当着手研究军事"。[③]

列宁关于民族和殖民地革命理论阐述以及斯大林关于中国农民的土地和武装的问题的论述，为中共早期乡村建设运动指明了正确的方向，为中共早期乡村建设思想的形成提供了理论依据。

---

① 《国际共产主义运动史文献》编辑委员会：《共产国际第二次代表大会文件》，中国人民大学出版社 1988 年版，第 266—267 页。

② 斯大林：《论中国革命前途》，《斯大林全集》（第 8 卷），人民出版社 1954 年版，第 330—334 页。

③ 同上书，第 326 页。

（五）共产国际的指示

1922 年年初，共产国际在莫斯科召开了远东各国共产党及民族革命团体第一次代表大会，分析了中国农民的现状和特性，指出：中国农民，一方面遭受国际帝国主义的压迫，另一方面又遭受中国封建统治者的剥削。为解除这种压迫和剥削，"现在第一要做的事就是去唤醒这一班群众，他们是中国人民的主要成分，他们是中国的柱子，若不唤醒这班农民群众，民族解放是无望的"①。共产国际大会的召开使中国共产党第一次得到共产国际对中国共产党领导的乡村建设运动的直接指导和帮助，使中国共产党进一步明确了当时的中国的社会性质和革命运动的特点。

为解决中国共产党在农民土地问题认识的不足，1923 年 5 月《共产国际执行委员会给中国共产党第三次代表大会的指示信》中明确指出：在中国，农民占中国人口的大多数，只有把农民吸引到运动中来中国革命才能取得胜利；同时，中国的革命"建立在土地问题的基础上，我们才能有希望取得真正的胜利"。"在中国进行国民革命和建立反帝战线之际，必须同时进行反对封建主义残余的农民土地革命。"② 因此，提出了为反对地主主义和封建主义残余必须开展农民土地革命的正确论断。同时，指示信还提出：农民土地革命的目的是"没收地主土地，没收寺庙土地并将其无偿交给农民；歉收年不收地租；废除现行征税制度；取消各省间的包税和税卡；废除包税制度；铲除旧官僚统治；建立农民自治机构，并将没收的土

---

① 《共产国际有关中国革命的文献》（1919—1928），中国社会科学出版社 1981 年版，第 72 页。

② 《共产国际执行委员会给中国共产党第三次代表大会的指示信》（1923 年 5 月），见中央档案馆编《中共中央文件选集》（第一册），中共中央党校出版社 1989 年版，第 586 页。

地转变给它们；等等"①。

1923 年 11 月 28 日，共产国际执行委员会主席团通过《关于中国民族解放运动和国民党问题的决议》。该决议最重要的理论贡献是用民主革命精神重新诠释了孙中山提出的旧"三民主义"的含义，认为：新的三民主义中的"民族主义"是"依靠国内广大的农民、工人、知识分子和工商业者各阶层，为反对世界帝国主义及其走卒、为争取中国独立而斗争"；"民权主义"是"既要消灭外国帝国主义的压迫，也要消灭本国军阀制度的压迫"；"民生主义"则是"把土地直接分给在这块土地上耕种的劳动者，消灭不从事耕作的大土地占有者和许多中小土地占有者的制度"。②

1926 年 12 月，在共产国际第七次扩大执行委员会通过的《关于中国问题决议案》还特别提到了农民土地问题对中国革命的重要性。认为：中国的农民就是因为没有土地或缺少土地，他们才不得不去受地主及重利盘剥商人等的奴隶待遇，因此土地问题在中国共产党倡导和领导的乡村建设过程中变得越来越重要，已成为"现在局面的中心问题"。实行"彻底的土地政策"是反帝反封建胜利及革命继续向前发展的"先决条件"。该决议案中指出："在现时革命发展的过程阶段里，土地问题开始紧急起来，成为现在局面的中心问题。哪个阶级能够依然攫住这个问题而给予彻底答复，这个阶级就是革命的领袖。"它关于中国农民土地问题的论述启发了中国共产党重视农民土地问题，为农民土地革命思想的形成提供了理论依据。同时，该决议案还就中国农民政权问题作了重要的指示："中国共产党应当努力赞助推到乡间的劣绅土豪的官僚政权"，并以农民自己的革命政权——"能执行革命政府的命令及拥护大多数农民利益"的政权，

---

① 《共产国际执行委员会给中国共产党第三次代表大会的指示信》（1923 年 5 月），参见中央档案馆编《中共中央文件选集》（第一册），中共中央党校出版社 1989 年版，第 586 页。

② 中央档案馆编《中共中央文件选集》（第一册），中共中央党校出版社 1989 年版，第589 页。

来代替"旧的半封建的官僚政权"。①

1927 年 5 月 30 日，共产国际第八次全体会议上通过了《共产国际第八次全体会议关于中国问题决议案》，指出：要想引导农民参加到中共乡村建设运动中来，"只有在乡村实现土地革命"才有可能。因此，在中国共产党领导的乡村建设中，要使千百万农民"从下面以'平民式'的直接斗争实行土地革命"，"毅然取消缴纳富豪之佃租，重新分配土地，没收大地主官僚寺院等等之一切田产"。② 同时建议中国共产党在推动武汉国民政府发动土地革命的同时，要动员和领导农民开展土地革命，解决农民的土地问题。上述观点和建议对中国共产党正确认识解决土地问题的重要性具有积极意义，为中共早期土地革命的思想的形成提供了理论依据。

(六) 乡村建设思想发展阶段

中共早期乡村建设思想的形成与发展，大体上可以划分为四个阶段。

1. 中共创立时期的萌芽阶段（1919—1921）。早在中国共产党成立之前，一些接受了马克思主义思想的先进知识分子就对中国的农村和农民问题有所关注。其中，最具代表性的是主要创始人李大钊和陈独秀（其时号称北陈南李）的思想。

李大钊（1889—1927），字守常，河北省乐亭县人。他是中国共产主义运动的先驱和最早的马克思主义者，中国共产党的主要创始人之一，中共一大后，成立中共北京地方委员会，任书记，负责领导北京和北方地区党的工作，是中共三大中央执行委员、驻北京委员，中共四大中央委员、委员长（后改称书记），1927 年 4 月 6 日，奉系军阀张作霖派军警搜查苏联大使馆，李大钊等 60 余人被捕，28

---

① 中央档案馆编《中共中央文件选集》（第二册），中共中央党校出版社 1989 年版，第 673—674 页。

② 同上书，第 603 页。

日在北京英勇就义。李大钊关于乡村建设最具代表性的著述有《青年与农村》（1919.2），《土地与农民》（1925.12）、《鲁豫陕等省的红枪会》（1926）等。

陈独秀（1879—1942），字仲甫，安徽怀宁（今属安庆市）人。他是新文化运动的发起人，中国文化启蒙运动的先驱，五四运动的总司令，中国共产党的主要创始人之一，是中共一大至五大党的最高领袖，1927年被撤销总书记职务，1942年5月27日病逝。陈独秀关于乡村建设最具代表性的著述有主要《敬告青年》（1915.9）、《共产党月刊短信》（1920.11）、《告劳动》（1921.6）、《革命与制度》（1921.1）、《中国农民问题》（1923.7.1）、《广东农民与湖南农民》（1923.12）、《红枪会与中国的农民暴动》（1926.6），1927年4月26日，在国民党中央土地委员会扩大会议上，又作了《对土地问题的意见》的著名文章，在新文化运动的各个阶段都发挥过巨大的作用。从中共主要领导人的著述中可以发现，中国共产党创立先后，就开始关注农民运动、土地问题，其中许多思想都对中共早期的乡村建设思想产生了重要影响。

2. 新民主主义革命第一个时期的初步形成阶段（1921—1927）。这一时期，是中国共产党的农民问题理论和土地思想形成的重要时期。这一时期，经过了1921—1923年初创时期的艰难发展，经过了1924—1927年国共第一次合作。这一时期，中共创始人、领导人以及党员和进步青年，自觉地深入农村调查研究，形成了许多有重要历史价值的农民问题和土地问题的调查研究报告，以及解决农民问题和土地问题的重要政策意见。比如：毛泽东的《中国社会阶级的分析》（1925.12）、《国民革命与农民运动——〈农民问题丛刊〉序》（1926.9）、《湖南农民运动考察报告》（1927.3）、《在土地委员会第一次扩大会议上的发言》（1927.4）；陈独秀的《中国农民问题》（1923.7）、《广东农民与湖南农民》（1923.12）、《红枪会与中国的农民暴动》（1926.6）、《对土地问题的意见》（1927.4）；李大钊的《土地与农民》（1925.12）、《鲁豫陕等省的红枪会》（1926）；
邓中夏的《论农民运动》（1923.12）和《中国农民状况及我们运动
的方针》（1924.1）；彭湃的《关于海陆丰农民运动的一封信》
（1924.5）、《海丰农民运动》（1926.1）和《在第六届农民运动讲习
所的讲演》（1926.6）；恽代英的《农村运动》（1924.6）；瞿秋白的
《农民政权与土地革命》（1927.5）、《中国革命是什么样的革命》
（1927.11）；林伯渠的《湖南的土地问题》（1927.6），等等。同一
时期，中共中央集体讨论通过所形成的如宣言、纲领、决议案、决
定和指示信等文件，更是集中地展现了中共早期的农民问题理论和
土地政策思想。比如：《中国共产党第二次全国代表大会宣言》
（1922.7）、《中国共产党第五次全国代表大会关于土地问题的决议
案》（1925.7）、《中国共产党告农民书》（1925.11），等等。

　　3. 土地革命时期发展阶段（1927—1937）。土地革命的 10 年间，
是中国共产党早期的土地政策思想逐渐发展，在实践中不断完善的
时期。这一时期，与乡村建设相关的具有代表性的领袖人物的调查
报告和著述如：李立三的《中国革命中的农民问题》（1928.12）；
毛泽东的《第三时期的中国经济》（1931.5）和在中央苏区进行的一
系列调查报告，比如收入《毛泽东农村调查文集》的就有《反对本
本主义》（1930.5）、《寻乌调查》（1930.5）；《兴国调查》（
1930.10），《木口村调查》（1930.11）、《长冈乡调查》（1933.11
）、《才溪乡调查》（1933.11）等重要文献；张闻天的《中国经济之
性质问题研究——评任曙君的〈中国经济研究〉》（1931.6）；张鼎
臣的《奇怪的河田乡分田》（1932.1）。中共中央文件等历史文献
中，直接关于农民和土地问题的如：中共第六次全国代表大会《关
于土地问题的决议案》和《关于农民问题的决议案》（1928.7）；
《苏维埃第一次全国大会土地法草案》（1931.11）；中共苏区中央局
宣传部编辑的《土地问题》（1932）；《中共中央关于土地政策的指
示信》（1936.7.22），等等。与大革命时期相比较，这一时期，凝聚

在中共领导人的调查报告、著述以及党的文件文献中的农民问题理论和土地政策思想更加丰富、具体而完善，具有政策执行性。

4. 抗日战争和解放战争时期完善阶段（1937—1949）。抗日战争和解放战争的性质虽然不同，但战争条件下乡村经济发展和社会建设所遭受的破坏和打击都是沉重的。这一时期，中国共产党的主要精力是保障战争的胜利。为此，共产党领导下的各抗日根据地和各解放区，在农村广泛建立红色政权，进行土地改革、自力更生发展经济，因此，其土地政策思想在沿袭土地革命时期政策思想基础上，仍然有所发展。比如毛泽东主席的一些调查研究文章如《关于农村调查》（1941.9）、《新解放区农村工作的策略问题》（1948.5）、《一九四八年的土地改革工作和整党工作》（1948.5）等论著，以及中共中央文件如《中共中央关于抗日根据地的土地政策决定》（1942.1）、《中共中央关于如何执行土地政策的指示》（1942.2）、《中共中央关于公布〈中国土地法大纲〉》和《中国土地法大纲》（1947.10）等。

三　乡村建设的基本任务及思想体系

20 世纪二三十年代，以小农经济为主体的乡村经济日趋衰落与破产，乡村社会阶级不断分化及其阶级矛盾日趋激化，农民内部阶层分化日益明显，豪绅地主阶级与封建宗法势力垄断与把持乡村政治统治。基于对中国乡村社会特殊性的正确认识与科学判断，中共早期领导人逐步明确地提出了乡村建设的基本性质、目标和任务等，初步形成了较为系统的乡村建设思想。

（一）基于对中国乡村社会特殊性的认识与判断，提出了开展乡村建设的思想主张

20 世纪二三十年代，资本主义商品经济在中国虽然有了一定的

发展，但是"农民占全国人口之大半数，其国民经济之真正基础还是农业"①，以农业经济为主的乡村经济依然是中国经济的根本。同时，"自资本帝国主义侵入中国，日甚一日，中国的农业手工业的经济之破坏，逐日甚一日"②，外国帝国主义的经济侵略和中国封建残余势力的政治统治是导致乡村经济衰落农民破产的根本原因。对此，中共"八七会议"通过的《中国共产党中央执行委员会告全党党员书》明确指出："帝国主义对于中国的压迫，极大部分是依据于中国经济的落后，依据于农村中的封建关系。中国社会经济关系及政治制度中的封建制度遗毒，是外国资本无限的剥削中国民众之最好的依据。帝国主义维持着地主豪绅及封建式的行政机关，封建阶级又在维持帝国主义对于中国的统治。"③ 因此，要解决中国所面临的问题必须要从解决乡村问题入手。"中国民众欲达到打倒军阀及帝国主义的目的，基本的条件就是肃清农村中封建势力的残余及宗法社会式的政权。急剧的变更土地所有制度，是国民革命中唯一的原则。"而且在这一过程中，"欲消除上层的军阀和帝国主义的组织，必须破坏他的根基"。因为帝国主义和封建军阀对中国乡村的剥削和压迫主要是依靠与农村中封建势力的残余和宗法社会式的政权相互勾结，而"他们二者的根据地都是农村中的封建组织"④。据此，中国共产党提出了以解决农民问题为核心、开展土地革命、建立农民政权等乡村建设思想主张。

---

① 陈独秀：《中国农民问题》，参见陈翰笙、薛暮桥、冯和法合编《解放前的中国农村》（第一辑），中国展望出版社1985年版，第318页。

② 中国共产党第四次全国代表大会《对于民族革命运动之议决案》（1925年1月），参见中央档案馆编《中共中央文件选集》（第一册），中共中央党校出版社1989年版，第332页。

③《中国共产党中央执行委员会告全党党员书》（1927年8月），参见中央档案馆编《中共中央文件选集》（第三册），中共中央党校出版社1989年版，第256页。

④ 中国共产党第五次全国代表大会《关于土地问题议决案》（1927年5月），参见中国社会科学院经济研究所中国现代经济史组编《第一、二次国内革命战争时期土地斗争史料选编》，人民出版社1981年版，第92页。

（二）基于对中国乡村社会特殊性的认识与判断，明确了中共早期乡村建设的基本性质和核心问题——农民问题

中国共产党认为，20 世纪二三十年代的中国仍然是一个传统的农业社会，农民为"主要的生产阶级"，"农民阶级至今还是社会的重要成分"。[①] 因此"农民问题乃是中国革命的中心问题"[②]。随着乡村经济的不断衰败，农民内部阶层分化日益明显，绝大部分半自耕农和贫农"是农村中一个数量极大的群众"。"所谓农民问题，主要就是他们的问题。"[③] 因此，要解决中国的问题首先要解决中国农民的问题，中国共产党领导的革命运动和乡村建设"若得不到农民之加入，终不能成功一个大的民众革命"[④]。而且，帝国主义和封建残余势力的双重压迫、兵匪扰乱、天灾流行致使农民处于水深火热之中，这种状况"有驱农民加入革命之可能"[⑤]。尤其是广大半自耕农、贫农和雇农日益成为封建地主、帝国主义与资本家剥削的主要对象，因此，这部分农民对革命的要求是最强烈，也是最革命的，是中国共产党领导的乡村建设运动的社会基础。而宗法封建性的土豪劣绅和不法地主阶级"是几千年专制政治的基础，帝国主义、军阀、贪官污吏的墙脚"[⑥]。因此，中共早期乡村建设运动"乃政治争斗、经

[①] 中国共产党第四次全国代表大会《对于农民运动之议决案》（1925 年 1 月），参见中央档案馆编《中共中央文件选集》（第一册），中共中央党校出版社 1989 年版，第 358 页。

[②] 毛泽东：《国民革命与农民运动》，《毛泽东文集》（第一卷），人民出版社 1993 年版，第 37 页。

[③] 毛泽东：《中国社会各阶级的分析》，《毛泽东选集》（第一卷），人民出版社 1991 年版，第 6 页。

[④] 陈独秀：《中国国民革命与社会各阶级》，参见中央档案馆编《中共中央文件选集》（第一册），中共中央党校出版社 1989 年版，第 598 页。

[⑤] 同上。

[⑥] 毛泽东：《湖南农民运动考察报告》，《毛泽东选集》（第一卷），人民出版社 1991 年版，第 15 页。

济争斗这两者汇合在一起的一种阶级争斗的运动"[1]，是在中国共产党的领导下，依靠贫农雇农，联合中农，"以彻底完成土地革命，以消灭一切封建的半封建的剥削，以摧毁乡村中之封建基础"[2]的农民革命运动。

"农民问题"论明确地提出了中共早期乡村建设的基本性质和核心问题，科学地分析了在乡村建设过程中谁是依靠的对象、团结的对象和打击对象等问题，从而为中共开展早期乡村建设奠定了思想基础。

（三）基于对中国乡村社会特殊性的认识与判断，提出了中共早期乡村建设的主要目标和任务——土地革命

中国共产党认为，封建土地制度和生产关系是统治中国乡村数千年的经济基础，在这种制度之下，中国农村"大部分的田地（约百分之六十六）为收租的大地主所占有。佃农及半佃农耕种田地，而没有享有田地的权利。田租的方式既不确定，租佃权也不能永久享有。田租大抵要占农民全部收入的百分之五十。除此而外，农民对于地主阶级以及握有政治的军阀统治者，还要交纳种种苛捐杂税"[3]。因此，"中国土地关系的根本问题，就是土地所有制度的问题，而土地使用关系上的剥削，亦就成为剥削农民之主要的根本方

---

[1] 毛泽东：《国民革命与农民运动》，《毛泽东文集》（第一卷），人民出版社1993年版，第40页。

[2] 《中央关于接受国际对于农民问题之指示的决议》（1929年9月1日），参见中国社会科学院经济研究所中国现代经济史组编《第一、二次国内革命战争时期土地斗争史料选编》，人民出版社1981年版，第311页。

[3] 中国共产党第五次全国代表大会《关于土地问题议决案》（1927年5月），参见中国社会科学院经济研究所中国现代经济史组编《第一、二次国内革命战争时期土地斗争史料选编》，人民出版社1981年版，第92页。

式"①。这种地主阶级占有绝大部分土地的封建土地制度是导致农村经济破产、农民生活日益贫穷的根本性原因。彻底地解决农村土地问题是中国革命的重要问题。因为"假使土地不没收交给农民，假使几万万的中国农民因而不能参加革命，必定不能巩固政权，镇压军阀的反革命；……如果农民不得着他们最主要的要求——耕地农有，他们还不能成为革命的拥护者"。为此，在中国共产党领导的乡村建设运动中，应把"没收大地主军阀官僚庙宇的田地交给农民"，并将其作为农民问题政纲中的"最终目标"②。通过土地革命，没收大地主及反革命派的土地归农民所有，推翻豪绅地主阶级的乡村政权，从根本上改变中国封建的土地制度、宗法制度和社会组织构造，实现"耕者有其田"，建立农民政权。

"土地革命"论既明确了中共早期乡村建设思想的基本性质，也指明了中共早期乡村建设的主要目标和任务，从而有效地促进了中国共产党领导乡村建设运动的顺利开展。

（四）基于对中国乡村社会特殊性的认识与判断，提出了中共早期乡村建设的主要内容和途径

中国共产党认为，土地使用关系上的剥削"亦就成为剥削农民之主要的根本方式"③。因此，在中国共产党领导的乡村建设运动中，解决土地问题"不但是佃农、贫农，即失地之农民及短期之雇农亦有迫切要求，就是苛捐杂税等压迫之下的自耕农也大多说感觉到土

---

① 中共第六次全国代表大会《关于土地问题决议案》（1928 年 7 月 9 日），参见中国社会科学院经济研究所中国现代经济史组编《第一、二次国内革命战争时期土地斗争史料选编》，人民出版社 1981 年版，第 224 页。

② 《中国现时的政局与共产党的职任议决案》（1925 年 10 月），参见中央档案馆编《中共中央文件选集》（第一册），中共中央党校出版社 1989 年版，第 462 页。

③ 中共第六次全国代表大会《关于土地问题决议案》（1928 年 7 月 9 日），参见中国社会科学院经济研究所中国现代经济史组编《第一、二次国内革命战争时期土地斗争史料选编》，人民出版社 1981 年版，第 224 页。

地的缺乏"①。同时，旧的乡村政权一直为封建地主豪绅阶级所把持，它们不仅是地主阶级政治上的代表，而且还是帝国主义和封建军阀在中国农村的政治代表，是"帝国主义在乡村中的买办，军阀的爪牙"②。帝国主义和封建军阀之所以拥有统治农民的力量主要是由于有土豪乡绅的封建宗法政权做他们的根基。另外，宗法的反动政权往往"勾结军阀利用自己的武装（民团团防等）以及土匪，来进攻农民，屠杀农民，妄想镇压农民运动"③。而且，"现在的所谓革命军实际上是代表地主阶级的反动军官领导之下，到处屠杀农民"的武装，"武装冲突已成为农民运动中极普通的现象"④。因此，中国共产党领导的乡村建设运动的主要内容和途径：就是要组织和领导广大农民群众，开展反对封建的军阀、地主豪绅的斗争；就是要推翻封建军阀、地主阶级对于中国乡村的统治和剥削，消除导致中国乡村经济衰落和农民破产的封建的专制政治的基础和宗法的思想和制度。⑤ 要通过革命的手段，"肃清土地关系里的封建余毒，完全消灭一切压迫束缚的方法，完全消除地主阶级的剥削制度"⑥，"彻底变革

---

① 《中共鄂西特委第二次代表大会关于土地问题决议案》，参见中国社会科学院经济研究所中国现代经济史组编《第一、二次国内革命战争时期土地斗争史料选编》，人民出版社1981年版，第331页。

② 《中央关于接受国际对于农民问题之指示的决议》（1929年9月1日），参见中国社会科学院经济研究所中国现代经济史组编《第一、二次国内革命战争时期土地斗争史料选编》，人民出版社1981年版，第307页。

③ 中国共产党第五次全国代表大会《关于土地问题议决案》（1927年5月），参见中国社会科学院经济研究所中国现代经济史组编《第一、二次国内革命战争时期土地斗争史料选编》，人民出版社1981年版，第98页。

④ 《中央通告农字第九号——目前农民运动总策略》（1927年7月），参见中国社会科学院经济研究所中国现代经济史组编《第一、二次国内革命战争时期土地斗争史料选编》，人民出版社1981年版，第152页。

⑤ 毛泽东：《湖南农民运动考察报告》，《毛泽东选集》（第一卷），人民出版社1991年版，第14—15页。

⑥ 中共第六次全国代表大会《关于土地问题决议案》（1928年7月9日），参见中国社会科学院经济研究所中国现代经济史组编《第一、二次国内革命战争时期土地斗争史料选编》，人民出版社1981年版，第239页。

中国的土地制度,必须肃清一切崩溃混乱的旧社会关系……一切没收的土地之实际使用权归之于农民"[①],并在此基础上大力发展农业,改善农民的生活。为实现这些目标,中国共产党必须充分动员和领导广大农民用革命的手段推翻封建地主阶级在乡村中的统治,最终通过建立农民自己的武装和农民政权。

---

① 《中国共产党土地问题党纲草案》(1927年11月28日),见中国社会科学院经济研究所中国现代经济史组编《第一、二次国内革命战争时期土地斗争史料选编》,人民出版社1981年版,第197页。

第二章

土地革命理论及其政策思想

农民问题是中国革命的基本问题，而土地问题则是农民问题的核心。"民惟邦本，本固邦宁"，重视农民问题是中国传统文化的最重要内容，也是马克思主义的一个基本思想。中国共产党创立、成长以及领导的国家革命和建设，都是从对农民问题和土地问题的认识开始的。本章以中国共产党创始人、领导人的著述和中共中央文件及相关法律法规等历史文献为依据，按照"中国共产党创立时期的农民问题和土地问题认识"，"新民主主义革命第一个时期的农民问题和土地政策主张"，"土地革命的政纲、路线、基本任务及政策思想"，"抗日战争和解放战争时期的土地政策思想发展"等专题进行了研究。

一　中共创立时期对农民和土地问题的认识

李大钊是中共党内最早注意农民问题重视农民运动的领导人。五四运动爆发前，李大钊发表了许多重要文章，传播了马克思列宁主义，推动了我国新文化运动。1919 年 2 月 23 日，李大钊在《晨报》发表了《青年与农村》一文，号召"我们青年应该到农村去"，因为"我们中国是一个农国，大多数的劳工阶级就是那些农民，他们若是不解放，就是我们国民全体不解放；他们的痛苦就是我们国民全体的痛苦；他们的愚暗，就是我们全体国民的愚暗；他们生活的利病，就是我们政治全体的利病"。李大钊深刻揭露了农村的黑暗和农民的痛苦，描写了农民一盘散沙的局面。他说："中国农村的黑暗，算是达到极点。那些赃官、污吏、恶绅、劣董，专靠差役、土棍，作恶他们的爪牙，去鱼肉那些百姓。……地主总是苛待佃户与工人，佃户与工人不但不知互助，没有同情，有时也作自己同行的奸细，去结那地主的欢心。"在文章末尾，李大钊满怀激情地号召："青年啊，速向农村去吧！日出而作，日入而息，耕田而食，凿井而饮。那些终年在田野工作的父老妇孺，都是你们的同心伴侣，那些炊烟锄影，才是你们安身立命的地方啊。"[1]（P93—95）① 李大钊不仅号召青年到农村去，而且身体力行。1920 年 3 月，李大钊在北京大学发起组织马克思学说研究会，10 月建立北京共产主义小组。中国共产党成立以后，他选派党员到农村发展党的组织，组织农民协会，亲自指导北京郊区广大农民开展抗捐抗税的斗争。显然，李大钊已经把农民问题看成了中国革命的基本问题，中国共产党创立期间已经把解决农民问题作为自己的历史使命。

陈独秀是五四运动的精神领袖和新文化运动的倡导者，是中国共产党的主要创始人之一。1915 年 9 月 15 日，他创办《新青年》并在创刊号上发表《敬告青年》一文，鼓励青年做一个"自主而非奴隶的"、"进步而非保守的"、"进取而非隐退的"、"世界而非锁国的"、"实利的而非虚文的"、"科学的而非想象的"人［2］（P15—20）② 。1919 年 12 月，他所撰写的《新青年宣言》号召："我们理想的新时代新社会，是诚实的、进步的、积极的、自由的、平等的、创造的、美的、善的、和平的、相爱互助的、劳动而愉快的、全社会幸福的。"因此，"我们主张的民众运动、社会改造，和过去的及现在的

---

① 陈翰笙、薛暮桥、冯和法合编：《解放前的中国农村》（第一辑），中国展望出版社 1985 年版。本章中引文来源同本书的，皆直接在引文后注页码，如［1］（P93—95）。

② 林文光选编：《陈独秀文选》，四川出版集团、四川文艺出版社 2009 年版，第 15—20 页。本章中引文来源同本书的，皆直接在引文后注页码，如［2］（P15—20）。

各派政党，绝对断绝关系"[2]（P3—4），表达了共产党人对理想社会的追求和改天换地的气概。1921 年 7 月 1 日，他又在《共产党》第五号发表《告劳动》，告诉"劳动诸君，你们的困苦你们自己都知道，……土地、机器、房屋等生产工具都归资本家私人占有了，诸君要做工糊口，而没有土地、机器、房屋等工具，所以不得不把力气卖给资本家做他的雇工"。因此，他号召建立劳动者阶级自己的国家："免除困苦之唯一根本方法，只有各地方各行业的劳动（者）都有了觉悟，大家联合起来，用革命的手段去组织劳动阶级的国家、政府、国会、省议会、县议会去解决劳动界困苦。……劳动界决不可依赖他们，所可以依赖的只有你们自己的劳动革命军。"[2]（P142—143）他在《革命与制度》（1921.7.1）一文中还明确表达，"社会底进步不单是空发高论可以收效的，必须有一部分人真能指出现社会制度的弊端，用力量把旧制度推翻，同时把新制度建设起来，社会才有进步。力量用得最剧烈的就是革命"[2]（P144）。这表明，中国共产党创立时期，陈独秀具有用革命手段夺取政权的思想，但他此时尚未认识农民是中国革命的主力军。

毛泽东是伟大的马克思主义者、无产阶级革命家、战略家。他于1921 年 1 月 1 日和 2 日先后两次《在新民学会长沙会员大会上的发言》，"这是标志着毛泽东选择了马克思列宁主义革命道路的一篇发言"①。他在发言中指出"现在国中对于社会问题的解决，显然有两派主张：一派主张改造，一派则主张改良。前者如陈独秀诸人，后者如梁启超、张东荪诸人。改良是补缀办法，应主张大规模改造"。他列举了世界解决社会问题的五种方法后坚定地说，"社会政策，是补苴罅漏的政策，不成办法。社会民主主义，借议会为改造工具，但事实上议会的立法总是保护有产阶级的。无政府主义否认权力，这种主义恐怕永世都做不到。温和方法的共产主义，如罗素所主张

---

① 《毛泽东文集》第一卷，人民出版社 1993 年版，第 2 页注释［1］。

极端的自由，放任资本家，亦是永世做不到的。激烈方法的共产主义，即所谓劳农主义，用阶级专政的方法，是可以预计效果的，故最宜采用"①。毛泽东早年的这篇讲话，肯定了陈独秀改造社会的主张，坚定了自己的革命立场，为他深入社会问题调查，撰写《中国社会各阶级的分析》和《湖南农民运动考察报告》等关于农民和土地问题的早期著述作了方法论准备。

1920 年，中国共产党上海发起出版的月刊《共产党》（1920.12.23）第三期，刊载的《告中国的农民》（作者佚名），第一次根据农民所拥有的土地及其产出情况，将"农民自身里面的阶级"分成"土财主"、"中等农民"、"下级农民"、"穷光蛋"四种阶层。文章写道，农民自身里面"也有几个阶层：（1）所有多数田地，自己不耕种，或者雇人耕种，或者租给人耕种，自己坐着收租。这种人……我们乡下叫'土财主'。（2）自己所有的土地，自己耕种；而以这个土地的出产，可以养活全家。……这种人就是中等农民。（3）自己也有一点土地，然而只靠自己土地的出产，绝不能养活全家的。……这种人已可谓下级农民了。（4）这乃是穷光蛋，自己连插针的地方都没有；专靠耕种别人底田地谋生活。这种人就是最穷的农民了。上述四种里面，以第三种第四种的人数最多"。该文已清楚地认识到，"中国农民占全国人口的大多数，无论在革命的预备时期，和革命的实行时期，他们都占有重要位置"。该文还分析了"土地集中的倾向"：认为，"在工业方面，有资本集中的倾向，在农业方面则有土地集中的趋势"。"一地方底土地，都集中在少数人之手，而大多数农民底日常生活，命运，生命都悬于这些少数人之手了。这就是社会上贫富的悬隔越甚。"因此，"他们一时爆发的时期，已是不远了"。因此，文章公开号召农民"自己动手"，"抢回"自己"靠着吃饭的田地"。文章说："同志们呀！我们要设法向田间去，促

---

① 《毛泽东文集》第一卷，人民出版社 1993 年版，第 1 页。

进他们的这种自觉呀!"［1］（P106—109）。该文作者对农民阶层分析、对农民革命的倾向及其作为中国革命重要力量的认识，与马克思的《路易·波拿巴的雾月十八日》（1851.12—1852.3）、《给维·伊·查苏利奇的复信草稿》（1881.2—1881.3）和恩格斯的《法德农民问题》（1894.11）等著作中关于小农问题论述，是一脉相承的。

二　新民主主义革命第一个时期的农民问题和土地政策主张

"在中国新民主主义革命的第一个时期中，在一九二一年至一九二七年，特别是在一九二四年至一九二七年，中国人民的反帝反封建的大革命，……得到了迅速的发展和伟大的胜利。"① 本节讨论的就是这一历史时期中国共产党对农民问题和土地政策主张。

（一）毛泽东的农民问题和土地政策思想

毛泽东的《中国社会各阶级的分析》、《国民革命与农民运动——〈农民问题丛刊〉序》和《湖南农民运动考察报告》等早期著作中，蕴涵着关于农民问题及其土地政策思想的深刻认识。

第一，解决中国的社会问题必须用革命手段的思想。早在1921年，毛泽东就明确表达了解决中国的社会问题必须用革命的手段而不是改良的思想。1925 年 12 月，为反对当时党内存在着的两种倾向，② 毛泽东撰写了《中国社会各阶级的分析》。该文运用马克思主义的立场和观点，将中国社会结构分成"地主阶级和买办阶级"、

---

① 《关于若干历史问题的决议》（1945.4.20），中国共产党第六届中央委员会扩大的第七次全体会议通过。

② "第一种倾向，以陈独秀为代表，只注意同国民党合作，忘记了农民"；"第二种倾向，以张国焘为代表，只注意工人运动，同样忘记了农民"——转引自《中国社会各阶级的分析》题注，《毛泽东选集》（第一卷）人民出版社 1991 年版，第 3 页。

"中产阶级"、"小资产阶级"（如自耕农和手工业主）、"半无产阶级"（如绝大部分半自耕农、贫农、小手工业者）、"无产阶级"和"游民无产者"（如农村失去了土地的农民和失去了工作机会的手工业者）等不同阶级，分析了不同阶级的经济政治地位及其对待革命的态度。他认为，"一切勾结帝国主义的军阀、官僚、买办阶级、大地主阶级以及附属于他们的一部分反动知识界，是我们的敌人。工业无产阶级是我们革命的领导力量。一切半无产阶级、小资产阶级是我们最接近的朋友，那些动摇不定的中产阶级，其右翼可能是我们的敌人，其左翼可能是我们的朋友……"[1] 这些论述为中国共产党制定早期的阶级路线以及土地革命总路线的奠定了重要基础。

第二，"农民问题乃国民革命的中心问题"的思想。1926 年 5—9 月，毛泽东在广州主办第六届农民运动讲习所期间主编《农民问题丛刊》，他为此撰写了《国民革命与农民运动——〈农民问题丛刊〉序》。他在这篇文章的篇首写道："农民问题乃国民革命的中心问题，农民不起来参加并拥护国民革命，国民革命不会成功；农民运动不赶速地做起来，农民问题不会解决；农民问题不在现在的革命运动中得到相当的解决，农民不会拥护这个革命。"[2] 1927 年 3 月，毛泽东的《湖南农民运动考察报告》再次提出了"农民问题的严重性"。他以战略家的眼光评价："目前农民运动的兴起是一个极大的问题"，农民运动"好得很"而非"糟得很"。"一切革命的党派、革命的同志，都将在他们面前受他们的检验而决定弃取。"在这篇文章中，毛泽东号召农民组织起来，提出了"打倒土豪劣绅，一切权利归农会"的口号；他还以极大的热情描述了湖南农民运动的 14 件大事，认为"目前我们对农民应该领导他们极力做政治斗争，期于彻底推翻地主权力，并随即开始经济斗争，期于根本解决贫农的土地及其他经济

---

① 《毛泽东选集》（第一卷），人民出版社 1991 年版，第 3—9 页。

② 《毛泽东文集》（第一卷），人民出版社 1993 年版，第 37 页。

问题"。①

第三，毛泽东的土地革命及其政策主张。首先，他提出了土地问题是农民解放的核心问题。1927年2月16日，毛泽东在《视察湖南农民运动给中央的报告》中指出："农民问题只是一个贫农问题，而贫农问题有两个，即资本问题和土地问题。这两个都已经不是宣传的问题而是要立即实行的问题了。"② 同年4月，《毛泽东在土地委员会第一次扩大会议上发言》中三次讲到"解决土地问题的意义"：一是"使农民获得解放。废除地主及一切压迫阶级的剥削和压迫，实为本题的主要意义"；二是"土地问题不解决，经济落后的国家不能增加生产力，不能解决农民的生活痛苦，不能改良土地"；三是可以"增加革命的生力军保护革命"；毛泽东在第三次发言时又补充道，"现在关于解决土地问题的意义可再加三项：（一）废除封建制；（二）发展中国工业；（三）提高文化"。③ 其次，毛泽东指明了土地革命的对象。1927年8月，毛泽东以中央特派员的身份，在长沙沈家大屋召开了改组后的湖南省委会第一次会议。这次会议制定了秋收起义的方针，还就如何解决农民土地问题进行了讨论。会后，彭公达起草了《关于湖南秋收暴动经过的报告》。这份报告写道："泽东的意见，没收土地必有没收对象，中国大地主少，小地主多，若只没收大地主的土地，则没有好多被没收者，被没收的土地即少，贫农要求的土地又多，单只没收大地主的土地，不能满足农民的要求和需要，要能全部抓住农民，必须没收地主的土地交给农民"［3］（P175）④。他再次提出了没收土地和分配土地的具体办法。《关于湖

---

① 《毛泽东选集》（第一卷），人民出版社1991年版，第12—44页。

② 李践为：《中国共产党历史》（第一册 1919年5月—1937年7月），人民出版社1990年版，第235页。

③ 《毛泽东文集》（第一卷），人民出版社1993年版，第45页。

④ 中国社会科学院经济研究所中国现代经济史组编《第一、二次国内革命战争时期土地斗争史料选编》，人民出版社1981年版，第175页。本章引文来源同本书的，皆直接在引文后注页码，如［3］（P175）。

南秋收暴动经过的报告》记录了毛泽东关于没收土地的办法的意见："要由革命委员会（我们的党）制定一个土地政纲，将全部办法要农协和革命委员会执行。"[3]（P175）湖南省委会第一次会议后的两天，即8月28日，毛泽东在《湖南致中央函》中"拟出土地纲领数条，大要是：（一）没收一切土地，包括小地主、自耕农在内，归之公有，由农协按照'工作能力'与'消费量'（即依每家人口长幼多寡定每家实际消费量之多寡）两个标准公平分配于愿得地之一切乡村人民。（二）土地分配由区协命令乡协按户造册，造好册交于区协，由区协按册分配土地。（三）土地分配以区为单位，不以乡为单位，人口多于土地之乡，可以移于人口少于土地之乡。必如此而后分配略得其平，至于甲区移住乙区暂不可能。（四）土地没收后对于地主（无论大地主）"家属之安置必须有一办法，方能安定人心……[3]（P167）我们看到，此时毛泽东关于土地革命的主张是非常彻底的。

毛泽东"没收一切土地，归之公有"的思想，完整地表达在他为井冈山（湘赣边界）起草的《土地法》（1928.12）文稿即《井冈山土地法》中。但后来毛泽东认识到了这个土地法中的错误问题。1941年，毛泽东在延安编辑《农村调查》一书时收入了《土地法》，并在文尾加了按，他写道："此土地法是一九二八年冬天在井冈山（湘赣边界）制定的。这是一九二七年冬天至一九二八年冬天一整年内土地斗争经验的总结，在这以前，是没有任何经验的。这个土地法有几个错误：（一）没收一切土地而不是只没收地主土地；（二）土地所有权属政府而不是属农民，农民只有使用权；（三）禁止土地买卖。这些都是原则错误，后来都改正了。关于共同耕种与以劳力为分配土地标准，宣布不作为主要办法，而以私人耕种与以人口为分田标准作为主要办法，这是因为当时虽感到前者不妥，而同志中主张者不少，所以这样规定，后来就改为只用后者为标准了。

雇人替红军人员耕田，后来改为动员农民替他们耕了。"① 表明了中共早期土地政策思想在不同阶段的发展变化。

（二）陈独秀的农民问题和土地政策思想

1923 年 7 月 1 日，陈独秀在《前锋》创刊号上发表了《中国农民问题》一文，同年 12 月 12 日，在《向导》第四十八期发表《广东农民与湖南农民》的短文，1926 年 6 月 16 日在《向导》上发表《红枪会与中国的农民暴动》，1927 年 4 月 26 日，在国民党中央土地委员会扩大会议上，又作了《对土地问题的意见》的发言。这些文章和发言，集中地表达了这一时期，陈独秀对农民问题和土地问题的认识和解决思想。《中国农民问题》是公认的关于农民问题的正确认识。邓中夏在《中国农民的状况及我们运动的方针》一文中称赞："中国出版界关于这一个问题的文章，简直绝无仅有；就是仅有的不是'捕风捉影'，便是'隔靴搔痒'。只有《前锋》第一期，陈独秀先生'中国农民问题'一篇文章，算是精审可观，对于中国农民状况分析的很细致，很正确，读者可以去参考，我这里不再重述了"[1]（P111）。

《中国农民问题》的主要观点是：第一，陈独秀已经认识到农民是国民革命的伟大的潜势力，农业是国民经济真正的基础。他写道："在经济落后的殖民地半殖民地，不但农民占中国全人口之大半数，其国民经济之真正基础，还是农业；在这些地方之各种革命都不可忽视了农民的力量。"农民"是国民革命之一种伟大的潜势力"，中国国民革命"不可漠视农民问题"[1]（P318）。

第二，陈独秀将农民阶层及其经济地位分为四大阶层、十种类型。即："自己不耕作之地主"（包括大地主、中地主和小地主）；"自耕农"，包括属于"中产阶级"（自耕农兼地主、自耕农兼雇主）

---

① 《毛泽东农村调查文集》，人民出版社 1982 年版，第 37 页。

和"小有阶级"（自耕农民、自耕农兼佃农）；"半益农——半无产阶级"（佃农兼雇主、佃农），"农业的无产阶级"（雇工）[1]（P318）。他分析："中国人口约六千余万户，而农民有四千万户以上"，其中"有地过万亩之大地主，在全国每省不过十人左右"；"有地过千亩之中等地主，全国至少在二三万以上"；"有地过百亩之小地主，其数至少十倍于中等地主"；"最多数之农民非自耕农即佃农。据民国七年农商部的统计，……自耕农民多过佃农一倍"[1]（P318—319）。

第三，陈独秀分析了农民之痛苦的原因以及欲解除此痛苦的方法。他认为："一般农民之痛苦"是"外货输入之结果"，是"政治不良之结果"，也是"农民文化过低，又无组织之结果"；"自耕农之痛苦"是"官吏舞弊、额外需索及预征钱粮"之结果；而"佃农及雇工之痛苦"则是"兵匪扰乱及水旱灾害"、"城市物价及生活日益增高"之结果。"欲解除此痛苦，……应依各地情状采用下列方法：（一）教育及宣传……（二）组织及实际运动"，主要是成立农会、乡自治公所等办法[1]（P320—321）。

陈独秀早期关于土地问题的认识，集中反映在他《对土地问题的意见》的发言中。他提出的解决方案是："（一）国民革命过程中必须解决土地问题，即是没有小地主及革命军人以外出租的土地分给农民。（二）公布佃农保护法。（三）无土地之革命兵士退伍时必须给予土地。（四）解决土地之先决问题必须给农民武装及政权。（以上是原则）（五）政治委员会必须命令农政部迅速执行国民党第三次全体中执会议关于农民运动议决案，尤其是督促农村自治之实现。（六）中央农政部即须根据上列原则制定土地改良法案。（七）各省省党会同省农协根据中央农政部土地改良法案，按照当地实际情形议定解决土地问题之实施条例，呈请中央党部批准，交政府土地主管机关执行之。（以上为进行方法）"[1]（P323—324）。

我们看到，大革命时期，陈独秀已经比较充分地认识到农民的伟大力量，看到了解决农民问题和土地问题对于中国革命的重要性，但他提出的解决办法仍然是维护国共合作、在国民政府框架内的解决方案。尽管他提出《关于土地问题的意见》是在以蒋介石为首的国民党新右派在上海发动反对共产党的"四一二"政变之后。基于此，他难免不指责轰轰烈烈兴起的农民运动"过火"了。他在《红枪会与中国的农民暴动》就写道："任何民族中封建社会时代的农民，他们的思想都难免有顽旧迷信的色彩；他们的行动往往偏于破坏而不免于野蛮。"当然，这篇文章也承认，"在北洋军阀统治蹂躏之下北方十余省农民，想他们不反抗和暴动，这是客观上不可能的事"［1］（P322）。

（三）李大钊的农民问题和土地政策思想

1925年12月20日，李大钊以守常的笔名发表《土地与农民》。该文第一部分回顾了"中国历史上平均地权运动"，认为"在中国历史上，自古迄今，不断发生平均地权运动"。他列举并分析了井田制、晋代的占田制、后魏孝文帝容纳李安世的建议设均田法、唐武德七年立租庸调税法、太平天国革命运动的均田地和孙中山先生的节制资本和平均地权。第二和第三部分分析了"中国今日农民破产的趋势"和"农民中最多数最困苦的阶级——自耕农与佃农"。李大钊根据民国农商部的统计数据，概算了民国七年中国总户数为43935475户，其中自耕农23381200户（占53.2%），佃农11307432户（占25.7%），自种兼佃农户9246843户（占21%）。表明了无地和少地农民不仅比例大，而且深受压迫的现状，因此提出"耕地农有"和"怎样能耕地农有"的问题，认为"国民革命政府成立后，苟能按耕地农有的方针，建立一种新土地政策，使耕地尽数归农，使小农场渐相联结而为大农场，使经营方法渐由粗放的以向集约的，则耕地自敷而效率益增，历史上久待解决的农民问题，当能谋一解决"。第四部分专门论述"耕地农有"的主张。李大钊指出："在这种情形之下，'耕地农有'便成了广众的贫民所急切要求的口号，怎样能耕地农有，致之实行呢？"李大钊提出的办法是，"中国今日之土地问题，实远承累代历史上的农民革命运动，近循太平辛亥革命进行未已的前途，而有待于中国现代广大工农阶级，依靠革命的力量以为之完成"。在文章的最后一部分，李大钊论述了"农民的要求及我们怎样在农村工作"[1]（P95—100）。

1926 年，李大钊发表《鲁豫陕等省的红枪会》，满腔热情地提出，"……中国农民已经在那里觉醒起来，……这样的农民运动中形成一个伟大的实力"，"我们应该给他们以正确的解释"和引导，"使一般农民明了其阶级的地位，把他们的乡土观念，渐渐发展而显出阶级的觉悟"。[1]（P102—103）这篇文章与陈独秀的《红枪会与中国的农民暴动》不同的是，李大钊充分肯定北方十余省的红枪会运动，寄予厚望给予支持。他写道："这个现象可以证明中国的农民已经在那里觉醒起来，知道只有靠他们自己结合的力量，才能从帝国主义和军阀所造成的兵匪扰乱之政局解放出来。这样的农民运动中形成一个伟大的势力。"他动员"农村中觉悟的青年们，乡村小学的教师们，知识分子们，以及到田间去的农民运动者，你们应该赶快地加入红枪会的群众中去，开发他们，扶助他们……"[1]（102—105），表明了李大钊在农民问题上的根本立场。

（四）邓中夏的农民问题和土地政策思想

邓中夏的《论农民运动》和《中国农民状况及我们运动的方针》这两篇文章分别发表在《中国青年》第十一期和第十三期上。文章认为：第一，认为农民倾向革命，并把农民当成革命的主力之一。他说，"我认定革命主力的三个群众，是工人、农民和士兵"。"固然农民的思想保守……但是，我们如从实际上看，中国农民在这样军阀征徭、外资榨取、兵匪扰乱、天灾流行、痞绅鱼肉种种恶劣环境当中，生活的困苦、家庭的流离，何时何地不是逼迫他们走上了革命的道路？所以我敢于断定中国农民有革命的可能"；"中国农民已经到了要革命的觉醒期了"。[1]（P110）第二，"中国农民运动在现时只可以说是萌芽时期"，但是，"已可证明农民革命的潜在性逐渐发泄出来，是各种群众运动中'崭露头角'新兴的伟大势力"[1]（P111）。第三，邓中夏提出了农民运动的方针。他写道："组织方面——最要紧的自然是组织农会（或佃农协会或雇农协会）"；"宣传教育方面——能多设补习学校或讲演所……或者利用现成的教育机关"；"行动方面——分为两项：一是经济的，如要求减租，改良待遇等。一是政治的，如要求普通选举、改良水利、组织民团、集会自由等"[1]（P111）。

（五）彭湃的农民问题和土地政策思想

彭湃的《关于海陆丰农民运动的一封信》、《海丰农民运动》和《在第六届农民运动讲习所的讲演》等著述，是他对农民问题和土地政策思想比较集中的表达。

《关于海陆丰农民运动的一封信》是写给陈独秀的。在这封信中，彭湃主要是汇报海丰农民运动的情况，表明了彭湃坚定地支持海陆丰农民运动的态度。他写道，"我们去年年底在汕头联络了一个惠朝梅农会，来做海丰农民运动后方的声援"。这份文献比较详细地介绍了海丰农会减租运动以及减租战术和减租数量等。在《在第六届农民运动讲习所的讲演》中，彭湃也介绍了广东农民生活状况，提出了"做农会运动应该注意之点……"这些文献是研究20世纪二三十年代广东地区农民生活和农村经济社会状况十分珍贵的材料。

《海丰农民运动》是系统阐述农民运动的长篇文章。这篇文章共分八节和一份补充材料："第一节海丰农民的政治地位。"彭湃认为，"辛亥革命以前，海丰的农民一直隶属清朝的皇帝、官僚、绅士和田主这班压迫阶级底下，农民怕地主绅士和官府好像老鼠怕猫的样子……在这个时候，一般农民——失业的贫苦农民，已经有了反抗运动的要求"。"第二节海丰农民经济地位。"彭湃认为"自耕农兼小地主其地位比较颇为优越，而半自耕农之地位则次之，最苦者莫如大多数之佃农"，而且越来越多的农民正在沦落为佃农。"第三节海丰农民的文化状况。"彭湃认为，海丰"全县教育经费之收入大约百分之八十是抽诸农民，而农民倒不知教育是什么东西！全县农民能自己写自己的名字者不到百分之二十，其他百分之八十连自己的名字都不会写的"。"第四节农民运动的开始。"彭湃认为，"我也自信农民一定可以团结起来，我们乃要放弃《陆安日刊》无谓的笔战，而下决心到农村去做实际运动"。"第五至第八节分别是六个人的团结与奋斗"、"由赤山农会至海丰总农会"、"粮业维持会之压迫农民"、"'七·五'农潮始末"，在文章末尾附录了一份补充材料，其中包括"地主压迫农民"、"农民仇恨地主"……情形 [1] （P115—157）。该文也是我们研究中共早期农会运动史重要历史文献。

（六）恽代英的农民问题和土地政策思想

恽代英的《农村运动》一文，用问答的形式阐述了"什么人最便于做农民运动？——假期回乡的学生们，与乡村小学的教师"；"中国革命不成功的主要原因——农民不知渴望革命，甚至厌恶革命"；而造成这种局面的不在于农民，而在于我们的"宣传的材料与方法不恰当"；所以"今天的农村运动最大的意义不是鼓吹宣传任何事情"，而是"联络农民的感情"，"研究宣传农民最恰当的方法"和"最恰当的材料"，以及"特别要注意青年农民" [1] （P175—176）。

（七）瞿秋白的农民问题和土地政策思想

瞿秋白的《农民政权与土地革命》一文，论述了"中国革命的新时期"，要"在农民政权与土地革命的旗帜之下……"战胜一切反动势力。他认为，"中国革命最近进入了新的阶段"。在这个阶段，

"要推翻帝国主义军阀在中国的统治和剥削，便必须彻底改变现存的土地制度，为此，亦就更加要彻底扫除封建宗法式的土豪劣绅在农村中的政权。必定要农民得有享用土地的权利，保障农村经济的自由发展……换句话说，便是中国国民革命应当以土地革命为中枢。中国没有土地革命，便决不能铲除帝国主义、军阀之统治和剥削的根基"。因此"农民群众应当赶快起来，积极奋斗，帮助国民政府，巩固国民政府——推翻土豪乡绅的政权，建立农民的政权，没收大地主的土地……"就是"建立农民政权，实行土地革命"。我们看到了共产党对国共合作的诚意，此时所要建立的农民政权只是指乡村基层政权。这篇文章认识到，"中国资产阶级决不能实行土地革命"，该文明确指出："实际上农民，尤其是一般贫农（自耕农、佃农），是受缺少田地的痛苦。当农民只能享受自己收获物百分之四十的时候，地主阶级和军阀、官僚实际上已经剥夺了农民对土地的所有权。耕地农有的要求，是中国革命客观上的结论。所以，孙中山先生说'耕者有其田！'帝国主义对于中国的剥削，其主要根基，便是耕地非农有，地主阶级得以尽量压榨农民，经过买办阶级而供献中国人民的汗血于世界资产阶级"。把"耕地非农有"与帝国主义剥削根源联系起来，是有独到见解的［1］（P196—199）。

在《中国革命是什么样的革命》一文中，瞿秋白进一步表达了这一思想。他说："中国革命经过了三次失败：一、四月十二日蒋介石的反动；二、七月间汪精卫的反动；三、十月间贺南征广东的失败。""如今反革命的统治绝不能解决中国的社会问题与民族解放问题：土地问题上，减租百分之二十五及减低债息至百分之二十，算是国民党的改良政策，事实上丝毫不能实现，……"中国革命必须"彻底解决土地问题"，"非此决不能保障中国革命之彻底胜利"。"所以中国革命虽然现在已经是要革国民党的命，已经是工农的革命，然而他的任务仍旧首先便是国民革命——土地革命。彻底的土地革命，本来是民权主义的性质；只有彻底的革命——铲除中国的半封建的土地关系，铲除帝国主义剥削中国几万万农民的一切种种走狗的革命，才是真正的国民革命"［1］（P200—202）。从这里我们可以加深理解国民党为什么不能继承孙中山先生"耕者有其田"思想的原因。

（八）林伯渠的农民问题和土地政策思想

林伯渠的《湖南的土地问题》，是给中央的一份报告，文章很短，但其思想深刻。林伯渠在报告中分析："土地成为问题，不是今日始，其在历史上，久已为多数学者所重视。""土地问题时至今日，遂成为政治之中心问题。非复如昔宿学者之徒，著为文章，建为议论已耳。"因为，当今经济问题与社会安宁关系等，"层见叠出，而其集中点，皆以土地问题为归宿，土地解决，万事冰释，否则社会秩序，将无法维持"。这篇报告还将"自我革命收复湖南后"，各地农民比较普遍的处置土地问题的办法分为五类：一曰分田制，其分配办法以人口为标准，每男子一人，每年作谷八石，有妻室者倍之，有子女者，每丁加谷四石，田地依此标准，被分者甚多；二曰平均佃权，即佃农互相将租种之田平均耕种，不准有耕多耕少之别；三曰清丈田亩；四曰插标占田；五曰分谷。据此，林伯渠认为，"中央土地委员会最近所做决定关于土地问题的各项政策"是正确的，"各方面负责同志……当服从中央策略"［1］（P218—219）。

（九）中共中央文件中凝练的农民问题和土地政策思想

创始人、领导人的理论和思想，只有变成中共中央文件才能产生重要作用。在创始人、领导人的丰富思想滋润下，中国共产党逐渐形成了早期的关于农村土地革命的比较完整的思想。

第一，土地问题是农民问题的核心。1927年4月，《湖南第一次农民运动宣传周的宣传纲要》把土地问题的解决作为农民运动的最后目标，指出"土地问题的解决，是农民运动的最后目标，尤其是贫农,他们奋起参加革命运动,即求实现土地的取得。目前农村发生所谓'平均佃权'的口号及富农与贫农的冲突,这都是以表现土地问题的急迫。农民是国民革命的主力军,要完成国民革命,非使农民参加不可,也就非解决土地问题不可。能保障农民的继续参加革命,同时在推翻封建制度这一件工作中也只有解决土地问题才是根本的办法"[3](P90)。中共五大《关于土地问题议决案》(1927.5)分析了农民土地权不均、深受剥削和压榨的现状,指出:"大部分的田地(约百分之六十六)为收租的大地主占有。佃农及半佃农耕种田地,而没有享有田地的权利。田租的方式既不确定,租佃权也不能永久享有。田租大抵要占农民全部收入的百分之五十,除此而外,农民对于地主阶级以及握有政治的军阀统治者,还要交纳种种苛捐杂税。""经济的破产,驱使农民于重利盘剥者的铁腕中,利率渐渐增高,致使农民永不能脱离债务的负担,以致出卖或抵押其土地,土地遂集中于高利盘剥者之手。"[1](P6—7)1927年6月,由中共党员担任领导人的国民政府农民部土地委员会提交了《全国土地占有概况》的报告,称:全国农民总数为3.36亿人,其中有土地的农民在1.2亿—1.5亿人,无地的雇农约0.3亿人,游民、土匪、兵士和无固定职业之乡村小商人约0.2亿人,剩下的1.36亿人则是佃农。土地权利分配极度不均,"富农及中小地主及大地主三项人数,共占有地农民中百分之三十二,而其土地则占全数土地中百分之八十一"。农民中之多数是完全无地的,"无地农民占百分之五十五,有地而地极少的贫农(一亩至十亩的)占百分之二十,百分之七十五均是要求土地的"[3](P141—142)。同一时期,以陈翰笙、薛暮桥为代表的"中国农村派"也对江苏无锡的20个村、1035户、6806亩耕地的分配情况进行了调查。调查发现:地主59户,占5.7%,耕地3217亩,占74.3%;富农58户,占5.6%,耕地1206亩,占17.7%;中农205户,占19.8%,耕地1418亩,占 20.8%；贫农和雇农 713 户，占 68.9%，耕地 965 亩，占 14.2%。① 因此，农民土地的渴求日深，土地问题实则是农民问题核心的思想。

第二，土地问题也是中国革命的根本问题。中共一大通过的《中国共产党纲领》（1921.7）明确提出："以无产阶级革命军队推翻资产阶级，由劳动阶级重建国家，直至消灭阶级差别；采用无产阶级专政，以达到阶级斗争的目的——消灭阶级；废除资本私有制，没收一切生产资料，如机器、土地、厂房、半成品等，归社会所有；联合第三国际"四项纲领，这是解决农民和土地问题的总纲。《中国共产党第二次全国代表大会宣言》（1922.7）继续强调："中国 3 万万的农民，乃是革命中的最大要素。农民因为土地贫乏，人口稠密，天灾流行，战争和土匪的扰乱，军阀的额外征税和剥削，外国商品的压迫，生活程度的增高，以致日趋贫穷和痛苦"[1]（P1），表明解决农民问题和动员农民参加革命是紧密关联的。中国共产党第五次代表大会《关于土地问题议决案》（1927.5）也指出："急剧的变更土地所有制度，是国民革命中唯一的原则，……欲消除上层的军阀和帝国主义的组织，必须破坏他的根基"；"要取消封建式的剥削，只有将耕地无条件地转给耕田的农民，才能实现"。[1]（P7—8）中共"八七"会议《告全党党员书》（1927.8）指出："土地革命问题是中国资产阶级民权革命中的中心问题，共产国际特别说明这一问题不止一次了。在许多时候，共产国际曾给我们中国党明显清楚地指示，……'要引进群众来斗争，只有在农村中依据土地革命，在城市中依据工人阶级需要之满足及其政治权利的保障；坚决取消富豪的田租，分配土地，没收地主、寺院、官僚等一切土地；取消贫农所欠重利盘剥者的债务，禁止苛约，坚决地要求减税，而使富

---

① 陈翰笙：《现代中国的土地问题》，参见中国社会科学院研究局组织编写《陈翰笙集》，中国社会科学出版社 2002 年版，第 39 页。

人多负税捐的责任,'土地革命,其中包含没收土地及土地国有——这是中国革命新阶段的主要的社会经济之内容。"[3](P155)

第三,"解除农民的困苦,根本是要实行'耕地农有'"。中国共产党领导一直把农民能否获得土地,当成解决农民问题和动员农民参加革命的重要手段。1925年10月,中共中央在北京召开第四届中央执行委员会第二次扩大会议,会议认为:"耕地农有"是解除农民贫困的根本办法;如果农民得不到他们最主要的要求——耕地,他们便不能成为革命的拥护者。这次会议形成了《中国现时的政局与共产党的职任议决案》,随后发出了《中国共产党告农民书》。这两份文献第一次提出了"没收地主的土地,实现耕地农有"的主张。《中国现时的政局与共产党的职任议决案》指出:"没收土地的问题是革命中的重要问题。假使土地不没收交给农民,假使几万万的中国农民因而不能参加革命,政府必定不能巩固政权,镇压军阀的反革命。""我们的党应该知道:我们现在所提出的过渡时期的农民要求,……可使农民革命化,可以组织农民起来,然而如果农民不得着他们最主要的要求——耕地农有,他们还不能成为革命的拥护者。"①《中国共产党告农民书》阐述了耕地农有的内涵,指出"解除农民的困苦,根本是要实行'耕地农有'的办法,就是谁耕种的田地归谁自己所有,不向地主缴纳租谷"[1](P3)。这是大革命时期对"耕地农有"的最完整的解释。

但是,中共早期关于"耕地农有"政策主张也经过了一个争论的过程。1925年提出"耕地农有"及其具体办法。到了1927年4月,中共中央第五次全国代表大会通过《关于土地问题议决案》,则提出了土地国有的政策主张。中共五大《关于土地问题议决案》一方面继续强调"中国农民,尤其是贫农,他们很深切地感觉土地之缺乏,田租杂捐的剥削。他们实行革命斗争的目的,……是要取得

---

① 《中共中央文件选集》(第一册),中共中央党校出版社1989年版,第462页。

土地，而夺回地主等剥削他们收入的大部分——由减租直到耕地农有，平均耕地"［1］（P9）；另一方面又提出，"中国共产党第五次扩大会议以为必须要在平均享有田地权的原则下，彻底将土地再行分配，方能使土地问题解决。而欲实现此步骤必须土地国有。共产党将领导农民从事于平均地权的斗争，向着土地国有，取消土地私有制的方向，而努力进行。土地国有确系共产党对于农民问题的党纲上的基本原则"［1］（P8）。在这里虽然主张平均地权，耕地农有，但其思想脱离了"耕地农有"原有政策主张。这种主张导致了中国最早的农民运动发源地如湖南、湖北、江西、广东等土地革命的失败。1927 年于 11 月 28 日，立夫为党的六大起草的《中国共产党土地问题党纲草案》也主张，"只有用最'民众式'的阶级斗争方式，才能完成土地革命，才能真正实行革命的变革土地制度，……"［1］（P11）但是，六大《党纲草案》仍然坚持公有制，提出"……为解决农民问题和土地问题起见，必须实行下列办法"（共 15 条主张），其中："（一）一切地主的土地无代价的没收，一切私有土地完全归组织成苏维埃国家的劳动平民所公有。（二）一切没收的地主之实际使用权归之于农民。租佃制与押田制度完全废除，耕者有其田。……"［1］（P19—20）。在这里将"耕者有其田"仅理解为土地"使用权"归农民所有，应该肯定的是，这份文献首次提出了土地"所有权"与"使用权"分离的问题。① 一直到 1931 年 3 月，在毛泽东主持下，江西省、县、区苏维埃主席联席会议通过的《土地问题提纲》，在论述"民权阶段中分田后的土地问题"时，才明确而清楚地宣布，"确定土地归农民私有，发展斗争，发展生产"［3］（P507）。

综上所述，在大革命时期，中国共产党已经逐步清楚地认识到：

---

① 很多研究成果把农村土地所有权与使用权"两权分立"当成十一届三中全会以后的理论贡献，是不符合历史事实的。

能否满足农民对土地要求的愿望、真正地实现"耕地农有"关系到
农民是否真正成为中国共产党领导的革命运动的同盟军，关系到中
共乡村建设运动成败的关键，从而将解决农民的土地问题作为中共
早期乡村建设的主要目标。

三　土地革命的政纲、路线、基本任务及政策思想

1927 年，国民党内的反动集团叛变革命后，中共中央于 8 月 7
日在汉口召开紧急会议（八七会议），确定了土地革命和武装起义的
方针。这是中国共产党历史上第一次伟大的转折，自此始至 1937 年
抗日战阵爆发的 10 年间，土地革命和武装斗争成为中国共产党的中
心任务。

（一）土地革命政纲

毛泽东的《井冈山的斗争》（1928.11）在论述"革命性质"时
指出："中国现时确实还是处在资产阶级民权革命的阶段。中国彻底
的民权主义革命的纲领，包括对外推翻帝国主义，求得彻底的民族
解放；对内肃清买办阶级的在城市的势力，完成土地革命，消灭乡
村的封建关系，推翻军阀政府。必定要经过这样的民权主义革命，
方能造成过渡到社会主义的真正基础。"① 这是关于土地革命阶段中
国革命纲领的论述。

1932 年初，中共苏区中央局编写的《土地问题》进一步分析
了"土地问题是中国革命的根本问题。……因为目前中国革命的
性质，是资产阶级民权性的；革命的任务，是打倒帝国主义，铲除
封建主义，而土地革命正是进攻地主阶级，捣毁帝国主义在中国
的剥削基础的唯一办法"。"因为共产党是中国唯一的革命政党，

---

① 《毛泽东选集》（第一卷），人民出版社 1991 年版，第 77 页。

他是主张以革命的手段，把所有封建地主、豪绅、军阀、官僚以及其他大私有主的土地，无论自己经营或出租，一概无任何代价地没收。被没收土地，经过苏维埃，由贫农、中农实行分配，被没收的旧土地所有者，不得有任何分配土地的权限，雇农、苦力、劳动人民，均不分男女同样分得土地，富农的土地也要没收分给坏田，一切水利、江河、湖泊、森林、牧场由苏维埃政府管理，便利农民耕种，至若全中国重要区域土地革命胜利与基本农民群众拥护之下，土地及水利宣布为国有。这便是中国共产党的土地问题政纲，这是最革命的最彻底的土地政纲"［1］（P50）。我们看到，这个"土地问题政纲"对全国不同类型的一切土地将采取的不同所有制形式和不同产权制度安排都进行了规定，已经显示出它的完整性和成熟性。

（二）土地革命总路线

土地革命总路线是中国共产党对中国农村经济社会问题和农村社会各阶级状况的深刻认识基础上，在早期乡村建设实践中逐渐形成的。1928 年 7 月，中共六大通过了《关于土地问题的决议案》、《关于农民问题的决议案》和《政治决议案》，集中地论述和规定了关于土地革命路线、政策和策略。

中共六大《政治决议案》指出：土地革命斗争的"主要的敌人是豪绅地主，无产阶级在乡村中的基本力量是贫农，中农是巩固的同盟者，故意加紧反对富农的斗争是不对的，因为这就混乱了农民与地主阶级的主要矛盾，但是并不是说要抛弃对于富农半地主的阶级斗争"①。

《关于农民问题的议决案》提出了"农村中的无产阶级分化与共

---

① 中央档案馆编：《中共中央文件选集》（第四册），中共中央党校出版社 1989 年版，第 321—322 页。

产党的策略路线"，认为"乡村无产阶级和农业资产阶级，贫农与富农，其阶级的矛盾表现得非常之快"，"凡富农现在已成了反动力量之地方，那么反富农的斗争，应与反军阀反地主豪绅的斗争同时进行。在富农还没有消失革命的可能性，因军阀官僚的压迫而继续斗争的时候，共产党应吸收富农于一般农民反军阀反地主豪绅的斗争之内。……党在目前阶段的任务，乃在使这种富农中立，以减少敌对的力量"。"贫农与农村无产阶级，在工人阶级领导之下而斗争，是土地革命的主要动力，而与中农联合，是保证土地革命胜利的主要条件。中国共产党提出之没收一切地主土地分配给无地或少地的农民政纲，必能得到广大的中农群众的拥护，因为中农群众也是受地主阶级各种封建剥削压迫群众中的一部分。"因此，"在现在革命阶段上，共产党主要的策略，应该创造建设绝对大多数被残余封建势力剥削的农民群众的统一战线，从雇农起到中农止。无论任何条件之下，要特别注意于富农中的工作，防止富农夺取贫农组织的领导权。必须在农民组织中，巩固贫农与雇农的思想上与组织上的领导权"[1]（P29—30）。在此基础上，便形成了土地革命的总路线，即依靠贫雇农，团结中农，限制富农，建立广大农民群众之反封建势力的革命战线；集中力量打击地主豪绅，变封建半封建的土地所有制为农民的土地所有制。

（三）土地革命基本任务

关于土地革命的基本任务，中共六大作了比较全面的论述。《政治决议案》指出："中国革命现在的阶段是资产阶级性的民权革命。……地主阶级的私有土地制度并没有推翻，一切半封建余孽并没有肃清。……革命当前的目标，是要解决这些问题，因此中国革命现时的骨干，它的基础及中心任务是：……撤底的平民式的推翻地主阶级私有土地的制度，实行土地革命，中国的农民（小私有者）

要将土地制度之中的一切半封建束缚完全摧毁。"①《关于土地问题的决议案》提出了在土地问题上九条方针，指出"中国共产党将要采取以下的方针"："（一）推翻地主阶级的政权，解除反革命势力的武装去武装农民，建立农村中农民代表议会（苏维埃）的政权。（二）无代价的立即没收豪绅地主阶级底土地财产，没收的土地归农民代表会议（苏维埃）处理，分配给无地及少地的农民能使用。（三）祠堂、庙宇、教堂的地产及其他的公产官荒或无主的荒地沙田，都归农民代表会议（苏维埃）处理分配给农民使用。（四）各省区中的国有土地的一部分，作为苏维埃政府移民垦殖之用。分配给工农红军的兵士供其经济上的使用。（五）宣布一切高利贷的借约概作无效。（六）销毁豪绅地主的一切田契，及其他剥削农民的契约（书面口头的完全在内）。（七）取消一切由军阀及地方衙门所颁布的捐税，取消包办税制，取消厘金，设立单一的农业累进税。（八）国家帮助农业经济。……（九）一切森林河道归苏维埃政府经营处理"[1]（P27—28）。在《关于土地问题的决议案》的末尾还明确写道："革命胜利之后，在全国或重要省份中已经建立了坚固的苏维埃政权之后，中国共产党将进行帮助革命的农民去消灭土地私有权，把一切土地变为社会的公共财产。因为共产党认为土地国有，乃消灭国内最后的封建遗迹的最简单办法，……"[1]（P27—28）。可见，土地国有曾经被当成土地革命的最终目标。

《中共六届二中全会土地问题报告记录》（1929.6），进一步明确了土地革命的基本任务："土地革命，即是要变更土地关系，将过去的土地关系推翻另建设新的关系。即是以前有土地的人不使用土地，无土地的人要使用土地，所以地主可以利用土地关系来剥削农民。土地革命即是要将土地所有关系与使用关系结合起来，要使用土地

---

① 中央档案馆编：《中共中央文件选集》（第四册），中共中央党校出版社1989年版，第298—299页。

的人就有土地。"① 同年 9 月,《中央关于接受共产国际对于农民问题之指示的决议》分析了"中国农村经济关系的特点",认为"中国的土地所有制度是资产阶级的方式占优势(土地可以买卖),地主对于农民的剥削关系是封建的方式占优势(如农产物交租和劳役制的残余),所以中国农村经济关系是一种半封建制度"[1](P40)。因此,"目前中国农村中一般的主要矛盾,是反军阀地主豪绅之土地革命的斗争,就是农民群众与地主阶级的冲突"[1](P41)。据此提出的"党在目前农村斗争中主要任务与策略"(共 14 条),第一条就十分明确指出,"目前党在农村中主要的任务是领导广大农民群众反军阀地主豪绅的斗争,以彻底完成土地革命,以消灭一切封建的半封建的剥削,以摧毁乡村中之封建基础"[1](P42)。

(四)没收土地及分配土地的具体政策

关于没收土地的对象以及土地分配给谁,从土地革命初期开始,在领导人的许多著述和党的文件中都有论述。但是,不同阶段内容有变化,曾经走过"弯路"。如前所述:秋收起义前夕,毛泽东关于没收和分配土地的主张,是"没收一切土地,包括小地主、自耕农在内,归之公有",而"土地分配以区为单位",按照"工作能力"与"消费量"两个标准公平分配。中共"八七"会议《告全党党员书》转述共产国际的指示,也包括"没收地主、寺院、官僚等一切土地"。《井冈山土地法》(1928.12)是中国共产领导下制定的第一部土地法,这部法律开宗明义,第一条就是"没收一切土地归苏维埃政府所有,用下列三种方法分配之:1. 分配农民个别耕种;2. 分配农民共同耕种;3. 由苏维埃政府组织模范农场耕种。以上三种方法,以第一种为主体"[3](P267)。《井冈山土地法》具体规定了

---

① 于建嵘:《中国农民问题研究资料汇编》(第一卷,下),中国农业出版社 2007 年版,第 547 页。

"分配土地的数量标准：（一）以人口为标准，男女老幼平均分配。
（二）以劳动力为标准，能劳动者比不能劳动者多分土地一倍。以上
两个标准，以第一个为主体。有特殊情形的地方，得适用第二个标
准"。可以看出，这部法律仍然坚持了"没收一切土地"，可能还没
来得及贯彻中共六大《关于土地问题的决议案》的精神。

　　中共六大《关于土地问题的决议案》对没收土地的对象有了重
大调整。归纳其要点是：无代价的立即没收豪绅地主阶级的土地；
祠堂、庙宇、教堂的地产及其他的公产官荒或无主的荒地沙田，都
收归农民代表会议（苏维埃）。没收的土地主要是分配给无地及少地
的农民使用，另外，各省区中的国有土地的一部分，分配给工农红
军的兵士供其经济上的使用。需要指出，《六大决议案》不是像以前
那样，要"没收一切土地，包括小地主、自耕农在内，归之公有"，
也没有涉及富农的土地，主要是从建立农村统一战线而考虑的。
1929 年 2 月，为了贯彻六大的会议精神，中共中央发布了《中央通
告第二十八号——农民运动的策略》（以下简称《通告》），论述了
"建立农村统一战线的最主要的问题就是对富农的策略"，认为"富
农——至少一部分的富农是可以参加战线的"。因此，"现在土地斗
争的方式是没收地主阶级的土地而不是没收一切土地，是批评平产
主义的幻想而不是反对分配土地"。该《通告》明确指出，"在过去
没收一切土地的教训中，我们得到了以下经验，（1）没收一切土地，
客观上是实行土地的国民（有），而没收一切的土地是触犯一切富农
甚至中农和少块土地的贫农，使农村的阶级阵线凌乱削弱了土地斗
争的力量；（2）模糊了农民反对地主阶级的意识，以为土地革命的
对象，不但是反对独占土地的地主阶级，还要反对自己。……六大
会议告诉我们，要改变这个口号而为没收地主阶级的土地，是再正
确没有了！"[3]（P272）

　　1929 年 4 月，毛泽东根据中共第六次全代会的指示精神，结合
赣南土地革命运动的实践经验，主持制定了《兴国县土地法》。这部

法律贯彻了中共六大《关于土地问题的决议案》精神，规定"（一）没收一切公共土地及地主阶级的土地归兴国工农兵代表会议政府所有，分给无田地及少田地的农民耕种使用。（二）一切公共土地及地主阶级的土地，经工农兵政府没收并分配后，禁止买卖。（三）土地分配的标准：（1）以人口为标准，男女老幼平均分配。（2）以劳动力为标准，能劳动的比不能劳动的多分土地一倍。以上两种标准，以第一种为主体，有特别情形的适用第二种。"［3］（P277）《兴国县土地法》与《井冈山土地法》比较，前者贯彻了《六大决议案》的精神，缩小了没收土地的对象，而坚持了同样的土地分配标准。

1930年5月，第一次全国苏维埃区域代表大会通过的《土地暂行法》规定："一、凡属于地主的土地，一律无偿没收。解释：（一）凡占有土地自己不能耕种，利用来榨取地租者，都是地主。这样的地主的土地，一律没收。（二）富农占有的土地，除自己使用外而出租一部分给他人耕种者，出租部分的土地一律没收。二、凡属于祠堂、庙宇、教会、官产……占有的土地，一律无偿没收。……三、积极参加反革命活动者土地一律没收。……四、没收的土地，一律归苏维埃政府分配给地少与无地的农民使用。禁止一切土地的买卖、租佃、典押……"关于土地分配办法，该《暂行法》规定："分配土地的办法，由乡苏维埃代表大会决定。"具体内容包括：分配土地以乡为单位，采用两种办法分配土地，一切土地平均分配，或者只就没收土地分配，原耕农民不动。标准也是两种，按人口分配或按劳动力分配。［3］（P392—393）1931年11月，中国工农兵苏维埃第一次全国代表大会通过的《中华苏维埃共和国土地法》第一条规定，"所有封建地主、豪绅、军阀、官僚以及其他大私有主的土地，无论自己经营或出租，一概无任何代价的实行没收。被没收来的土地，经过苏维埃由贫农与中农实行分配。被没收土地的以前的所有者，没有分配任何土地的权利。雇农、苦力、劳动贫农，均不分男女，同样有分配土地的权利。乡村失业的独立劳动者，在农民群众赞同之下，可以同样分配土地。老弱病残以及孤寡，不能自己劳动，而且没有家属可以依靠的人，应由苏维埃政府实行社会救济，或分配土地后另行处理"[3]（P616—617）。这部法律还对富农土地问题、祠堂和庙宇及其他公共土地问题，作出了同《暂行法》相同的规定。这部法律更加强调农民群众的意愿和拥护，在第五条规定，"平均分配一切土地，是消灭土地上一切奴役的封建关系及脱离地主私有权的最彻底的办法；不过苏维埃地方政府无论如何不能以威力实行这个办法。这个办法不能由命令来强制执行，必须向农民各方面来解释这个办法，仅在基本农民群众愿意和直接拥护之下，才能实行"[3]（P619）。

遵义会议以后，为适应抗日战争的需要，中国共产党的土地政策又进行了新调整。1935 年 12 月，中共中央政治局瓦窑堡会议《关于目前政治形势与党的任务决议》指出："苏维埃人民共和国改变对富农的土地政策。富农的财产不没收。富农的土地，除封建剥削之部分外，不问自耕的与雇人耕的，均不没收。当农村中实行平分一切土地时，富农有与贫农、中农分得同等土地之权。"[1]（P58）这一时期，富农的权利更加得到了保障。半年后，《中共中央关于土地政策的指示》（1936.7.22）（以下简称《指示》），明确规定了应该没收和不应该没收的土地："（一）一切汉奸卖国贼土地财产等全部没收。（二）对地主阶级的土地粮食房屋财产，一律没收。没收之后，仍分给以耕种份地及必需的生产工具和生活资料；地主耕种之份地数量与质量，由当地农民群众多数的意见决定之。（三）对下列各种下小业主的土地，不应没收：1. 自由职业者、技术人员、教员、医生、学生、小商人和手工业者等小业主的土地；2. 凭自己劳动所得积蓄起来的工人所有土地；3. 生活情况很坏的小地主；4. 原非地主，因失去劳动力而不得不出租土地的；5. 将土地出租而自己仍受雇于人的。上列各项小业主如有为汉奸卖国贼，照汉奸卖国贼处置。

（四）一切抗日军人及献身于抗日事业者的土地皆不在没收之列。
（五）富农的土地及其多余的生产工具（农具，牲口等），均不没
收，……"［1］（P62）。《指示》还宣布了对大农业主、商人兼地主
的土地及其高利贷、土地出租等问题的规定。《指示》关于没收和分
配土地的政策带有明显适应抗日战争需要的内容。

（五）土地法律制度建设及农民土地权益保护

中国共产党早期就十分重视农村土地法律制度建设。中国共产党领
导下的土地革命中具有土地法律法规性质的文件和法律就有《井冈山土
地法》（1928.12）、《兴国县土地法》（1929.4）、闽西第一次工农兵代表
大会通过的《土地法案》（1930.3）、第一次全国苏维埃区域代表大会通
过的《土地暂行法》（1930.5）、中华革命军事委员会颁布的《苏维埃土
地法》（1930）、中国工农兵苏维埃第一次全国代表大会通过的《中华苏
维埃共和国土地法》（1931.11）等。法律对土地所有权、使用权等制度
进行了安排，对农民土地权益保护进行了规定。

第一，对农民土地权利进行了界定，如《井冈山土地法》规定，
"一切土地归苏维埃政府所有"，但土地使用权"分配给农民个别耕
种"或"共同耕种"或组织模范农场。《兴国县土地法》同样规定，
"没收一切公共土地及地主土地归兴国县工农兵代表会议政府所有"，
"分给无地及少田地的农民耕种使用"。《苏维埃土地法》仍然坚持所
没收的土地"归苏维埃政府公有，分配给无地、少地的农民和其他
需要的贫民使用"。这三部法律都将"土地所有权"和"使用权"进
行了分离。《中华苏维埃共和国土地法》停止了"两权分离"的做
法，但还是认为"在苏维埃政权下，土地与水利的国有，是彻底消
灭农村中的一切封建关系，……不过实际实行这个办法，必须在中
国重要区域土地革命胜利与基本农民群众拥护国有条件之下，才有
可能"［3］（P619）。

第二，实行土地登记，保护农民土地所有权。1933年6月1日，

中华苏维埃共和国临时中央政府土地人民委员会部颁发《关于实行土地登记》的布告，指出："中央政府决定，要在全苏区实行土地登记。""登记好了，苏维埃发给土地证与农民，用这个土地证去确定农民的土地所有权，确定某块土地归某人所有，他人不得侵占，政府不得无故没收。除非当地大多数农民自己要求重分，不得重分"[3]（P731）。这已经十分明确土地归农民所有，并且要用登记的办法保护农民土地所有权。

第三，稳定农民的土地权利。1931 年的《土地问题提纲》按照土地归农民所有的逻辑，作出了"土地可以自由租借，自由买卖，租额由出租、承租者双方自由议定。买卖土地时应向政府登记"的规定，还规定"土地遗产任所有者生前自由处理，或分给子女，或送给继承亲属，或捐办公益，政府不加干涉"。[3]（P507）为稳定农民土地权利，当时根据地采取的措施主要是两条：一是土地按人口平均或者将田亩的 50% 按人口，50% 按生产成员平均分配；二是《土地问题提纲》规定，土地分配之后"生的不补、死的不退"[3]（P507）。由此看来，20 世纪 70 年代末开始的农村土地改革，按照人劳比例分配土地，以及 80 年代贵州湄潭县土地改革试验所创造的"生不增、死不减"所谓经验，只不过是对中央苏区土地革命经验的继承而已。毫无疑问，土地革命时期，年轻的中华苏维埃共和国在中央苏区的土地政策思想、法律制度等已经达到了相当完备的程度，当年的许多有先见、有价值的做法、思想、政策和法律规定，在 21 世纪的今天，还常常被一些专家、学者误以为是自己的创新。

四　抗日战争和解放战争时期土地政策思想的发展

研读这一时期的著述、文件和法律，我们认为，这一时期土地政策思想发展集中体现在三个方面。

（一）"实行耕者有其田的制度"恢复了原本内涵，并被法律固定下来

"耕者有其田"是中国共产党领导土地革命贯穿始终的奋斗目标，但不同时期的政策重点则有不同。新中国成立前夕，中国编辑出版家史枚先生曾在香港新中出版社出版的《理论与实践》（1949.3）上发表《论现阶段的中国土地改革》一文，将中国共产党早期的土地改革运动分为四个阶段。他写道："过去中国的土地改革运动，经历了大革命时期的农村斗争，第一次内战时期的耕者有其田，和抗日战争时期起的减租减息三个阶段。一九四六年中共发出的五四指示，确定了由减租减息改变为耕者有其田的政策，去年十月，中共公布土地法大纲展开和贯彻耕者有其田的土地改革运动，这是第四个阶段"［1］（P720）。1947年9月13日中国共产党全国土地会议通过《中国土地法大纲》，同年10月10日公布施行。在公布土地法大纲时还发表了《中共中央关于公布〈中国土地法大纲〉的决议》，明确宣布，"中国的土地制度极不合理。就一般的情况来说，占乡村人口不到百分之十的地主、富农占有百分之七十至八十的土地，残酷地剥削农民。而占乡村人口百分之九十以上的雇农、贫农、中农及其他人员，却总共只有约百分之二十至三十的土地，终年劳动，不得温饱。……为了改变这种状况，必须根据农民的要求，消灭封建以及半封建性剥削的土地制度，实行耕者有其田的制度"［1］（P74）。《中国土地法大纲》则开宗明义，第一条就是"废除封建性及半封建性剥削的土地制度，实行耕者有其田的土地制度"［1］（P75）。这时对"耕者有其田"的理解是"耕者有其田式的私有制"。耕者有其田恢复了它本来的内涵，既包含"平均地权"和耕地农有，又包含"有田者必自耕"的思想内涵。

为了配合《中国土地法大纲》宣传，孟南撰写了《论中国土地改革》（1947.10）的长篇论文。他在第三部分"有关《中国土地法大纲》

的诸问题"中讨论、解读了 14 个具体问题，其中第 11 个问题专门论述了"现阶段的土地分配何以是私有制而非公有制"。他写道："现阶段的土地分配何以是耕者有其田式的私有，而不是'彻底'的公有呢？""耕者有其田式的私有，在时间上（现阶段）空间上（今日中国）是与中国客观形势和历史要求相适应的。""耕者有其田式的私有，却是一种创新，它与历史上的三种私有有本质的差别。"它"废除了封建半封建的剥削"，"这种新式的私有，乃是新民主主义的私有"。[1]（P695）为保证农民拥有较完整的土地私有产权，该法第十一条规定，"分配给人民的土地，由政府发给土地所有证，并承认其自由经营、买卖及在特定条件下出租的权利"[1]（P76）。

（二）土地革命的路线、方针、政策更趋理性和成熟

比如，《中共中央关于抗日根据地的土地政策决定》（以下简称《决定》），"承认农民（雇农包括在内）是抗日的基本力量。故党的政策是扶助农民，减轻地主的封建剥削，实行减租减息，保证农民的人权、政权、地权、财权，借以改善农民的生活，提高农民抗日的与生产的积极性"；"承认地主的大多数是有抗日要求的，一部分开明绅士并是赞成民主改革的。故党的政策仅是扶助农民减轻剥削，而不是消灭封建剥削，……又须保障地主的人权、政权、地权、财权，借以联合地主阶级一致抗日"；"承认资本主义生产方式是中国现实比较进步的生产方式，而资产阶级、特别是小资产阶级与民族资产阶级，是中国现实比较进步的社会成分与政治力量"。"上述三条原则，是我党抗日民主统一战线及其土地政策的出发点。"[1]（P66）基于这样的认识，这份《决定》用附件的形式，详细规定了关于执行土地政策的具体办法的三个附件，即《关于土地及佃权问题》、《关于债务问题》和《关于若干特殊土地的处理办法》。综合三个附件的政策办法：一是均衡和保障土地所有者及租佃者的利益，作出关于"租额以减低原租额的 25%（二五减租）"，地租一律于产

物后交纳，定租（铁组）、什么情况下可以减负、免付，以及租佃契约、出租人出卖永佃权和"承租人在二年内无故不耕种，出租人有收回土地之权利"等方面的规定；二是为团结债权人一致抗日，规范了农民之间的借贷关系及其处理办法：对抗战前形成的借贷关系"应以一分半为计息标准"，"利息超过原本一倍者，停利还本，超过原本二倍者，本利停付"；"至于抗战后的息额，应以当地社会经济关系，听任民间自行处理……"三是对罪大恶极之汉奸、逃亡地主的土地，应予没收，旧政府管理，租给农民耕种，对没有交过税的黑地和族地、社地、宗教土地、公荒、私荒等特殊土地，都相应作出了是否没收及如何管理的详细规定［1］（P68—69）。时隔一月，中共中央发出《关于如何执行土地政策的指示》，再次强调"关于抗日根据地的土地政策决定及其三个附件，是综合五年来的各地经验而得的结论。""各地应即公布广为宣传，认真执行。这是我党在新民主主义革命阶段的长期土地政策，不但今天必须执行，而且还有很长时期要实行的"［1］（P71—72）。这表明这一时期的土地政策，更加体现了对土地财权的保护和不同权益人对土地权利尊重的发展趋势。

（三）土地法律制度更加完善，更加重视农民土地权益保护

《中国土地法大纲》共有 16 条，不足 2000 字的法律条文，结构严密，规定明白、清楚。第一条，废除封建性及半封建性剥削的土地制度，实行耕者有其田的土地制度。第二条，废除一切地主的土地所有权。第三条，废除一切祠堂、庙宇、寺院、学校、机关及团体的土地所有权。……第六条，除本法第九条两项所规定者外，乡村中一切地主的土地及公地，由乡村农会接收，连同乡村中的一切土地，按乡村全部人口，不分男女老幼，统一平均分配。在土地数量上抽多补少，质量上抽肥补瘦，使全乡村人民均获得同等的土地，并归之各人所有之。第七条，土地分配，以乡或等于乡的行政村为

单位。……［1］（P75）这些条文，不仅区分了对不同阶级、阶层所有土地和财产没收或不没收的处置和分配办法，而且，对土地财产权利的界定，以及土地登记发证和权益保护等规定，具体而又具操作性。关于农民土地权益保护，该法体现在：第一，特别强调农民获得土地过程中的公平、同等的权利，特别强调"不分男女老幼，统一平均分配土地"，不论是土地分配的土地数量、土地质量，还是土地分配过程，都有体现。第二，承认农民土地财产权，法律规定的农民土地权利包括自由经营、买卖、特定条件下出租等。第三，制定保障性条款，除了第十一条规定"由政府发给农民土地所有证"之外，还在第十二条规定"保护工商业主的财产及其合法经营，不受侵犯"；在第十三条规定"为了保持土地改革的秩序及保护人民财富，应由乡村农民大会或其委员会指定人员，经过一定手续，负责接受、登记，清理及保管一切土地财产"［1］（P76）。

第三章

农会运动与农民政权建设

在半殖民地半封建社会的中国，农民问题是革命的中心问题。中国共产党在组织酝酿及成立初期，已经认识到农民问题的重要性，甚至有组织全国"农人总会"的设想。从中共一大、二大到三大，中国共产党逐渐把宣传、发动和组织农会，开展农民运动，提高到重要位置。在中国共产党的领导下，如雨后春笋般涌现的农会组织以解决绝大多数农民的利益为宗旨。这些新型农会组织的涌现，开创了农民运动和农民政权建设的新阶段和新局面。

一 乡村政治基本状况

（一）乡村政权完全掌握在豪绅地主阶级的手里

20 世纪二三十年代的中国农村，"因许多历史条件的关系，劣绅阶级（地主包含在内）乃是事实上的政权"①，中国的乡村政权完全掌握在地主豪绅手里。乡村中旧有的社会组织，"仅为乡村资产阶级所依为保障其阶级的利益的工具，不惟于贫农的疾苦漠不

---

① 《中国共产党关于农民政纲的草案》（1926 年版 11 月 4 日—5 日），参见中央档案馆编《中共中央文件选集》（第二册），中共中央党校出版社 1989 年版，第 436 页。

关心，甚且专一剥削贫农为事。在此等组织中，贫农几无容喙的余地"①。这些旧有的乡村政权或组织代表地主阶级的利益，"包揽一切地方公务，霸占祠堂、庙宇及所谓慈善团体、公益团体的田地财产，欺压乡民，剥削佃农，作威作福"②，成为"镇压农民对于地主阶级的反抗，可以自由屠杀农民，抽收捐税等各种的特权"③的工具。

豪绅地主依靠其政治特权和经济优势欺压盘剥农民，主要表现在如下方面：第一，私设衙门；第二，操纵词讼；第三，榨取高额地租；第四，私设租馆，暴力逼租；第五，放高利贷盘剥。④

（二）军阀混战，民不聊生

北洋军阀统治时期，内部派系林立，相互混战，给人民带来无尽的灾难和痛苦；在各派统治区内，军阀与当地的地主和豪绅势力相互勾结，对民众实行血腥的封建统治和经济上的巧取豪夺。

国民党新军阀统治时期，与旧军阀时代一样，各派军阀在各帝国主义列强的支持下形成割据和相互争斗的局面。他们对地方经济社会事务很不热心。由于政治动荡，兵火不断，社会经济衰败，工农业生产落后，使得处于社会底层的农民生活苦不堪言。

"现在全国农民，整个的在新旧军阀之下喘嘘地活着，十几年新旧军阀战争的负担和帝国主义经济的侵略，最大部分架在穷苦农民

---

① 李大钊：《土地与农民》，参见陈翰笙、薛暮桥、冯和法合编《解放前的中国农村》（第一辑），中国展望出版社 1985 年版，第 101 页。

② 瞿秋白：《农民政权与土地革命》，参见陈翰笙、薛暮桥、冯和法合编《解放前的中国农村》（第一辑），中国展望出版社 1985 年版，第 197 页。

③ 《中央关于接受共产国际对于农民问题之指示的决议》（1929 年 9 月），参见中国社会科学院经济研究所中国现代经济史组《第一、二次国内革命战争时期土地斗争史料选编》，人民出版社 1981 年版，第 307 页。

④ 参见李永芳《近代中国农会研究》，社会科学文献出版社 2008 年版，第 136—141 页。

身上。"① 北方省份，苛捐苛税的繁重已经迫使大多数的农民抛弃土地，得不着生活；南方各省，农民一样痛苦，屡经奋斗刚得到些许自由，又重新完全被剥削。

（三）农村的阶级构成发生显著变化

毛泽东于 1927 年年初完成的《湖南农民运动考察报告》指出："乡村人口中，贫农占 70%，中农占 20%，地主和富农占 10%。在这 70% 的贫农中，又分赤贫、次贫两类。全然无业，既无土地，又无资金，完全失去生活依据，不得不出外当兵，或出去做工，或打流当乞丐的，都是'赤贫'，占 20%；半无业，即略有土地，或略有资金，但吃的多收的少，终年在劳碌愁苦中生活的，如手工工人、佃农（富佃除外）、半自耕农等，都是'次贫'，占 50%。"②

国民党中央农民部土地委员会于 1927 年年初对全国农村人口及所占土地的比例估计为：占农村人口总数 86% 的佃农、雇农、贫农、中农占有的土地仅为 19%；而占农村人口总数 2% 的大地主却占有土地总数的 43%；另分别占农村人口总数 8% 的富农和 4% 的中小地主均占有土地总数的 19%。③（见下表 3-1）

表 3-1   国民党中央农民部 1927 年年初关于全国
农村人口及所占土地比例统计表

农民类别	人口数量（人）	占总人口比例（%）	占全国耕地比例（%）
佃农	136000000	40	0
雇农	30000000	9	0

---

① 《中央通告农字第九号——目前农民运动总策略》（1927 年 7 月），参见中央档案馆编《中共中央文件选集》（第三册），中共中央党校出版社 1989 年版，第 216 页。

② 毛泽东：《湖南农民运动考察报告》（1927 年 3 月），参见《毛泽东选集》（第一卷），人民出版社 1991 年版，第 20—21 页。

③ 《第一次国内革命战争时期的农民运动资料》（中国现代革命史资料丛刊），人民出版社 1983 年版，第 3—4 页。

续表

农民类别	人口数量（人）	占总人口比例（%）	占全国耕地比例（%）
无业游民	20000000	6	0
贫农	66000000	20	6
中农	36000000	11	13
富农	27000000	8	19
中小地主	13500000	4	19
大地主	7500000	2	43
合计	336000000	100	100

　　资料来源：《中国国民党中央执行委员会农民部土地委员会报告》（1927年3月）；《全国土地占有概况》，参见《第一次国内革命战争时期的农民运动资料》（中国现代革命史资料丛刊），人民出版社1983年版，第3—4页。

　　在北洋军阀政府时期，农村阶级构成已发生显著变化，其变化状况详见表3－2。而在农民阶级内部，依占有土地的多寡及有无土地，可区分为富农、中农、贫农、雇农四个层次。各个阶层的经济地位及生活状况存在着明显的差别，由此也决定了他们对于革命的态度以及社会影响的大相迥异。[①]

表3－2　　　　　　北洋军阀统治时期农村阶级构成估计表

阶级	占有土地数（亩）	占人口百分比		占地百分比
		有地人口	农村人口	
大地主	100以上	5	2.25	43
中小地主	50—100	9	4.05	19
富农	30—50	18	8.1	19
中农	10—30	24	10.8	13
贫农	1—10	24	19.8	6

　　资料来源：《中国国民党中央执行委员会农民部土地委员会报告》（1927年6月）；《全国土地占有概况》，参见《第一次国内革命战争时期的农民运动资料》（中国现代革命史资料丛刊），人民出版社1983年版，第3—4页。

---

　　①　参见李永芳《近代中国农会研究》，社会科学文献出版社2008年版，第153页。

　　富农是农民中较富裕的阶层。富农一般占有土地，大多数拥有较多较好的生产工具和一定数量的资金，大都雇佣少数长工和短工，经常依靠剥削雇佣劳动为其生活来源之一部分或大部分。他们所处的这种经济地位决定了他们对农村的任何社会变革都不感兴趣，对改造中国社会一般持消极态度。①

　　中农是自耕农，是农民中的中产阶层。中农每年劳动所得，除自给外，还有些剩余，以用于扩大再生产。正如毛泽东所说，这种人胆子小，他们怕官，也有点怕革命，对于革命取怀疑的态度。②

　　贫农和雇农历来是中国农民中人数最多的一个阶层。贫农拥有的土地很少，甚至完全没有土地，单靠自己的土地难以维持全家生计，所以一般要从地主那里租入土地，成为地主的佃户。雇农即农村中的雇工。他们既无土地、农具，又无资金，完全靠出卖劳动力来维持生计。正是贫农、雇农的这种生活困境，使得他们迫切要求改变现状。③ 因此，贫农、雇农中的相当一部分人走上了革命的道路，成为"农民协会的中坚，打倒封建势力的先锋，成就那多年未曾成就的革命大业的元勋"④。

　　综上所述，在这样一种政治经济格局之下，农村经济日益凋敝，农民生活日益贫困，广大农民所遭受的政治经济压迫日甚一日。乡村社会逐渐游离于中央权威之外，成为各种矛盾和冲突的交织地。广大农民深感不革命即无出路，"只有农民自己大家团结起来"、"组织农民协会"，建立起真正属于自己的、代表广大农民利益的农会组

---

　　① 参见李永芳《近代中国农会研究》，社会科学文献出版社 2008 年版，第 154 页。

　　② 毛泽东：《中国社会各阶级分析》（1925 年 12 月 1 日），参见《毛泽东选集》（第一卷），人民出版社 1991 年版，第 5 页。

　　③ 参见李永芳《近代中国农会研究》，社会科学文献出版社 2008 年版，第 155—156 页。

　　④ 毛泽东：《湖南农民运动考察报告》（1927 年 3 月），参见《毛泽东选集》（第一卷），人民出版社 1991 年版，第 21 页。

织这种形式。① 这种形势为中国共产党领导的乡村建设运动的兴起和快速发展提供了有利条件，一方面，中国共产党开展农民武装建设，争取建立农民政权；另一方面，建立农会组织，从政治、经济、文化、卫生等方面，广泛动员农民、改造农民。

二　乡村政治建设之农民武装建设

（一）农民武装建设的必要性和目的

20世纪二三十年代的中国是一个经济落后的农业国家，"以农业为主要经济的中国革命，以军事发展暴动，是一种特征"②。所以，在中国共产党领导的乡村建设运动进入到土地革命的新阶段时，"最迫切的现时的运动趋势，已经是铲除宗法封建的政权，而建立农民的政权。自然在这种斗争中农民武装的问题，是非常重要的问题"③。在这种背景下，中国共产党顺势而为，提出了开展乡村武装斗争、建立农民武装的思想主张。

1. 乡村武装斗争的状况——地主阶级利用手中的武装对农民进行极力镇压

在半殖民地半封建的中国乡村，不仅乡村政权完全掌握在豪绅地主阶级手中，"并且他们有专为镇压农民的武装（民团，保卫

① 《中国共产党告农民书》（1925年11月），参见人民出版社编《第一次国内革命战争时期的农民运动资料》（中国现代革命史资料丛刊），人民出版社1983年版，第29页。

② 毛泽东：《井冈山的斗争》，参见《毛泽东选集》（第一卷），人民出版社1991年版，第79页。

③ 中国共产党第五次全国代表大会《关于土地问题议决案》（1927年5月），参见中国社会科学院经济研究所中国现代经济史组编《第一、二次国内革命战争时期土地斗争史料选编》，人民出版社1981年版，第97页。

团……)"，以此来"极力镇压农民对地主阶级的反抗"。① 随着中共领导的土地革命运动不断深入和发展，"封建宗法的反动政权（所谓土豪劣绅贪官污吏等）自然竭力压迫。他们勾结军阀，利用自己的武装（民团、团防等）以及土匪，来进攻农民，屠杀农民，妄想镇压农民运动"②。随着大革命的失败，"现在的所谓革命军实际是代表地主阶级的反动军官领导之下，到处屠杀农民"的武装。

在中共领导的土地革命中，"武装冲突已成为农民运动中极普通的现象"，③ 农民武装问题是"最严重而紧迫的问题"，每一个乡村建设运动的组织者领导者"如果没有十二分注意这个问题而谋给予正确的答复，便等于没有准备农民革命得到胜利"④。

2. 为实现土地革命的目标必须要建立农民自己的武装

在中国共产党领导的乡村建设运动中，"农民的斗争大致起初总是减租、抗税、减息等及反抗土豪乡绅的压迫，但是随后的发展，往往立刻便要进到推翻土豪乡绅的政权，进到夺取武装，以至于武装冲突"⑤。中国共产党领导的乡村建设运动必须有"革命的武装才

———————————

① 《中央关于接受共产国际对于农民问题之指示的决议》（1929 年 9 月），参见中国社会科学院经济研究所中国现代经济史组编《第一、二次国内革命战争时期土地斗争史料选编》，人民出版社 1981 年版，第 307 页。

② 中国共产党第五次全国代表大会《关于土地问题议决案》（1927 年 5 月），参见中国社会科学院经济研究所中国现代经济史组编《第一、二次国内革命战争时期土地斗争史料选编》，人民出版社 1981 年版，第 98 页。

③ 《中央通告农字第九号——目前农民运动总策略》（1927 年 7 月），参见中国社会科学院经济研究所中国现代经济史组编《第一、二次国内革命战争时期土地斗争史料选编》，人民出版社 1981 年版，第 152 页。

④ 同上。

⑤ 中国共产党第五次全国代表大会《关于土地问题议决案》（1927 年 5 月），参见中国社会科学院经济研究所中国现代经济史组编《第一、二次国内革命战争时期土地斗争史料选编》，人民出版社 1981 年版，第 98 页。

能保障其胜利"①，原因主要有三个方面：首先，农民运动发展的时候，封建宗法的反动政权勾结军阀竭力镇压，以延续自己的统治地位；其次，中国共产党领导的土地革命斗争，一开始便是推翻土豪乡绅的政治势力，"不但取得土地，就是实行减租，也非有农民自己的武装和政权不可"②；最后，过去一些地方的革命运动之所以失败，就是"没有武装农民"，不注重农民武装问题，是"当时指导机关策略上的错误"③。

因此，为保障土地革命斗争的胜利，在共产党领导的乡村建设运动中，就需要"解除土豪乡绅的武装，使农民夺取其武装，组织并巩固农民的武装势力（农民自卫军）"④。

3. 中国共产党是农民武装斗争的领导者

在武装斗争过程中，中国共产党一方面"反抗地主抽捐办民团，主张农民收回自办"；另一方面，"宣传并扩大农民自卫军的组织，并鼓动充当民团乡团之农民脱离土豪地主之关系，加入农民自卫军"。⑤ 而且，这种农民自卫军应在中国共产党的政治指导之下。

在中国共产党领导乡村建设运动中，"农民政权的斗争与土地的斗争直接要求本党十二分注意农民武装的问题"⑥。对于"农民暴动

---

① 《中央通告农字第九号——目前农民运动总策略》（1927 年 7 月），参见中国社会科学院经济研究所中国现代经济史组编《第一、二次国内革命战争时期土地斗争史料选编》，人民出版社 1981 年版，第 152 页。

② 中国共产党第五次全国代表大会《关于土地问题议决案》（1927 年），见中央档案馆编《中共中央文件选集》（第三册），中共中央党校出版社 1989 年版，第 68—69 页。

③ 中共第六次全国代表大会《政治决议案》（1928 年 7 月），见中央档案馆编《中共中央文件选集》（第四册），中共中央党校出版社 1989 年版，第 308 页。

④ 《中央通告农字第五号——农运策略》（1927 年 6 月），参见中国社会科学院经济研究所中国现代经济史组编《第一、二次国内革命战争时期土地斗争史料选编》，人民出版社 1981 年版，第 129 页。

⑤ 《对于农民运动之议决案》（1925 年 1 月），参见中央档案馆编《中共中央文件选集》（第一册），中共中央党校出版社 1989 年版，第 363 页。

⑥ 《中央通告农字第八号——农运策略的说明》（1927 年 6 月），参见中央档案馆编《中共中央文件选集》（第三册），中共中央党校出版社 1989 年版，第 184 页。

的直接行动，我们不但不应加以阻止且应对农民自发的暴动极力加以领导，对农民的武装暴动极力加以扩大，使群众对于推翻豪绅乡村统治，建立农村苏维埃的观念日益明了与热望其实现"①。中国共产党"必须积极坚决地去领导这些斗争，使其更有组织性与群众更有密切的联系"。② 同时，各地农民组织"应当集中乡村武装，夺取地主阶级武装，并应在每个反军阀的战争中利用各种时机号召农民参加战斗，夺取敌军武装，使农民自卫军成为乡村中革命武装，而此种夺取武装的进行更应与本党军事策略相适应"③。

（二）开展农民武装建设的步骤

"农民武装建设"作为中共早期乡村建设思想的重要内容，不仅确立了在土地革命斗争中武装反抗封建地主阶级的压迫与剥削的总方针，而且为中国共产党领导的新民主主义革命的胜利奠定了坚实的理论基础。

中国共产党认为，土地革命和建立农民政权的斗争必须有革命的武装才能保障其胜利。所以，在中国共产党领导的乡村建设运动中，要解决农民的土地问题必须要发动暴动，"单靠农民的力量是不行的，必须有一个军事的帮助"；要夺取政权，"没有兵力的拥卫或去夺取，这是自欺的话"；"现在应以百分之六十的精力注意军事运动。实行在枪杆子上夺取政权，建设政权"④。

———————

① 周恩来：《关于湘鄂西苏区发展的几个问题》（1929 年 3 月 17 日），见中共中央文献编辑委员会编《周恩来选集》（上卷），人民出版社 1997 年版，第 14—15 页。

② 中共第六次全国代表大会《关于农民问题决议案》（1928 年 7 月），参见中国社会科学院经济研究所中国现代经济史组编《第一、二次国内革命战争时期土地斗争史料选编》，人民出版社 1981 年版，第 248 页。

③ 《中央通告农字第八号——农运策略的说明》（1927 年 6 月），参见中央档案馆编《中共中央文件选集》（第三册），中共中央党校出版社 1989 年版，第 184 页。

④ 《毛泽东在中共湖南省委第一次会议上的发言》（1927 年 8 月 18 日），参见中共中央文献研究室编《毛泽东文集》（第一卷），人民出版社 1993 年版，第 48 页。

为了更好地开展农民武装斗争，建立农民自己的武装，各地首先"须派有军事工作能力及经验的同志训练农民自卫军，使其有野战与迅速集中的能力"；其次，在农民自发开展武装斗争的地方，中国共产党应使其脱离土豪劣绅的影响而置于（我们的）指导之下；再次，为扩大农民武装的势力，在开展乡村建设运动的过程中，各地应"成（立）乡村自治机关的保安队，并须实行民兵制，使每个农民都能获得军事训练，并使有一批复一批武装训练与补充"[①]；复次，在农民武装的过程中，应注意农民武器的装备，农民"武器种类除枪外，应使每一个农民协会会员都置备鸟枪梭镖大刀木棍等武器一件"[②]；最后，对付旧有地主阶级的武装如团防民团保卫团等，采取不同的方式，即：旧有之地主阶级武装团体，"须一律解散，将其武器交与农民自卫军"；只要政治环境许可，"能以农民力量抢夺其武装的即行强夺"；如果以上两种方法都不行，则"使在土豪劣绅手中的武器，移转与农民协会接近的绅士及其他进步分子手中"，最终，"渐次归到农民协会手中"。[③]

三　乡村政治建设之农民协会建设

中国共产党自创建之初就十分注重深入到工人和农民之中，与民众建立真正的组织联系。基于对中国国情和革命形势的判断，清醒地认识到农民在中国共产党领导的革命运动中占有举足轻重的地位，并创造性地运用农民协会这种组织方式来发动农民运动。

---

① 《中央通告农字第八号——农运策略的说明》（1927 年 6 月），参见中央档案馆编《中共中央文件选集》（第三册），中共中央党校出版社 1989 年版，第 185 页。

② 同上。

③ 同上书，第 185—186 页。

（一）农民协会建设的总体概况

1921 年 9 月 27 日，衙前农民协会在浙江萧山衙前村成立，这是在中国共产党领导下成立的第一个新型农民团体。担任农协委员的是一些农民积极分子，沈定一等人为协会起草了《衙前农民协会宣言》和《衙前农民协会章程》。在衙前农民协会成立之后，浙东的萧山、绍兴及上虞等县的 82 个村先后组织了农民协会，并且都开展了激烈的抗租、减租斗争①。

从 1922 年起，彭湃就在广东海丰龙山庙从事农民运动。经过艰难的说服动员，彭湃组织了一个 6 人农会，后来发展到 30 多人。农会维护农民的租佃权，反对地主随意加租，逐渐得到农民的信任。到 1922 年年底，海丰的赤山、平岗、银镇、青湖等十余个乡都成立了农会。1923 年 1 月，海丰总农会宣告成立。这是全国第一个县级农民协会，当时加入农会者达到数万，几占全县人口之四分之一，组织力量非同寻常。②

1923 年 7 月，广东省农民联合会在惠州农民联合会的基础上成立，彭湃等 13 人为执委，彭湃为委员长，省农会还制定了《广东农会章程》，规定：凡属本省贫苦农民，赞成本会纲领，不分男女性别，均得随时加入为会员。省农会设于海丰，仿政府设立了卫生、教育、财政、宣传、农业等部。至此，全省农会会员达到 26800 户，共计 134000 人。③

各地农民协会的纷纷建立，冲击了在传统乡村社会居于主要地位的族权与绅权，农民协会的发展表明中国共产党在与工农结合的道

---

① 参见魏文享《国民党、农民与农会——近代中国农会组织研究》（1924—1949），中国社会科学出版社 2009 年版，第 43 页。

② 同上书，第 44—45 页。

③ 参见人民出版社编《第一次国内革命战争时期的农民运动资料》（中国现代革命史资料丛刊），人民出版社 1983 年版，第 174 页。

路上不断深入。正是基于农民的组织化及由此带来的社会效应，中国共产党在国内政治舞台上的影响力越来越大。

随着中国共产党领导的乡村建设运动的不断深入，农民协会的性质和职能也在不断发生变化。1927 年 3 月，毛泽东在《湖南农民运动考察报告》中，指出"地主权力既倒，农会便成了唯一的权力机关，真正办到了人们所谓'一切权力归农会'"。"从前拜倒在绅士权力下面的人，现在却拜倒在农民权力之下。"① 1927 年 7 月 20 日，中共中央发出了农字第九号通告称："农民协会已经不是一种职业组织，而是以穷苦农民为主干的乡村的政治联盟。因为农民协会事实上不仅团结了一般农民（耕地的或失业的），包括了手工业者、小学教师和小商人，就是一部分脱离大地主影响而对农会表同情之小地主也经联合在农民协会之内。所以农民协会在现时就是乡村中贫苦农民联合其他小资产阶级的革命的政治联盟——农会政权。这是乡村政权的一个正确的形式，要开始在各地实现起来。"②

农民协会的主要任务有以下几个方面：（1）组织农民反抗豪绅地主，开展减租抗捐运动。没收土豪劣绅的财产；实现减租、减息和平粜阻禁，以至插标分田等经济斗争；此外，"农民协会有会同乡村自治机关议定最高租额及最低谷价之权"。③（2）参与政权建设。农民在农会的组织和带领下，攻击土豪劣绅，不法地主，旁及各种宗法的思想和制度，农会成了乡村的权力机关。（3）解决乡村纠纷。"一切事情，农会的人不到场，便不能解决"；"农民的大小事，一概

---

① 《湖南农民运动考察报告》，参见《毛泽东选集》（第一卷），人民出版社 1991 年版，第 14、15 页。

② 《中央通告农字第九号——目前农民运动总策略》，参见中央档案馆编《中共中央文件选集》（第三册），中共中央党校出版社 1989 年版，第 218 页。

③ 《告农民书》（1925 年 10 月），参见中央档案馆编《中共中央文件选集》（第一册），中共中央党校出版社 1989 年版，第 513 页。

在各级农会里处理"，以至于"县公署的承审员，简直没有事做"。①
（4）建立农民武装。在农民协会的领导下，推翻土豪劣绅的封建统
治，解除地主武装，建立农民武装，地主阶级的武装常备队、团防
局等被接收，由各级农协建立农民自卫军。（5）推翻族权和神权。
"农会势盛地方，族长及祠款经管人不敢再压迫族下子孙，不敢再侵
蚀祠款。坏的族长、经管，已被当做土豪劣绅打掉了。""许多地方，
农民协会占了神的庙宇做会所。一切地方的农民协会，都主张提取
庙产办农民学校，做农会经费。""农民协会是青年和壮年农民当权，
所以对于推翻神权，破除迷信，是各处都在进行中的。"②（6）发展
农村经济。兴办合作社，开展筑路修桥，开荒造林，从事农村各项
建设。（7）开展文化教育，废除社会恶习。农民协会组织兴办小学，
举办农民夜校等公益活动，组织农民铲除吸食鸦片、赌博等各种
恶习。

随着土地革命战争的开展和深入，农民协会逐渐发展成为农民代
表会议（苏维埃），它是"完成中国封建主义及土地革命的政权"③，
是真正意义上的农民政权组织形式。

自 1927 年 7 月国民革命失败至 1949 年 10 月新中国成立，中国
共产党在其领导的革命根据地内相继建立了不同形式的农会组织，
如苏维埃区域的"贫农团"、抗日根据地的"农救会"、解放区的
"农民协会"等，并在政治、经济、文化等领域开展了较为广泛的活
动。从其性质和功能来说，农民协会是中国共产党领导的、以广大
贫苦农民为主体的、作为革命政权合法执行机关的社会组织，为新
中国成立初期农民协会的兴起和乡村政权的组织建设等打下了坚实

---

① 毛泽东：《湖南农民运动考察报告》，参见《毛泽东选集》（第一卷），人民出版社
1991 年版，第 14、30 页。

② 同上书，第 31—32 页。

③《苏维埃第一次全国大会土地法案》，参见陈翰笙、薛暮桥、冯和法合编《解放前的
中国农村》（第一辑），中国展望出版社 1985 年版，第 46 页。

的基础。①

（二）苏区的农会组织建设

国民革命失败后，中国共产党在领导发动各地武装起义、创建农村革命根据地的同时，提出了恢复和发展农民协会的任务。1927 年 11 月，在党中央临时政治局扩大会议通过的《中国现状与共产党的任务决议案》中要求："党应当在斗争的过程中组织农民于农民协会等类的组织（农民协会、农民委员会等，依各地的情形群众的信仰而定）。这种农民组织必须是贫苦农民群众（破产贫困之自耕农、佃农、雇农、失业农民）之阶级斗争的组织，且是暴动的组织（绝不能视为类似工会经济的组织）"；"还要团结农民于土地革命的旗帜之下，农民暴动未发动的地方，秘密的农民团体是有需要的，本党应当引导他们到抗租抗税不还债的斗争，一直到武装暴动没收土地"。②

1928 年 7 月 9 日，《中国共产党第六次代表大会底决议案》再次强调了应尽量扩大农民协会的组织，指出："中国共产党应努力于农协的扩大与巩固，团聚成千百万的农民群众并领导其斗争，以准备新的革命高潮的到来。""如果农民协会不为群众所拥护的地方，可以组织其他名义或各种临时的组织，或利用农民原有的组织，以便更能适合于地方条件（如反军阀同盟或防守同盟等）。"③

为了广泛发动农民，中国共产党在恢复和发展农会组织的过程中主要采取了两方面的措施，一是对国民革命失败后惨遭破坏或转入地下的农民协会予以恢复和整顿；二是进行新的组建。其间富有创

---

① 参见李永芳《近代中国农会研究》，社会科学文献出版社 2008 年版，第 504 页。

② 《中国现状与共产党的任务决议案》，见《中共党史教学参考资料》（一），人民出版社 1979 年版，第 133 页。

③ 《中国共产党第六次代表大会底决议案》，见《中共党史教学参考资料》（一），人民出版社 1979 年版，第 210—211 页。

造性的举措为组织贫农团。① 自 1931 年 3 月中共中央发出"各苏区在红五月中必须在每个乡村将贫农团与雇农工会小组（包括苦力在内）……成立起来"②的指示之后，贫农团在各苏区开始大量涌现。1933 年 9 月江西省 10 个县的贫农团会员达 257078 人，入会比率约占贫农人口总数的 35%。③ 1933 年苏区各种群众组织迅速发展，"贫农团是我们党和苏维埃政权在反富农和反地主残余当中底群众柱石，他们已经成为广大群众组织了。如在中央苏区内八县里，贫农团团员便超过十四万九千人以上。"④

苏维埃政权时期的农会组织，既"是农民群众的战斗组织，也是教育农民、领导经济与政治斗争的指挥部"⑤，农会组织开展的实际活动主要表现有以下几项：第一，领导农民开展抗捐、抗税、抗租、抗债、抗夫，即"五抗"斗争；第二，开展农业互助合作运动，发展农业生产；第三，解决群众困难，改善农民生活；第四，建立形式多样和办法灵活的文化教育机关。⑥ 各地农会组织活动的开展，逐步树立起了苏维埃政权的柱石，"农协已经成为党联系群众，团结和教育群众进行经济政治斗争的战斗组织"⑦。

（三）抗日根据地的农会组织建设

1937 年 10 月 16 日，中国共产党在关于农民土地政策和群众运

---

① 参见李永芳《近代中国农会研究》，社会科学文献出版社 2008 年版，第 504 页。

② 《中共中央关于苏维埃区域红五月运动的工作决议案》（1931 年 3 月 21 日），参见何友良《中国苏维埃区域社会变动史》，当代中国出版社 1996 年版，第 136 页。

③ 参见何友良《中国苏维埃区域社会变动史》，当代中国出版社 1996 年版，第 136 页。

④ 王明：《中国现状与中共任务——一九三四年，在共产国际执委第十三届全会上的讲演》，参见《中共党史教学参考资料》（第一册），人民出版社 1979 年版，第 602—603 页。

⑤ 《中共六安县委报告》，参见中共河南省委党史研究室、中共安徽省委党史研究室编《鄂豫皖革命根据地史》，安徽人民出版社 1998 年版，第 384 页。

⑥ 参见李永芳《近代中国农会研究》，社会科学文献出版社 2008 年版，第 519—523 页。

⑦ 中共河南省委党史研究室、中共安徽省委党史研究室编：《鄂豫皖革命根据地史》，安徽人民出版社 1998 年版，第 90 页。

动的政策中提出，"在抗日根据地的各种群众，首先应该自己组织起来，在群众自己的政治、经济与文化的各种要求纲领上，建立真正群众的工会、农会、学生会、商会及青年、妇女、儿童等团体。要使最大多数的农民组织在农会之内。"在中国共产党的领导和推动下，"农民抗日救国会"、"农民救国联合会"等农会组织快速建立起来。例如山西地区先是成立村农民救国会，然后成立区农救会、县农救会。……至1939年，山西111县有了这样的农救会组织，会员上百万人。①

抗战时期根据地的农会，以团结农民，拥护抗日军及抗日政府，扩大游击战争，创造抗日根据地，并谋取本身政治地位提高，及生产改善为宗旨。抗战时期根据地农会所进行的一项重要活动是组织民众参加抗日救亡活动；同时，农会组织还开展减租减息以及清理旧债、抽地换约等经济斗争；在党和政府的领导下，农会建立了农业生产合作社、手工业生产合作社、综合合作社、运输合作社、消费合作社、信用合作社等合作社组织；组织变工队、扎工队等农业互助组织，实行拨工互助、牲畜贷款等组织农业生产措施；开办农民夜校、识字组以及农民干部培训班、发展社会教育等诸项活动。②

（四）解放区的农会组织建设

抗战期间发展起来的农救会，随着形势和任务的变化，大多在抗战后期被各种农业生产互助合作组织所代替。1947年10月10日，中共中央公布实施了《中国土地法大纲》，其中对农会组织赋予了具有政权性质的职能，规定："乡村中一切地主的土地及公地，由乡村农会接收，连同乡村中其他一切土地，按乡村全部人口，不分男女老幼，统一平均分配，在土地数量上抽多补少，质量上抽肥补瘦，

① 参见张注洪《中国现代史论稿》，北京图书馆出版社1997年版，第178页。

② 参见李永芳《近代中国农会研究》，社会科学文献出版社2008年版，第532—545页。

使全乡村人民获得同等的土地，并归个人所有”；"乡村农会接收地主的牲畜、农具、房屋、粮食及其他财产，并征收富农的上述财产的多余部分，分给缺乏这些财产的农民及其他贫民，并分给地主同样的一份”。① 在这场以平分土地为中心的群众运动中，各地纷纷成立贫农团并选出其委员会，作为土地改革的领导中坚，组织农民协会并保障其职能的有力发挥。②

解放区农会组织所开展的活动包括：第一，开展反间清算、减租减息斗争；第二，进行土地改革运动；第三，组织民兵武装，开展兵员动员和支前运动；第四，组织发展农业生产，保护农民利益。③可以说，农会组织是解放区根据地建设的核心力量。据统计，1950年6月，广东全省83个县（海南岛除外）2000多万农民中有62个县、288个区、578个乡建立了农民协会，农民协会会员约有200多万人。④ 江西全省有12855个行政村建立了农民协会，占全省行政村数的81.2%，农民协会会员约有130多万人；福建全省9000多个保中，有5113个保先后建立了农民协会，全省农民协会会员达74万人（内含妇女会员10万人以上）。⑤

（五）小结：中共早期在农会建设方面的经验

第一，广大共产党员深入基层乡村第一线，开展革命的宣传和教育，培育农民积极分子，组织农会，为农民谋利益、办实事。如沈定一在衙前村创办农村小学，免收学费接收农民子弟入学；之后，

---

① 《中国土地法大纲》（中国共产党全国土地会议1947年9月13日通过），参见中共中央党校党史研究室选编《中共党史参考资料》（六），人民出版社1979年版，第328—330页。

② 参见李永芳《近代中国农会研究》，社会科学文献出版社2008年版，第551页。

③ 同上书，第559—578页。

④ 参见《广东普遍召开农代会提高农民觉悟性政治性》，载《人民日报》1950年7月22日。

⑤ 参见《江西福建举行农民代表会议正式成立两省的农民协会》，载《人民日报》1950年7月22日。

沈定一和小学的教师们深入农民家庭，讲解抗租抗息，讲解工农运动大势，讲解大家团结起来、共同抗争的好处；此外，沈定一还身先士卒，四处演讲，号召农民拿回自己被剥夺的权利，希望大家团结组织起来；在衙前农民协会成立之后，始终以为广大普通农民群众谋利益为宗旨，将减租减息作为工作重心，赢得了农民群众的衷心拥护和支持。彭湃深入乡村，组建农民协会的时候，采取的也是先教育宣传后组织的办法。他四处演讲访谈，让农民了解自己被剥削压迫的状态，号召农民团结和组织起来进行减租抗租斗争，逐渐取得乡民信任。

第二，农民协会的组建完全以农民为主，共产党员在其中发挥组织和领导作用，农民协会的一切行动、规则都以维护贫苦农民的切身利益为重心。从培育农民积极分子，到发动组织协会，这种组织不是自上而下的，而是自下而上的。从村、乡农民协会，到县、省级的农民协会，这种整合是有民意基础的。[①] 如海丰农民协会，最先是在村级层面成立，然后是乡级成立，之后，随着革命形势的发展，又在县级层面成立海丰总农会，同时，由于相邻各县相继成立县农民协会，组织整合的层级也顺应提升。

第三，实事求是，深入调查研究，以维护广大农民群众的核心利益为突破点，从点到面，逐步展开工作，一步步获得民心，取得最广大民众的拥护和支持。对当时的农民而言，沉重的租税负担是其生活的最大威胁，也是其参加革命运动的最根本动力，共产党人在实践中认识到这一点，于是以领导和组织农民进行抗租减息工作为突破口，并取得了显著成果，赢得了广大农民的积极支持。各地农协都将抗租减息作为首要工作来推进，在此基础上，再开展生产消费合作、文化教育卫生、破除陋习、改良社会风气等其他方面的工

---

① 参见魏文享《国民党、农民与农会——近代中国农会组织研究》（1924—1949），中国社会科学出版社2009年版，第47页。

作，逐步赢得民众的支持和衷心拥护。

综上所述，在缺乏政权力量保护的情况之下，中共通过组建农民协会来动员基层农民参加革命活动，由此形成团体化的力量，使政党之发展与民众之真实需求结合起来，并在革命运动中获得了民众的支持，这对于政党和农民来说都具有不可忽视的重要意义。通过农民协会建设，中国共产党不仅发展了自己的组织力量，同时还扩大了中国共产党在国内的政治影响，从而比其他党派拥有了更好的群众基础和优势。通过农会建设，受到革命启蒙的农民认识到社会不平等的根源及自身解放的目标，追求生存权益的意识被激发出来并形成团体力量，敢于与地方豪绅、军阀政权进行武装对抗，从而与一般农民自发性的暴动形成鲜明差别。[1]

四　农会运动与农民政权建设

基于对乡村政权状况和农村阶级对立与分化等方面的深刻认识，中国共产党在早期的乡村建设中提出要加强农民武装建设和农民协会建设，其最终目标是要通过发动武装革命推翻地主豪绅的乡村政权建立农民自己的政权。农民政权建设思想是中共早期乡村建设思想的重要组成部分，明确地提出中共早期乡村建设的政治纲领、农民政权的组织形式、社会基础以及建设途径等。

（一）推翻封建宗法的乡村政权，建立新的农民政权，是中共早期乡村建设运动的政治纲领

20 世纪二三十年代的中国乡村，封建地主豪绅阶级，不仅把持着乡村政权，而且还是帝国主义和封建军阀在中国农村里的政治代

---

[1]　参见魏文享《国民党、农民与农会——近代中国农会组织研究》（1924—1949），中国社会科学出版社 2009 年版，第 46 页。

表。中国的军阀之所以能"吮吸全国的膏髓",外国帝国主义之所以能"阻碍中国政治经济的发展",他们两者的"根据地都是农村中的封建组织"①,土豪乡绅的封建宗法政权是他们的根基。

因此,在中国共产党领导的乡村建设运动中,要推翻帝国主义、封建军阀对于中国乡村的统治和剥削,打倒乡村中封建地主阶级的残余势力,阻止中国乡村经济衰败的局势,解除农民破产根源,最基本的就是破坏它的根基,铲除封建的宗法政权,而建立农民的政权。所以,中共早期乡村建设运动的政治纲领,就是夺取代表封建宗法的地主阶级利益的旧的乡村政权,建立农民自己的新的农民政权。

(二) 农民政权组织形式由农民协会最终发展为苏维埃政权

在中国共产党领导农民通过革命的手段推翻封建地主阶级在乡村中的政权,建立农民自己政权的过程中,在不同的革命阶段农民有不同的组织形式。

1. 在乡村建设运动初期,村或乡农民协会是农民组织的基础。中国共产党"组织农民于农民协会等类的组织(农民协会,农民委员会等,依各地的情形,群众的信仰而定)",且这种农民组织必须是"贫苦农民群众(破产贫困之自耕农、佃农、雇农、失业农民)之阶级斗争的组织,且是暴动的组织(决不能视为类似工会的经济的组织)"②。

2. 随着中国共产党领导的乡村建设运动的不断发展,农民协会

---

① 中国共产党第五次全国代表大会《关于土地问题议决案》(1927 年 5 月),参见中国社会科学院经济研究所中国现代经济史组编《第一、二次国内革命战争时期土地斗争史料选编》,人民出版社 1981 年版,第 95 页。

② 中共中央临时政治局扩大会议《关于中国现状与共产党的任务决议案》(节录)(1927 年 11 月),参见中国社会科学院经济研究所中国现代经济史组编《第一、二次国内革命战争时期土地斗争史料选编》,人民出版社 1981 年版,第 200 页。

已经成为以"穷苦农民为骨干的乡村的政治联盟";是"乡村中穷苦农民联合其他小资产阶级的革命的政治联盟——农会政权"①。由于农民政权是由"农民暴动中取得的",所以不是什么"乡村自治",而是"一切政权归农民协会",实行农民专政。农会是"实行土地革命的乡村政权机关"。在土地革命过程中,只有实行"农会专政"才能巩固革命的胜利。②

3. 农民代表会议(苏维埃)是中共早期乡村建设运动中农民组织的最高形式。当中国共产党领导的乡村建设运动进入高潮以后,农民政权的组织形式"自然要变成'农民代表会议(苏维埃)',即新政权的中心骨干"③。因为苏维埃政权,"是彻底的民权制度,是一切生产者直接管理政权的最好方式"④。在这种政权组织形式之下,"最容易完成从民权革命生长而成社会主义革命的转变,而且是保证中国之非资本主义发展的唯一方式"。⑤

值得注意的是,农民代表会议(苏维埃)的建立,必须具备两个方面的条件:第一,只能在"苏维埃制度的形式里建立起来";第二,只有当中国共产党领导的乡村建设运动进入高潮,并在某一个区域取得胜利的时候,"方才可以并且应当组织苏维埃,以为革命的政权机关"。"只要有这

---

① 《中央通告农字第九号——目前农民运动总策略》(1927年7月),参见中国社会科学院经济研究所中国现代经济史组编《第一、二次国内革命战争时期土地斗争史料选编》,人民出版社1981年版,第151页。

② 参见《中央致安徽函》(节录)(1927年8月),参见中国社会科学院经济研究所中国现代经济史组编《第一、二次国内革命战争时期土地斗争史料选编》,人民出版社1981年版,第168页。

③ 中共第六次全国代表大会《关于农民问题决议案》(1928年7月),参见中国社会科学院经济研究所中国现代经济史组编《第一、二次国内革命战争时期土地斗争史料选编》,人民出版社1981年版,第248页。

④ 《中国共产党中央委员会告全体同志书》(1928年7月),参见中央档案馆编《中共中央文件选集》(第四册),中共中央党校出版社1989年版,第696页。

⑤ 《中国共产党的政治任务与策略的议决案》(1927年8月),参见中央档案馆编《中共中央文件选集》(第三册),中共中央党校出版社1989年版,第337—338页。

种可能，便应当建立农民代表会议（苏维埃）。"① 因此，作为农民政权最高组织形式的苏维埃政权的建立，"既不能在胜利绝未巩固之时开始，因为这可以陷于忽略军事战斗而专事选举，倾向于小资产阶级的民权主义成见，因而减弱革命的独裁制以至党的领导权之危险"；也更不能"借口于军事尚未了结，基础尚未稳固，而延迟推宕，因为这便更加要增长暴动中的军事投机主义，这便将工农暴动完全变为军事行动，只去攻城夺地，只知道军事上的规划"。②

（三）建立广泛的统一战线是农民政权的社会基础

无论是农民政权的最初组织形式——农会，还是最高组织形式——农民代表大会（苏维埃），在其产生和发展的过程中，不但"要团结无地的农民"，而且"凡是不剥削别人的各级农民都要团结"，以此达到"建立一个革命的联盟"的农民政权的目的。③

1. 贫农是农民政权的领导者。在中国共产党领导的乡村建设运动中，要想提高农民在乡村社会中的地位，"非由贫农、佃农及雇农自己组织农民协会不可，只有农民自己组织的农民协会才能保障其阶级的利益"，所以"作农民运动的人，第一要紧的工作，是唤起贫农阶级组织农民协会"。④ "农民政权应当由贫农与中农掌握，但贫农应当是这个政权中的领导者"。⑤

2. 农民政权组织应该建立在广泛的统一战线基础之上。随着农

---

① 《中国现状与党的任务决议案》（1927 年 11 月），参见中国社会科学院经济研究所中国现代经济史组编《第一、二次国内革命战争时期土地斗争史料选编》，人民出版社 1981 年版，第 199 页。

② 同上。

③ 参见《中央通告农字第五号——农运策略》（1927 年 7 月），参见中央档案馆编《中共中央文件选集》（第三册），中共中央党校出版社 1989 年版，第 160 页。

④ 李大钊：《土地与农民》，参见陈翰笙、薛暮桥、冯和法合编《解放前的中国农村》（第一辑），中国展望出版社 1985 年版，第 101 页。

⑤ 《第五次大会前中央农委对政权问题之决议案》，参见中国社会科学院经济研究所中国现代经济史组编《第一、二次国内革命战争时期土地斗争史料选编》，人民出版社 1981 年版，第 133—134 页。

民协会组织的不断发展，应当不断扩大农民协会的力量，为此，"农民协会的基础，应当从无地农民转移到大多数的佃农自耕农"。① 中国共产党应"努力于农协的扩大与巩固，团聚成千百万的农民群众并领导其斗争，以准备新的革命高潮的到来"②。在农民协会组织中，除了贫农和雇农，还吸收了广大中农，对于富农要加入农民协会的问题，"原则上拒绝"，如果富农已经加入，且"现在还留在农协之内，必须坚决的加强雇农贫农在组织上的力量与富农争夺对中农的领导，以至肃清富农于农协之外"③。

农民政权建立后，一方面吸引更多的人参加到反抗土豪劣绅大地主封建势力的斗争中；另一方面代表农民以及其他受压迫民众特别是贫农的利益，给土豪劣绅大地主封建势力以坚决的镇压和沉重的打击。

（四）中国共产党在农民政权建设中的领导作用

在农民政权组织的建设过程中，共产党认识到"农民协会现时最危险的病象，便是本党在许多时机中，欠缺党的指导"，其主要表现在"农民协会组织的成份、农协机关的成份，都缺乏精确的考察"；"对于各阶级农民的趋向，也没有明晰的观查"；"对于农民电协会会员的人数、农民武装的数目，亦不能够详细知道"。同时，中国共产党"过去是没有能够相当的尽其领导责任的"④。这主要表现在面对成千上万人的农民斗争，"每每只有几个人在那里活动"；有

① 《中央通告农字第五号——农运策略》（1927 年 7 月），参见中央档案馆编《中共中央文件选集》（第三册），中共中央党校出版社 1989 年版，第 158 页。

② 中共第六次全国代表大会《关于农民运动决议案》（1928 年 7 月），参见中央档案馆编《中共中央文件选集》（第 4 册），中共中央党校出版社 1989 年版，第 360 页。

③ 《中央关于接受共产国际对于农民问题之指示的决议》（1929 年 9 月），参见陈翰笙、薛暮桥、冯和法合编：《解放前的中国农村》（第一辑），中国展望出版社 1985 年版，第 43 页。

④ 《中央通告农字第九号——目前农民运动总策略》，参见中国社会科学院经济研究所中国现代经济史组编《第一、二次国内革命战争时期土地斗争史料选编》，人民出版社 1981 年版，第 130、153 页。

的地方虽有党的组织，但"没有深入群众（都只在区协没有到了乡协）"，或者"虽有组织而起不了作用"，或者"忽视党的集体领导而习于个人的活动"。①

为此，在农民政权建设过程中，共产党应"使党的指导深入乡村群众"、"使党的支部能够深入到农协，并（缺二字）正成为群众争斗的核心"。② 当然，在共产党发挥核心和领导作用的同时，也要保证农民组织在"组织上的独立性"，纠正以前的"包办制度"，在农村的一切斗争中，经过农协组织去发动群众，并在斗争中促进农协的组织和发展。

（五）农民政权建立的路径是最"民众式"的阶级斗争

在农民运动过程中，乡村中的地主豪绅"依据自己的暴力机关（民团、团防、商团、军阀的军队，以及他们所勾结收买的土匪）"、"依据帝国主义的助力"对农民的政权组织建设进行镇压。为此，农民在夺取政权的斗争中只有用"最剧烈的阶级斗争"，才能够"消灭劳动民众敌人的经济政治上的权力"；只有用最"'民众式'的阶级斗争的方法"，才能真正"组织乡村中的农民代表会议政权，建立全国的苏维埃政府"。③ 在此过程中，中国共产党"必须领导农民用种种革命手段实行推翻封建地主阶级在乡村中权力"，否则"不能从根本上动摇乡村封建政治"，④ 农民政权也无法真正地建立起来。

---

① 《中央通告农字第九号——目前农民运动总策略》，参见中国社会科学院经济研究所中国现代经济史组《第一、二次国内革命战争时期土地斗争史料选编》，人民出版社1981年版，第153—154页。

② 同上书，第130、154页。

③ 《中国共产党土地问题党纲草案》（1927年11月），参见中央档案馆编《中共中央文件选集》（第三册），中共中央党校出版社1989年版，第488页。

④ 《第五次大会前中央农委对政权问题之决议案》（1927年4月），参见中国社会科学院经济研究所中国现代经济史组《第一、二次国内革命战争时期土地斗争史料选编》，人民出版社1981年版，第134页。

第四章

农民合作与乡村经济建设

加强农村经济建设是中共早期乡村建设思想的重要内容之一。在中国共产党领导的早期乡村建设运动中，一方面通过动员和领导广大农民参加土地革命、建立农民武装和农民协会、推翻地主阶级政权建立农民政权；另一方面积极组织农民互助合作，开展生产自救，加强农业生产和乡村经济建设，改善农民生活，同时也为革命运动和新生的苏维埃政权提供必要的经济支持。

一 乡村经济建设的历史背景

（一）中国农村经济的日趋崩溃和乡村日需品供给的匮乏

20 世纪二十年代以来，随着中国半殖民地半封建化程度的日益加深，帝国主义和封建军阀地主对农民的剥削程度进一步加剧，导致农业经济和乡村手工业的衰落，乡村日需品供给紧张。对此，中共三大《农民问题决议案》指出："自从各帝国主义者以武力强制输入外货以来，一般日用品的价格增高率远超过农产品价格增高率，从前的农民副业（如手工纺织品等）也全被摧残"；"军阀争夺地盘战争的连年不息，土匪遍于各地，再加以贪官污吏之横征暴敛（如预征钱粮额外需索等），地痞劣绅之鱼肉把持，以致农民生活愈加困难"。①

1. 帝国主义加剧对中国农村的经济掠夺

据资料统计：1921—1927 年，国外粮食输入呈逐年增长的趋势，到 1927 年进口粮食总额的值银达 13700 万两。1930 年，仅上海一处进口码头的进口粮食总额的值银达 7000 多万两。国外粮食的低价格倾销，导致了国内粮食产量的过剩，农产品价格的下跌，最终导致农民粮食产业的衰落和农民收入的下降。同时，原材料输出的价值总额和品种逐年增长，据资料统计，到 1928 年，原材料输出总额值银达 1000 万两以上的品种就有 20 余种之多。原材料的大量输出，一方面导致了中国原材料库存量的减少，另一方面因价格上涨导致原料生产的掠夺性扩张和中国乡村原材料加工业产业的衰落，最终导致了原料生产的绝对衰落与崩溃。这种原料生产的绝对衰落与崩溃与粮食生产的完全崩溃最终形成"中国农业经济的总崩溃，导致了乡村物质供给的匮乏"。工业品和生活日用品的倾销导致了中国乡村工厂和手工业的破产倒闭。在农村经济处于衰败的状态的情形之下，农民的家庭手工业亦是维持农民生计的一个很重要方式。因此，乡村手工工厂和手工业的倒闭在加剧农民贫困的同时，也加剧了农村日用工业品供给的紧张和匮乏。

2. 封建军阀地主豪绅对农民的剥削更加残酷

在 20 世纪二三十年代的中国乡村，首先第一个压迫农民的自然是地主"，其次是"国外资本家"、"军阀"以及"贪官和劣绅"。地租、田赋、苛捐杂税、高利贷，让农民"不但生活艰难而且不能在农村安居"；外国资本家的洋货潮水般地输入中国，在抢占中国市场的同时，导致乡村物价的上涨；而军阀的"巧立各种名目直接勒捐，加之预征钱粮"以及贪官劣绅的相互勾结"鱼肉农民"，使"农民生

---

① 中共第三次全国代表大会《农民问题决议案》（1922 年 6 月），参见中央档案馆编《中共中央文件选集》（第一册），中共中央党校出版社 1989 年版，第 151 页。

活因之更加困苦不堪"只得"弃农改业"。于是，中国的乡村到处充满了"没有田地耕种的农民和有田种而吃穿不够的农民"①，农村经济濒临破产边缘。

对于封建军阀地主豪绅对农民的剥削程度，正如许涤新所言"高额的地租吸尽了佃农和半自耕农的血液，而笨重的田赋，则吸干了自耕农、半自耕农及小地主的血液"②。可以说，"农村的落后状况和封建剥削关系的存在，帝国主义的利用这种关系来剥削中国农民"是造成"农村经济崩溃的客观基础"③。

(二) 农民生活异常窘困

20 世纪二三十年代，中国农民在饱受帝国主义和封建残余势力"人为的压迫"的同时，还要承受连年不断的天灾的"天然的压迫"，让已处于破产边缘的中国农业产业和农民生活雪上加霜。毛泽东指出：中国的农民问题，主要包括"帝国主义、军阀、地主阶级等人为的压迫问题，与水旱天灾、病害虫害、技术拙劣、生产减缩等天然的压迫问题"④ 两个方面。连年的天灾，造成了农村饥荒的大范围蔓延。一方面导致农民的大批被迫离开土地，耕地被大量弃荒，农业产业遭受沉重打击；另一方面是农民日益贫穷，为了生存，为了偿还地主的田租和赋税，只得借高利贷度日。

因此，自然灾害带来了中国"农业的恐慌"，而这种恐慌"更加加深了封建的剥削——佃租、高利贷、赋税、商业资本等吸尽了农民

---

① 《中国共产党告农民书》（1925 年 11 月），参见中央档案馆编《中共中央文件选集》（第一册），中共中央党校出版社 1989 年版，第 510—512 页。

② 许涤新：《农村破产中的农民生计问题》，参见陈翰笙、薛暮桥、冯和法合编《解放前的中国农村》（第一辑），中国展望出版社 1985 年版，第 471—472 页。

③ 毛泽民：《第三时期的中国经济》，参见陈翰笙、薛暮桥、冯和法合编《解放前的中国农村》（第一辑），中国展望出版社 1985 年版，第 230 页。

④ 毛泽东：《国民革命与农民运动》，参见《毛泽东文集》（第一卷），人民出版社 1993 年版，第 40 页。

的血汗和土地内的滋养料，破坏了生产"。①

（三）国民党残酷的经济封锁政策，严重威胁到根据地革命运动和群众的生产生活

随着第一次国内革命战争的失败，帝国主义和国民党反动政府开始了对中国共产党及其领导的根据地的军事"围剿"和经济封锁。帝国主义和国民党反动政府的经济封锁目的，"在于破坏红色区域，破坏正在前进的红色区域的经济建设工作，破坏已经得到解放的千百万工农民众的福利"②。为此，帝国主义和国民党反动政府对根据地"实行了一面封锁，一面掠夺的政策，封锁我们必要的物质，吸收我们有用的物质（如粮食），不断地对边地蚕食和在每次的'扫荡'时大肆摧毁——杀人，捉壮丁，烧房子，毁农具，抢耕畜，烧粮食，损毁青苗"；"实行了无穷尽的人力、物力的掠夺，人民的负担超过了全部收入的二倍到三倍，粮食、金钱没有了"③。

在此背景下，全中国卷入经济浩劫，数千万民众陷入饥寒交迫的困难地位。面对如此严峻的经济形势，共产党人另辟蹊径，在其领导的乡村建设运动中，一方面，带领农民开展土地斗争、政权斗争；另一方面，不顾一切困难，开展经济建设工作。尤其是在根据地经济建设过程中，中国共产党领导农民开展的轰轰烈烈的合作社运动，为粉碎国民党反动派的经济封锁和军事"围剿"、迅速恢复和发展苏区的工农业生产、支援革命战争与改善群众生活作出了巨大贡献。

---

① 毛泽民：《第三时期的中国经济》，参见陈翰笙、薛暮桥、冯和法合编《解放前的中国农村》（第一辑），中国展望出版社1985年版，第232页。

② 毛泽东：《我们的经济政策》，《毛泽东选集》（第一卷），人民出版社1991年版，第130页。

③ 邓小平：《太行区的经济建设》，参见陈翰笙、薛暮桥、冯和法合编《解放前的中国农村》（第一辑），中国展望出版社1985年版，第282页。

二 农民合作运动的典型实践及成就

(一) 中国共产党在苏区倡导和推行的农民合作运动

随着革命根据地的发展和扩大，尤其是中华苏维埃临时中央政府成立后，国民党加紧了对苏区的经济封锁和军事围剿。这些措施使苏区的经济受到极大破坏，"农民分得了土地，生产出来的稻谷、花生、大豆等农产品卖不出去，价格一跌再跌，而苏区的食盐、洋布、煤油、西药等工业品，十分奇缺，价格越来越高。这些严重地影响了群众的生产、生活和红军的给养"①。面对这些难题，中国共产党和苏维埃政府高度重视合作社的组织与发展，中央苏区的合作社运动迅速开展起来，不仅在生产过程中开展劳动互助，而且在流通领域兴办各种合作社，成立了农业生产合作社、手工业生产合作社、消费合作社、信用合作社等合作经济组织。

中国共产党和苏维埃政府十分重视在全苏区推广合作社运动，出台了一系列文件促进和规范合作社的发展。1931年"一苏"大会通过的《关于经济政策的决议案》中明确指出：为着整个苏维埃贸易与保障劳苦人民利益及改良劳动群众必需品的供给，苏维埃政府必须极力帮助合作社的组织与发展。苏维埃对于合作社应该予以财政的协助与税的豁免，并应将一部分没收的房屋、商店交给合作社使用。1932年4月，苏维埃临时中央政府颁布了《合作社暂行组织条例》（简称《条例》），并在其中宣布合作社为发展苏维埃经济的一个主要方式，苏维埃政府在各方面帮助合作社的发展。1932年9月，中央财政部又颁布了《合作社工作纲要》，在入社、股金、分红等方

---

① 王观澜：《中央苏区的土地斗争和经济情况》，参见陈毅、肖华等《回忆中央苏区》，江西人民出版社1981年版，第352页。

面给合作社以更详细的指导。此外，地方各级政府也积极响应苏区中央大力发展合作社的号召。1932 年 3 月，福建第一次工农兵代表大会通过的《关于经济财政问题决议》及 1932 年 5 月江西省第一次工农兵代表大会通过的《财政与经济问题的决议案》中都强调：应鼓动并帮助群众开办合作社；加强对其管理，整顿改造不合理的合作社。①

1. 以解决劳动力缺乏问题成立农业生产互助合作社

1928 年湘赣边界苏维埃政府为解决劳动力缺乏问题，"根据井冈山地区过去就有的农忙时换工的习惯，动员和组织群众实行劳力换工和耕牛互助，对军烈属的土地组织劳力实行包耕、代耕"②。此后，这样一种为红军军烈属服务的互助合作形式演化为耕田队、劳动互助社等互助合作组织，他们都是合作社性质的互助团体。这些互助合作组织继承了农民固有的换工互助习惯，并加以改造，是在农民个体经济基础上为调配劳动力进行生产所建立的有组织、有领导的生产组织形式，使能在最大限度内起调配劳动力、推动生产发展的作用。③

耕田队和劳动互助社最早始创于闽西上杭县才溪乡。1930 年春，该乡农民在本村范围内以四五户或七八户为单位自愿联合，实行劳动互助，最先创办了根据地内由农民自愿联合进行生产互助的第一个耕田队。1930 年 6 月毛泽东到才溪乡做工作调研时，充分肯定了"耕田队"的创举。根据毛泽东的提议，1931 年 7 月才溪乡成立了中央苏区第一个"劳动互助社"。具体办法是：社员之间互助，工钱对

---

① 参见许毅《中央革命根据地财政经济史长编》（下册），人民出版社 1982 年版，第 133 页。

② 参见许毅《中央革命根据地财政经济史长编》（上册），人民出版社 1982 年版，第 395 页。

③ 参见历史系实习调查队《第二次国内革命战争时期的才溪互助合作运动》，载《厦门大学学报》1959 年第 1 期，第 123—129 页。

除，找工找钱；对红军家属帮工以劳动力多少而定；帮助孤老只吃饭，不要工钱。这种合作社在劳动力很缺乏的时候是特别受群众欢迎的。此外，在江西省兴国县长冈乡，同样是大部分青壮男子外出参军支前，剩下的多数是妇女、老人和孩子。在当时妇女耕田队长李玉英带领下，该乡130多名妇女冲破"妇女学犁，要遭雷劈"的封建习俗，赤脚下田参加生产，涌现了一批妇女生产能手。长冈乡的四个村，每村有一个劳动互助社，凡有劳力的，十分之八都参加了。①

可以说，劳动互助社是传统经济中贫苦农民普遍实行的习惯性换工的一种转化，也是动员和组织妇女参加生产、解决劳力不足问题的主要途径。耕田队是调剂劳动力的另一个主要的办法，每队设一个队长，队长分小队，有三人或五人的不等。调剂劳动力的具体办法是某个互助社社员要帮助红军家属种田，而自己家里的田也要耕时，耕田队便派人帮他耕，或者代替他帮助红军家属耕，由他出工钱给耕田队。有些地区把耕田队合并到劳动互助社，两个组织统一在一起。② 1933年，苏维埃中央政府颁布了《劳动互助社组织纲要》后，苏区的劳动互助社很快发展起来。据《斗争》报和《红色中华》的不完全统计，截至1934年4月，仅在江西省兴国县就有劳动互助社1206个，社员达22118人；在闽西苏区已学会犁耙和莳田的妇女也有1600多人。

除了耕田队、劳动互助社，苏区中央政府还在群众中提倡耕牛互助，通过群众合股购买耕牛来组织犁牛合作社，以解决耕牛不足的困难，或称为"耕牛运动"③。第一个犁牛合作社创办于江西省瑞金

---

① 参见毛泽东《毛泽东农村调查文集》，人民出版社1982年版，第309页。

② 参见魏本权、曾耀荣《民间互助·合作运动·革命策略：中央苏区农业互助合作运动再研究》，载《赣南师范学院学报》2010年第2期，第34页。

③ 中国供销合作社编：《中国供销合作社史料选编》，中国财政经济出版社1990年版，第119页。

武阳区石水乡，起初称作犁牛站。犁牛合作社被认为是"当时根据地出现的一种较劳动互助社更高级的互助合作形式"①。1933 年 4 月 13 日，苏区中央政府土地部发布关于在全苏区组织犁牛合作社的训令后，苏区的犁牛合作社有较大发展。据统计，截至 1934 年 5 月，江西省兴国县的犁牛合作社有 72 个，社员 5252 人，长汀县有犁牛合作社 66 个。瑞金县叶坪乡的犁牛合作社还被誉为"模范犁牛合作社"②。

2. 以保障军需民用成立手工业生产合作社

为保障苏区军需民用，苏维埃政府帮助失业工人、独立劳动者、小手工业者和农民兴办了造纸、织布、炼铁、农具、铸锅、石灰、砖瓦、竹木器等手工业生产合作社。手工业生产合作社规模大小不一，涉及民众生产、生活的各个方面，促进了苏区手工业生产的恢复和发展。中央苏区在 1933 年 8 月之前有手工业生产合作社 76 个，社员 9276 人，股金 29351 元；到 1933 年 8 月在中央苏区南部 17 县经济建设会议之后出现发展高潮，1934 年 2 月发展到 176 个，社员 32761 人，股金 58552 元。

苏区的落后工业也因手工业生产合作社的发展而得到恢复发展，这对苏区缓解工业品奇缺，提供起码的军需民用工业品起到了积极作用。③

3. 以便利群众生活成立消费合作社

在中央苏区开展的合作社运动中，消费合作社成立最早，数量最多，参加的社员人数也最多，与老百姓的生产生活关系也最为密切。

① 许毅：《中央革命根据地财政经济史长编》（上册），人民出版社 1982 年版，第 407 页。

② 参见魏本权、曾耀荣《民间互助·合作运动·革命策略：中央苏区农业互助合作运动再研究》，载《赣南师范学院学报》2010 年第 2 期，第 34 页。

③ 参见熊吉陵、黄诚《论中央苏区时期的农村合作制经济建设》，载《江西社会科学》2006 年第 10 期，第 122—123 页。

早在 1928 年 10 月，在赣西南苏区，由东固区苏维埃政府拨款和群众集资成立了东固消费合作社。它是中央苏区成立最早的消费合作社，主要经营布匹、药材、食盐、烟叶和鞋袜等商品，工作人员既坐店经营，又"一双草鞋一副担"，自带干粮送货下村，以优惠价格向社员提供日用必需品；除经营日用品和生产资料外，还收购运销山货，受到群众的热烈欢迎。1929 年 10 月，该社扩大股金，成立东固消费合作总社，下设东固、南垄两个分社。东固区消费合作社的发展经验，从 1930 年起在赣西南苏区普遍推广。①

在闽西苏区，经过苏维埃政府的大力宣传，1929 年 11 月闽西最早的合作社——上杭县才溪乡消费合作社成立了。该社成立时只有 80 余人，民众股金 40 余元，同时借了一些公款，立即开始营业，其主要经营业务是以物换物，采办盐、布匹等日用品，深受群众欢迎②。1930 年 3 月，闽西第一次农工兵代表大会，又将发展合作社组织的问题列为《经济政策议案》的主要内容，并总结了才溪乡创办消费合作社的成功经验，要求各地普遍组织合作社。加入消费合作社的家庭上才溪占 60%、下才溪占 90%。合作社把收购来的农产品如土纸、烟草、米谷以及鸡鸭蛋运到白区，换回盐、布、药材等生活必需品，按成本价出售给群众。各消费合作社实行优待红属制度，红属买货比社员便宜 5%。上杭县才溪区消费合作社、瑞金县壬田区消费合作社等 5 个合作社，曾被毛泽东和中央苏区政府誉为中央苏区合作社的"模范"，多次受到表彰。

值得注意的是，由于当时各级政府缺乏管理经验，消费合作社发展中曾出现过一些问题，"消费合作社更是多数像公司性质或商人营业一样的图利，如贩牛、宰猪、挑运货物、圩场贩卖等，内部组织

---

① 参见魏本权、曾耀荣《民间互助·合作运动·革命策略：中央苏区农业互助合作运动再研究》，载《赣南师范学院学报》2010 年第 2 期，第 35 页。

② 参见崔寅瑜《一个模范的消费合作社》，载《红色中华》第 139 期，1934 年 1 月 1 日。

也无依照合作社条例办理，只有一个合作社的名义"。① 鉴于此，1930 年 9 月闽西第二次农工兵代表大会对原来的《合作社条例》做了补充和修正，如对闽西第一次农工兵代表大会通过的《合作社条例》中规定的"在业商人可以加入"改为"在业商人不准加入合作社"。同年，闽西苏区政府也发出《关于发展合作社流通商品问题的通告》，督促各级政府加强对合作社的重视，规范其管理。从此，闽西各地的合作社开始步入健康发展的轨道。江西苏区在合作运动开展过程中，同闽西一样也出现了一些问题，"有些富农、商人加入了合作社"，并"成为合作社的主要股东，把合作社的意义丧失，给了奸商、富农剥削的好机会"②。

总的来说，消费合作社被认为是"便利工农群众，贱价购买日常所用之必需品，以抵制投机商人之操纵"③ 的流通组织。表 4-1 是截至 1933 年 7 月江西省部分县消费合作社的发展情况④。

表 4-1　截至 1933 年 7 月江西省部分县消费合作社的发展情况表

县名	数目	股金	公款若干	社员集股	社员	批准登记的有若干
兴国	133 个	29000 元	不详	—	不详	—
胜利	不详	21626 元	4056 元	17570 元	不详	—
万泰	43 个	2950 元	1460 元	1490 元	不详	只 6 个
于都	27 个	10000 元	2000 元	8000 元	—	—
永丰	3 个	不详	不详	不详	—	—
公略	34 个	9495 元	2174 元	7321 元	—	—
博生	26 个	10174 元	—	—	—	—
乐安	6 个	1200 元	不详	不详	不详	—
宜黄	3 个	不详	不详	不详	—	—
广昌	1 个	不详	不详	不详	不详	—
赣县	35 个	3410 元	—	—	—	—

---

① 许毅：《中央革命根据地财政经济史长编》（下册），人民出版社 1982 年版，第 126 页。

② 中国社会科学院经济研究所中国现代经济史组编《革命根据地经济史料选编》（上册），江西人民出版社 1986 年版，第 78 页。

③ 《关于合作社暂行组织条例的决议》，载《红色中华》，1932 年 4 月 13 日。

④ 参见许毅《中央革命根据地财政经济史长编》（下册），人民出版社 1982 年版，第 157 页。

到了 1933 年 8 月，瑞金消费合作社社员达 14300 人，15500 元股金；兴国也有社员 14600 人①。闽西苏区消费合作社此时期也得到大力发展，到南北经济建设大会召开时，正式登记的消费合作社共有 28 个，股金 5422 元。② 而整个中央苏区，此时消费合作社已发展社数 417 个，社员 82940 人，股金 91760 元。③ 截至 1934 年 2 月，中央苏区有消费合作社 1140 个（普及到各区、乡），社员 295993 人，股金 322525 元。苏区临时中央政府和闽、赣两省及 17 个县建有消费合作总社。消费合作社营业情况也不断改善，如兴国县 1934 年头两个月消费合作社的营业额达 12.2 万元。④

4. 以平抑苏区粮价成立粮食合作社

粮食合作社的使命与消费合作社不同，主要目的是预储大量的粮食、调剂苏区粮食价格的过高或过低，提高农民的生产兴趣，增加生产量，同时反抗富农奸商的投机剥削和充裕红军以及政府机关的给养，改善劳苦工农群众的日常生活。⑤

1932 年 8 月 21 日，苏维埃政府颁布了《发展粮食合作社运动问题》的第 7 号训令和《粮食合作社简章》，规定除剥削分子外，其余一切贫苦群众均可入社；入社社员需交股金，每股一元（钱、粮均可），一家一股或数股；入社社员卖粮或买粮均需在社内进行。随后，8 月 23 日，时任中央财政部长的邓子恢发表《发展粮食合作社运动巩固苏区经济发展》一文，对成立粮食合作社的意义、任务作

---

① 参见江西省档案馆、江西省委党校党史教研室编：《中央革命根据地史料选编》（下册），江西人民出版社 1982 年版，第 605 页。

② 参见余伯流《中央苏区经济史》，江西人民出版社 1995 年版，第 274 页。

③ 参见吴亮平《目前苏维埃合作运动的状况和我们的任务》，载《斗争》第 56 期，1934 年 4 月 21 日。

④ 参见熊吉陵、黄诚《论中央苏区时期的农村合作制经济建设》，载《江西社会科学》2006 年第 10 期，第 123 页。

⑤ 参见魏本权、曾耀荣《民间互助·合作运动·革命策略：中央苏区农业互助合作运动再研究》，载《赣南师范学院学报》2010 年第 2 期，第 35 页。

用和怎样成立粮食合作社等问题作了详尽的阐述。他认为："粮食合作社在目前确是中农贫农阶级抵抗商人富农等商业资本剥削的经济组织，是土地革命战争的深入与继续，是巩固与发展苏区的经济动员，在革命发展前途上说，是准备将革命转变到社会主义革命道路的一个基础。"①

粮食合作社在收获季节以高于市场的价格向社员籴谷，青黄不接时又以略低于市场的价格粜给社员，多余部分则运往粮价高的地方销售，或组织输往白区。合作社每年结算一次，红利的 50% 作公积金，50% 按社员向合作社售粮多少分配，并可抽出 10% 奖励给工作人员②。

1933 年 3 月，苏维埃政府中央内务人民委员会颁发布告要求："粮食合作设社，各地都要进行"③；7 月，临时中央政府又发布了《关于倡导粮食合作社问题》的布告，号召各地组织粮食合作社。于是，各地随即掀起创办粮食合作社的热潮。

表 4 - 2 是 1933 年 6、7 月江西部分县粮食合作社发展情况表，从中可以管窥一二。此外，表中未提及的瑞金在此期间粮食合作社发展也较快，仅壬田一区就有"十二个粮食合作社"④。在闽西，据统计到 1933 年 8 月，全省有粮食合作社 189 个，股金 2982 元。从整个中央苏区看，仅仅一年的时间，"粮食合作社就达 475 个，社员 182 人，股金 94894 元"。⑤ 截至 1934 年 2 月，中央苏区办有粮食合

---

① 参见子恢《发展粮食合作社运动巩固苏区经济发展》，载《红色中华》，1932 年 8 月 23 日。

② 参见熊吉陵、黄诚《论中央苏区时期的农村合作制经济建设》，载《江西社会科学》2006 年第 10 期，第 123 页。

③ 参见《中央内务人民委员会布告》，载《红色中华》第 25 期，1933 年 3 月 8 日。

④ 参见亮平《战斗环境中的经济建设大会》，载《红色中华》第 102 期，1933 年 8 月 12 日。

⑤ 参见亮平《经济建设的初步总结》，载《红旗周报》第 62 期，1933 年 11 月 20 日。

作社 1071 个，社员 243904 人，股金 242097 元。[①]

表 4 – 2　　　1933 年 6、7 月江西部分县粮食合作社发展情况表[②]

县名	6、7 两月应发展数	现已建立数目	股金	社员	谷仓已建立
兴国	60	83	不知	不知	建立好
万泰	30	52	4550 元	7152 人	27
于都	50	17	不知	不知	20
乐安	20	8	1770 元	不知	20
永丰	40	24	不知	不知	未建立好
博生	60	36	不知	4478 人	647 个
总数	260	240	不详	不详	建立了

5. 以抵制高利贷盘剥成立信用合作社

信用合作社是苏区群众集股合办的金融合作组织，1929 年始创于闽西苏区，后在赣西南苏区也逐渐发展起来。1933 年 9 月 10 日，苏区临时中央政府颁布《信用合作社标准章程》，其中规定"本社以极低利息贷款借社员，但社员借款用途以发展生产临时周转或特别用途，经管理委员会认为必须者为限"。"本社应尽先贷款给社员……非社员借款应制定保障安全之规则以限制之。非社员借款利息应较社员略高，但不能超过借贷条例之规定以上"。[③] 苏区政府大力扶持信用合作社的发展，发挥信用合作社的作用，让信用合作社放手开展存款、放款、贴现、代理公债票发行还本等业务，使其成为苏区银行的有力助手。中央苏区各级信用合作社的发展为抵制高利贷剥削、活跃苏区金融、发展工农业生产以及改善群众生活发挥

[①]　熊吉陵、黄诚：《论中央苏区时期的农村合作制经济建设》，载《江西社会科学》，2006 年第 10 期，第 123 页。

[②]　亮平：《我们在经济战线上的火力，合作社运动是经济战线上主要之一环》，载江西《省委通讯》第 23 期，1933 年 8 月 14 日。

[③]　江西省档案馆、江西省委党校党史研究室编：《中央革命根据地史料选编》（下册），江西人民出版社 1982 年版，第 563 页。

了重要作用。

在苏区轰轰烈烈的合作社运动中，值得一提的是南北经济建设大会，它直接推动苏区合作社运动的高速发展。1933 年 8 月 12—15日、8 月 20—23 日在瑞金和宁都分别召开南部十七县经济建设大会、北部十一县经济建设大会，苏区政府号召各级政府重视经济建设工作，尤其要广泛的开展合作运动，并对发展合作社作了一系列决定：速成立江西、福建两省的省消费合作总社；整顿改组各级消费合作社；提出在中央苏区发展消费、粮食合作社社员各 50 万名，股金各 50 万的任务等。毛泽东在会上作了《粉碎敌人五次"围剿"与苏维埃建设任务》的报告，提出必须进一步发展合作社经济，号召发展合作社社员 100 万，股金 100 万。大会后不久，中央苏区掀起了合作运动的高潮，合作社发展迅速。[①] 根据《红色中华》刊载的《经济建设大会前后合作社发展比较表》（除农业生产合作社外）[②]，可以直观地看出经济建设大会以后的四个月后中央苏区合作社发展情况，详见表 4–3。

表 4–3　　　　　　　　经济建设大会前后合作社发展比较表

合作社类型	社数（个）		社员数（人）		股金（元）	
	前	后	前	后	前	后
消费	416	480	8294	—	91579	114120
粮食	457	852	10821	—	94894	162164
生产	76	91	9276	—	29351	39006
信用	—	1	—	53		
总计	949	1424	—	—	215300	315300

---

　　① 如瑞金县在大会一个月后，消费合作社和粮食合作社两类合作社社员增加了一万多人，差不多等于从革命以后到八月以前整个时期合作社的发展数目（参见中国社会科学院经济研究所中国现代经济史组编《革命根据地经济史料选编》（上册），江西人民出版社 1986 年版，第 154 页）。而整个中央苏区自经济建设大会后，八、九两个月共建立了各种合作社 1423个，股金共 35511 元，大会后一个月发展数赶上大会以前的数目（参见许毅《中央革命根据地财政经济史长编》（下册），人民出版社 1982 年版，第 448 页）。

　　② 参见《经济建设大会前后合作社发展比较表》，载《红色中华》第 133 期，1933 年 12 月 8 日。

1934 年 1 月第二次苏维埃代表大会召开，会议通过的《经济建设决议案》强调，要进一步扩大和发展生产合作社、粮食合作社、消费合作社等合作社组织。从表 4 – 4[①] 可以看出中央苏区的消费、粮食、生产（包括手工业）合作社发展确实"踏进了一大步"[②]。

表 4 – 4　　　　1933 年 8 月以前与 1934 年 2 月合作社发展比较表

合作社类型		1933 年 8 月以前	1934 年 2 月	增长（%）
消费	社数（个）	417	1140	173
	社员（人）	82940	295993	257
	股金（元）	91670	322525	251
粮食	社数（个）	457	1071	224
	社员（人）	102182	243904	138
	股金（元）	94894	242079	155
生产	社数（个）	76	176	131
	社员（人）	9276	32761	253
	股金（元）	29351	58552	99.4

随着合作运动推进，中央苏区合作社的空间分布密度明显增大，地域分布更趋合理。各类合作社发展迅猛，合作社的机构组织也渐趋完善。但是，遗憾的是中央红军开始长征后这些合作社也大都随之解体。

（二）中国共产党在边区推行的合作社运动

由于抗战前期国共合作，国民党对边区的经济封锁较小，外来的物资比较容易进入边区，且社员入社股金太少，群众参加的积极性不高，所以，抗战前期边区的合作社发展速度较慢。进入抗战相持

---

① 参见江西省档案馆、江西省委党校党史研究室编《中央革命根据地史料选编》（下册），江西人民出版社 1983 年版，第 621 页。

② 亮平：《目前苏维埃合作运动和我们的任务》，载《斗争》第 56 期，1934 年 4 月 21 日。

阶段，国民党与中共摩擦不断并停发了八路军军费，边区面临着日寇和国民党政府的双重经济封锁，经济生活陷入严重的困境。在这种情况下，毛泽东指出：合作社是"目前我们在经济上组织群众的最重要形式"。① 各边区政府重新认识到合作社是组织群众，发展经济的有利工具，为了扩大生产，争取抗战的胜利，于是在各个边区倡导发展合作社。

初期的合作社是由边区政府以及各种群众团体如妇救会、农救会、青救会等组织推动起来，政府代办包办的色彩较浓。从 1942 年开始，大部分边区合作社开始进行整顿，整顿的基本方针就是明确合作社的"民办公助"性质，强调合作社是社员集体互助的组织，应该尊重群众意愿，入社自愿，退社自由，合作社的具体形式由社员决定。整顿以后，合作社数量上有所减少，但各边区相继出现了一批如延安南区合作社、晋察冀边区张瑞合作社等模范合作社。

由于环境的不同，与苏区合作社建设时期相比，边区的合作社运动有自己的特点。首先，由于当时党的政策是建立抗日统一战线，因此，合作社是具有抗日民主统一战线性质的组织，社员资格就不像苏区那样排斥地主和富农，只要不是汉奸，都能入社；其次，社员入社股金不限，这样就有利于吸引商人的资金，从而扩大了合作社的生产和经营能力。最后，正如毛泽东指出的：我们的革命还处在新民主主义阶段，当前又执行着抗日民族统一战线政策，为了团结抗日，"所有农民、工人、地主、资本家都可以参加"。② "我们的经济是新民主主义的，我们的合作社目前还是建立在个体经济基础上（私有财产基础上）的集体劳动组织。"③

从边区合作社的形式来看，主要有以劳动互助为主的变工队（拨工、包工、劳武结合和滩地生产合作社四大类型）、消费合作社、

---

① 毛泽东：《毛泽东选集》（合订本），人民出版社 1964 年版，第 885 页。

② 同上。

③ 同上书，第 207 页。

手工业生产合作社、运输合作社、信用合作社、综合性合作社等，各个边区在具体形式上也有所不同①。

边区的合作社建设，缓解了国民党政府和日寇的经济封锁造成的困难，同时，在党的领导下，也对原有的民间互助性质的各类组织，进行了社会主义改造。

（三）解放区的合作社建设

抗战胜利后，解放区的土地政策经历了从减租减息到土地改革的变化，从 1945 年《关于反奸清算与土地问题的指示》（即《五四指示》）到 1947 年《中国土地法大纲》颁布，基本上明确了共产党在解放区的土地政策和方针。耕者有其田制度的实行，使广大的贫雇农得到了土地，激发了他们生产和支援前线的积极性。然而，战争和自然灾害的破坏，农民中的两极分化现象也逐步出现，同时，战争规模的不断扩大，兵员和后勤保障人员不断增加，农村劳动力短缺的现象也日益严重。

在此背景下，中国共产党在苏区和边区合作社建设已有经验的基础上，采用典型示范的方法，坚持自愿结合、等价交换的原则，积极引导农民参加合作社，使互助合作运动在解放区得到了巩固和发展。随着解放区面积的不断扩大，各种类型的合作社也得到了快速发展。

在解放区，合作社的主要形式仍然是以生产合作为主的劳动互助，把劳动互助和战争的后勤保障结合起来。1948 年 9 月，刘少奇提出了合作社新方针，批判了合作社单纯追逐营利的做法，强调合作社为群众服务的宗旨。随后，各解放区着手总结经验教训，纠正过去那种强迫摊派股金的做法，重点发展供销合作社，各地相继成立了供销合作总社。

---

① 参见刘秉龙《中国合作经济研究》，中央民族大学博士学位论文 2006 年，第 64 页。

经过解放战争时期的发展，"到中华人民共和国成立初期，全国共有合作社社员 2000 万人，77 个大中城市有 43 个市成立了市合作社总社，2114 个县有 815 个县成立了县联合社。其中东北 167 个县除 8 个县外、华北 336 个县除 19 个县以外，均成立了县联合社。全国合作社干部 12 万人，资金 5514 亿元（货币单位，陕甘宁、晋绥、晋察冀、晋冀鲁豫、山东解放区 1948 年以后为旧人民币；华东解放区 1949 年 6 月以后为旧人民币；东北解放区为各省发行的地方货币，1951 年以后统一为旧人民币），其中社员股金占 2396 亿元，国家补助金 3118 亿元"。①

综上所述，中国共产党领导广大农民在苏区、边区和解放区开展的农业互助合作运动，既是对中国传统社会广泛存在的民间互助合作行为的继承、改造和利用，又是对西方现代合作社理念的汲取，更是对马列主义合作理论的创新和发展。农业互助合作运动，是作为中国共产党革命动员和经济动员策略而在苏区和根据地发展起来的，轰轰烈烈的合作社建设，取得了伟大成就，不仅有效地动员群众投身农业生产和商品流通，充分调动了民众参与革命、支持革命的积极性，而且保障了当时苏区和根据地乡村经济的快速发展，初步推动了乡村现代化，为后来我国乡村经济建设的跨越式发展奠定了坚实基础。

三　农民合作与乡村经济建设

中国共产党认为，要解决农村破产农民贫困的问题，除了要在政治上彻底推翻帝国主义和封建官僚地主阶级的统治，还要从经济上入手，解决农民生活困顿的问题。其方法主要有两种，一个是从"经济上打击地主"包括"不准加租加押"、"不准退佃"、"减息"

---

① 郭铁民、林善浪：《中国合作经济发展史》，当代经济出版社 1998 年版，第 691 页。

和"废苛捐"①。这是一种被动式的措施和办法，也是大革命时期中共乡村建设实践最为常见的一种方式。另一个是发展生产，开展合作运动，"开展经济战线上的运动"②。其核心内容是"发展农业生产，发展工业生产，发展对外贸易和发展合作社"③。这是一种主动的、积极的措施和办法。

在经济建设过程中，共产党人不断探索和实践，并提出了"四大发展"——"发展农业生产、发展工业生产、发展对外贸易和发展合作社"的经济建设思想和政策④，其中，农民合作是共产党领导的经济建设的核心抓手。"四大发展"作为中国共产党早期乡村经济建设思想的重要内容，明确了在乡村建设运动中开展经济建设的必要性以及经济建设的任务、原则、方法及其主要内容。

（一）开展乡村经济建设为革命战争提供经济保障

随着国内政治经济革命形势的不断变化，中国共产党提出，在乡村建设运动中应组织和动员广大的农民群众"立即开展经济战线上的运动，进行各项必要和可能的经济建设事业"⑤。过去有些乡村建设运动的组织者和领导者，对开展经济建设的重要性缺乏足够的重视，"许多人不明了经济建设工作在革命战争中的重要性，还有许多地方政府没有着重讨论经济建设的问题"，认为"革命战争已经忙不了，哪里还有闲工夫去做经济建设工作，因此见到谁谈经济建设，就要骂谁为'右倾'"；认为在革命战争环境中，没有进行经济建设

---

① 毛泽东：《湖南农民运动考察报告》，《毛泽东选集》（第一卷），人民出版社1991年版，第26、39页。

② 毛泽东：《必须注意经济工作》，《毛泽东选集》（第一卷），人民出版社1991年版，第119页。

③ 毛泽东：《我们的经济政策》，《毛泽东选集》（第一卷），人民出版社1991年版，第130—131页。

④ 同上。

⑤ 毛泽东：《必须注意经济工作》，《毛泽东选集》（第一卷），人民出版社1991年版，第119页。

的可能，经济建设"要等战争最后胜利了，有了和平的安静的环境，才能进行经济建设"。于是，一些地方经济建设部门，组织不健全，人员配备不齐，且工作能力差；合作社的发展也是只处于开始阶段，"还没有把经济建设这个任务宣传到广大群众中去（这是十分紧要的），还没有在群众中造成为着经济建设而斗争的热烈的空气"。①

中国共产党认为，导致这些情形出现的原因都是由于忽视经济建设的重要性。"他们不了解如果不进行经济建设，革命战争的物质条件就不能有保障，人民在长期的战争中就会感觉疲惫"；而为了革命战争的胜利，就需要"进行经济方面的建设工作。这是每个革命工作人员必须认识清楚的"②。

1. 为实现乡村建设的目标需要开展经济建设

在中国共产党领导的乡村建设运动中要开展经济建设，其原因在于：第一，为了改善人民群众的生活，以此更进一步地激发和调动了广大农民群众参与乡村建设运动的热情和积极性；第二，为了中国共产党领导的乡村建设运动得到"新的群众力量"，需要通过开展经济建设运动，把农民组织起来，并教育他们主动参加到中国共产党领导的乡村建设运动中去；第三，为了巩固在乡村建设中的农民联盟和农民政权，需要开展经济建设，以增强农民的团结力和凝聚力。③

2. 为打破国民党反动派的经济封锁，需要开展经济建设

第一次国内革命战争失败后，国民党反动派进一步加大了对中国共产党领导的革命根据地的经济封锁和军事"围剿"，加上奸商的投机行为，使根据地的金融和商业受到严重的破坏，尤其是对外贸易受到极大的妨碍，农民群众的生活受到严重的影响。因此，中国共

---

① 毛泽东：《必须注意经济工作》，《毛泽东选集》（第一卷），人民出版社1991年版，第120—121页。

② 同上书，第119—121页。

③ 同上书，第119页。

产党认为：要打破国民党反动派对根据地的经济封锁，只有"开展经济战线方面的工作，发展红色区域的经济，才能使革命战争得到相当的物质基础，才能顺利地开展我们军事上的进攻，给敌人的'围剿'以有力的打击；才能使我们有力量去扩大红军"，也才能"使我们的广大群众都得到生活上的相当的满足，而更加高兴地去当红军，去做各项革命工作"。否则，如果不发展经济，不开展经济建设，就会"立即影响到工农的生活，使工农生活不能改良"；如果农民群众的生活不能得到改良，就会"影响到工农联盟这一基本路线"，因此那种认为"革命战争的环境不应该进行经济建设的意见，是极端错误的"。①

（二）乡村经济建设的中心任务是解决人民群众的衣食住行等问题

中国共产党领导的乡村经济建设的中心任务是要通过领导农民的土地斗争，来提高农民的劳动热情，增加农业生产，建立合作社，发展对外贸易，以"解决群众的穿衣问题，吃饭问题，住房问题，柴米油盐问题"等②。其中"发展生产是经济建设的基础"，也是打破国民党反动派的经济封锁，建设自给自足乡村经济的基础；而发展农业和手工业，则是生产的重心。只有农业生产"才能给手工业以原料，使手工业发展有了基础；而手工业的发展，正可以推动农业的生产，正可以抵制敌货的大量倾销，实现自给自足的经济"③。

因此，在中国共产党领导的乡村建设运动中，要通过改良农村组

---

① 毛泽东：《必须注意经济工作》，《毛泽东选集》（第一卷），人民出版社1991年版，第120页。

② 毛泽东：《关心群众生活，注意工作方法》，《毛泽东选集》（第一卷），人民出版社1991年版，第136—137页。

③ 邓小平：《太行区的经济建设》，参见陈翰笙、薛暮桥、冯和法合编《解放前的中国农村》（第一辑），中国展望出版社1985年版，第283页。

织，改善农村生活条件等方式，来"造成一种热烈的经济建设的空气。要大家懂得经济建设在革命战争中的重要性"。[①] 因为"满足了群众的需要，我们就真正成了群众生活的组织者，群众就会真正围绕在我们的周围，热烈地拥护我们"。[②]

（三）乡村经济建设的主要内容是"四大发展"

1934 年 1 月 22 日第二次全国工农兵代表大会展开，毛泽东作了《我们的经济政策》报告，他指出："我们的经济建设的中心是发展农业生产，发展工业生产，发展对外贸易和发展合作社。"[③] "四大发展"是对中共早期乡村经济建设思想的高度凝练，也是中共早期乡村建设中实施经济建设的主要内容。

1. 发展农业生产——"农业生产是我们经济建设工作的第一位"

20 世纪二三十年代，受帝国主义的侵略，封建势力的剥削和压迫，加上军阀混战和水旱天灾的影响，中国农业生产遭受重创，农业经济处于破产状态，农民生活极度贫乏和困顿。尤其是进入土地革命战争时期，随着国民党反动派的经济封锁，根据地经济更加困难，"不但需要解决最重要的粮食问题，而且需要解决衣服、砂糖、纸张等项日常用品的原料即棉、麻、蔗、竹等的供给问题"。[④] 在共产党领导的乡村建设运动中，"农业生产是我们经济建设工作的第一位"[⑤]。

首先，依靠科学开展农业生产经营。"应规定一种系统的辅助农民的政策，使农业生产完全科学化"[⑥]，如研究良好的方法，培育优

---

① 毛泽东：《必须注意经济工作》，《毛泽东选集》（第一卷），人民出版社 1991 年版，第 121 页。

② 毛泽东：《关心群众生活，注意工作方法》，《毛泽东选集》（第一卷），人民出版社 1991 年版，第 136—137 页。

③ 毛泽东：《我们的经济政策》，《毛泽东选集》（第一卷），人民出版社 1991 年版，第 130—131 页。

④ 同上书，第 131 页。

⑤ 同上。

⑥ 萧楚女：《中国的农民问题》，参见中国社会科学院经济研究所中国现代经济史组编《第一、二次国内革命战争时期土地斗争史料选编》，人民出版社 1981 年版，第 17、24 页。

良品种，以推广与农民；并在驱逐害虫、保育牲畜、供给和修理农业器械上为农民提供良好的服务。

其次，充分调动农民群众开展农业生产的积极性。农业是一个贯穿于全年而又富于季节性的产业，要"发动人民的生产热情，反对懒汉，组织劳动力实行调剂，改良种子，解决牲畜农具的需要"①；要"组织农民训练所，训练新的农业技术，提高农民的文化程度；设立农业局，调查土地的性质与农业状况，发售新的种子，办理农业的救济事业，如水旱风虫等天灾"②；有组织地调剂劳动力和推动妇女参加生产等。

在此，要组织农民开展生产互助合作发展农业生产。发展农业生产面临许多困难和问题，如劳动力问题、耕牛问题、肥料问题、种子问题以及水利问题等，要解决这些问题必须要充分组织农民开展互助合作，成立劳动互助社、耕田队以及犁牛合作社等，这是解决农业生产问题的必要方法。

最后，发展农业生产必须搞好农业基础设施的建设。"水利是农业的命脉"③，发展农业生产"应设法去扩大灌溉源流，整顿水利"④，以及发动植树、修渠、打井、造水车等农业基础设施方面的建设。在疏浚河道时要努力设法实行防止水旱的工程，建堤导河填筑淤地筑造牧场，等等。"整顿水利改良灌溉方法之工程，由农民代表会议执行，并泉溪沼等完全归农民使用，农民经过农民代表会议

---

① 邓小平：《太行区的经济建设》，参见陈翰笙、薛暮桥、冯和法合编《解放前的中国农村》（第一辑），中国展望出版社1985年版，第283页。

② 星月：《中国土地问题与土地革命》，参见中国社会科学院经济研究所中国现代经济史组编《第一、二次国内革命战争时期土地斗争史料选编》，人民出版社1981年版，第218页。

③ 毛泽东：《我们的经济政策》，《毛泽东选集》（第一卷），人民出版社1991年版，第132页。

④ 星月：《中国土地问题与土地革命》，参见中国社会科学院经济研究所中国现代经济史组编《第一、二次国内革命战争时期土地斗争史料选编》，人民出版社1981年版，第217—218页。

而行使这种权利。"①

2. 发展工业生产——"有计划地恢复和发展手工业和某些工业"

随着国民党政府对苏区根据地经济的封锁加进一步加剧,根据地广大农民群众工业产品以及日货日用品日趋匮乏。"因为敌人的封锁,使得我们的货物出口发生困难。红色区域的许多手工业生产是衰落了,烟、纸等项是其最著者。"为此,要"有计划地恢复和发展手工业和某些工业"②。

首先,发展工业的目的首先是自给,通过发展工业,来改善苏区的人民的生活,发展边区贸易,满足人民群众日常生产、生活上的基本需求。

其次,在根据地发展工业生产已有了一定的基础。从1930年开始,尤其是从1933年上半年起,由于苏区生产合作社的发展,许多手工业和个别的工业开始恢复。不仅有烟、纸、钨砂、樟脑、农具和肥料(石灰等)等重要的工业产品,"在闽浙赣边区方面,有些当地从来就缺乏的工业,例如造纸、织布、制糖等,现在居然发展起来,并且收得了成效"③。因为广大群众的需要,这些工业产品在苏区有广泛的市场。

最后,在发展工业生产的策略上,一是要"发展制造农具的工业,使农民得到廉价的新式的农具",在这一过程中,"提倡有实力的家庭手工业,由政府租与新式的劳动工具与原料,废除包工制"④。二是发展工业生产要计划。"在散漫的手工业基础上,全部的精密计划当然不可能。但是关于某些主要的事业,尤其是国家经营和合作

---

① 《关于土地问题党纲草案的决议》(1927年11月),参见中央档案馆编《中共中央文件选集》(第三册),中共中央党校出版社1989年版,第502页。

② 毛泽东:《我们的经济政策》,《毛泽东选集》(第一卷),人民出版社1991年版,第132页。

③ 同上。

④ 星月:《中国土地问题与土地革命》,参见中国社会科学院经济研究所中国现代经济史组编《第一、二次国内革命战争时期土地斗争史料选编》,人民出版社1981年版,第218页。

社经营的事业，相当精密的生产计划，却是完全必需的。"①

3. 发展对外贸易 ——"有计划地组织人民的对外贸易"

对外贸易作为发展经济建设的一个手段，在中国共产党领导的乡村建设运动中，要"有计划地组织人民的对外贸易，并且由国家直接经营若干项必要的商品流通"②。通过自由规范的贸易活动，促进苏区急需日用品的输入、剩余农产品和矿产的输出，从而搞活苏区经济，繁荣边区贸易。

首先，在中国共产党领导的乡村建设运动中，开展经济建设的目的"不但要发展生产，并且要使生产品出口卖得适当的价钱，又从白区用低价买得盐布进来，分配给人民群众"，只有这样才能"打破敌人的封锁，抵制商人的剥削"，才能使"人民经济一天一天发展起来，大大改良群众生活，大大增加我们的财政收入，把革命战争和经济建设的物质基础确切地建立起来"③。因此，对外贸易不能采取政府管制的办法，而要采用经济管理的办法；对内交易，不能垄断，而应采取贸易自由的办法；对于商人的投机行为，应该利用公营商店及合作社的力量加以压抑。

其次，在发展贸易中要注意购销的顺畅。一方面，使根据地主要的农产品，如粮食在红色区域内"由有余的地方流通到不足的地方"；另一方面，又要把根据地多余的农产品，"有计划地（不是无限制地）运输出口，不受奸商的中间剥削，从白区购买必需品进来"。④

最后，在发展对外贸易中要确保农民基本的生活需求。第一是

① 毛泽东：《我们的经济政策》，《毛泽东选集》（第一卷），人民出版社1991年版，第132—133页。

② 同上书，第133页。

③ 毛泽东：《必须注意经济工作》，《毛泽东选集》（第一卷），人民出版社1991年版，第122页。

④ 同上书，第121页。

粮食贸易。"从出入口贸易的数量来看，我们第一个大宗出口是粮食。每年大约有三百万担谷子出口，三百万群众中每人平均输出一担谷交换必需品进来。"第二是农民群众日常生活中的盐和布匹。根据地"每年要吃差不多九百万块钱的盐，要穿差不多六百万块钱的布"，而担任这些交易的是商人，在这些参与交易的商人中，"商人在这中间的剥削真是大得很"。① 商人的投机行为，不仅破坏了根据地正常的贸易秩序，而且加剧了对农民群众的剥削。所以，"我们再不能不管了，以后是一定要管起来。我们的对外贸易局在这方面要尽很大的努力"②。一方面"利用公营商店及合作社的力量加以压抑"；另一方面要"禁止贩售肥料的私人垄断……贩'买'料归农民的合作社办理"③。

4. 发展合作社运动——更好地服务于农民的生产生活

中国共产党领导的乡村建设主要任务之一是改善贫苦农民的生活状况。在这一过程中，研究改良贫雇农生活的方法，"组织并赞助农民之合作社运动"④；"建立国家农业银行及农民的消费、生产、信用合作社"⑤ 等成为国民革命中的"农民政纲"之一。利用合作社为强有力的经济武器，以反抗奸商重利盘剥者的压迫，来帮助广大的农民群众恢复和组织生产，提供必要的生产和生活贷款，销售农产品及农民之家庭手艺产品，帮助农民购买日常的必需品及家庭手艺的原料等。合作社经济作为一种经济发展的形式和国营经济配合起来，"将成为经济方面的巨大力量，将对私人经济逐渐占优势并取得领导

---

① 毛泽东：《必须注意经济工作》，《毛泽东选集》（第一卷），人民出版社 1991 年版，第 121—122 页。

② 同上书，第 122 页。

③ 《中国共产党土地问题党纲草案》（1927 年 11 月），参见中央档案馆编《中共中央文件选集》（第三册），中共中央党校出版社 1989 年版，第 502 页。

④ 同上。

⑤ 中国共产党第五次全国代表大会《关于土地问题议决案》，参见中央档案馆编《中共中央文件选集》（第三册），中共中央党校出版社 1989 年版，第 71 页。

的地位"。因此，在中国共产党领导的乡村建设运动中，要尽可能地发展国营经济和"大规模地发展合作社经济"，并"与奖励私人经济发展，同时并进"。①

在中国共产党领导的乡村建设中，开展农民合作社运动，是改良农民生活的工具。因此，在开办合作社时，"不必一定照着'西洋学院'的组织而要实现其主要的意义，帮助贫农脱离重利盘剥及奸商之垄断居奇等种剥削"。② 同时，合作社应用全力以帮助农协的发展，使合作社"成为一种组织各地农民的形式，乡村有许多手工业者，他们本身的利益自觉农协尚不能把他代表出来，但利用合作社（生产合作社）则可以引导之参加农协"③。因此，在各地在开展合作社运动时可以就原有的组织或农民自己的习惯加以改良，没有必要完全相同。同时，各地在开展合作社运动时，"必须造成协作社的人才，研究各地农民自己的经济，从速创办协作社以补助农民的经济斗争"④。在开展合作社运动的过程中，各地"在组织大规模的合作社之前，应向农民宣传合作社的意义与其重要，同时并须提高农村文化的宣传，所以合作社起首（即最先）组织的地方，必须在那强有力的农协组织的地方，因该地之群众有合作社之要求。换句话说，合作社是跟着农协的发展而发展，同时必须接受农协之领导"⑤。

开展合作社运动要因时因地制宜。在有农产品输出的乡区（棉花丝茶等），可以组织交易合作社。在乡村所有的修地筑堤的旧式社

---

① 毛泽东：《我们的经济政策》，《毛泽东选集》（第一卷），人民出版社 1991 年版，第133—134 页。

② 《中央通告农字第八号——农运策略的说明》（1927 年 6 月），参见中央档案馆编《中共中央文件选集》（第三册），中共中央党校出版社 1989 年版，第 191 页。

③ 《第五次大会前中央农委关于协作社之决议草案》（1927 年 4 月），参见中央档案馆编《中共中央文件选集》（第三册），中共中央党校出版社 1989 年版，第 192 页。

④ 《中央通告农字第八号——农运策略的说明》（1927 年 6 月），参见中央档案馆编《中共中央文件选集》（第三册），中共中央党校出版社 1989 年版，第 191 页。

⑤ 《第五次大会前中央农委关于协作社之决议草案》（1927 年 4 月），参见中央档案馆编《中共中央文件选集》（第三册），中共中央党校出版社 1989 年版，第 192 页。

会，农协应当使之根据合作社的意义改良。在乡村手工业区，应当组织为他们购买原料，分卖出产品的合作社。① 同时，要十分注意参与合作社的社员和领导者的构成成分。"在阶级地位上我们收集合作社的会员应采取与农协收集会员的相同标准，如此才能抵制和操纵合作社乡村的资产阶级及压迫者之影响。……合作社必须成为引导中农，贫农加入农协之一工具。"② 合作社社员虽应采用农协收集会员的标准，但并非只有农协会员方可入合作社。

（四）乡村经济建设要有正确的领导方式和工作方法

发展生产"不能是一个空洞的口号，而需要正确的政策和精心的组织工作"③。因此，"没有正确的政策就谈不上经济建设"④。在开展经济建设工作时，领导方式和工作方法也是一个重要的问题，"没有正确的领导方式和工作方法，要迅速地开展经济战线上的运动，是不可能的"⑤。因此，在开展经济建设的过程中，"不但要立即动手去做许多工作，并且要指导许多工作人员一道去做。尤其是乡和市这一级的同志，以及合作社等机关里的同志，他们是亲手动员群众组织合作社、调剂和运输粮食、管理出入口贸易的实际工作人员，如果他们的领导方式不对，不能采取各种正确的有效的工作方法，那就会立刻影响到工作的成效，使我们各项工作不能得到广大群众的拥护"。⑥

第一要从组织上动员群众。各级组织者和领导者要带头开展经济

---

① 《第五次大会前中央农委关于协作社之决议草案》（1927 年 4 月），参见中央档案馆编《中共中央文件选集》（第三册），中共中央党校出版社 1989 年版，第 193 页。

② 同上书，第 192—193 页。

③ 邓小平：《太行区的经济建设》，参见陈翰笙、薛暮桥、冯和法合编《解放前的中国农村》（第一辑），中国展望出版社 1985 年版，第 283 页。

④ 同上书，第 285 页。

⑤ 毛泽东：《必须注意经济工作》，《毛泽东选集》（第一卷），人民出版社 1991 年版，第 123 页。

⑥ 同上书，第 123—124 页。

建设，要把发行公债，发展合作社、调剂粮食、发展生产以及发展贸易等工作经常地放在议事日程上面去讨论、去督促、去检查。要推动群众团体，主要的是工会和贫农团。贫农团是动员群众发展合作社的有力基础，要用大力去领导它；要使工会动员它的会员群众都加入经济战线上来。要加大做经济建设的宣传力度。要在不同的地方召开农民群众大会，去做经济建设的宣传。

第二开展经济建设时要注意工作方式。经济建设工作来不得官僚主义。这种官僚主义主要表现两种形式，一种是"不理不睬或敷衍塞责的怠工现象"，另一种是"命令主义"，"命令主义地发展合作社，是不能成功的；暂时在形式上发展了，也是不能巩固的"①。因此，在开展经济建设过程中，一定不能要命令主义，而要努力宣传，说服群众，按照具体的环境、具体地表现出来的群众情绪，去发展合作社，去做一切经济动员的工作。

---

① 毛泽东：《必须注意经济工作》，《毛泽东选集》（第一卷），人民出版社1991年版，第124—125页。

第五章

乡村文化教育与乡村社会建设

土地革命时期，中国共产党在中央苏区取得局部执政地位后，就开始着力巩固苏维埃政权建设，进行各项必要和可能的经济建设，创造新的工农苏维埃文化，探索性地开展以乡村文化教育为核心的社会建设，既赢得了广大群众的信任，又满足了革命战争的需要，有效地促进革命运动和乡村建设事业的发展。

一 乡村文化教育的目标任务及实施途径

（一）20 世纪二三十年代中国文化性质的判断

一定的文化是一定社会的政治和经济在观念形态上的反映，对于中国文化性质的科学判断和认识直接影响到乡村文化教育的开展和乡村社会建设。中国共产党认为 20 世纪二三十年代中国文化性质是一个"半殖民地、半封建的文化"[①]。自周秦以来，"中国是一个封建社会，其政治是封建的政治，其经济是封建的经济。而为这种政治和经济之反映的占统治地位的文化，则是封建的文化"。进入到 20 世纪初期，中国社会已逐渐地变成了一个半殖民地半封建社会，在

---

① 毛泽东：《新民主主义论》，《毛泽东选集》（第二卷），人民出版社 1991 年版，第665 页。

这种"现时中国的国情"下，为这种政治和经济之反映的占统治地位的文化，则是"半殖民地、半封建的文化"①。表现在：一方面"有帝国主义的文化，这是反映帝国主义在政治上经济上统治或半统治中国的东西。……一切包含奴化思想的文化，都属于这一类"；另一方面"又有半封建文化，这是反映半封建政治和半封建经济的东西，凡属主张尊孔读经、提倡旧礼教旧思想、反对新文化新思想的人们，都是这类文化的代表"。②

（二）农村教育的不平等与乡村文化的缺失

20世纪二三十年代的中国，农村教育存在着明显的不平等现象，有90%未受文化教育的人民，而在这90%未受文化教育的群体中，大多数是农民，占农民人口绝大多数的贫困农民普遍缺乏教育是这一时期中国乡村文化现状的最典型的特征。

这一时期导致大多数农民缺乏教育的原因是多方面的，但最主要的两个方面。一方面，是中国的乡村由于封建地主阶级对农民文化资源的剥夺，导致了农民受文化教育机会的缺失。在中国的乡村"地主的文化是由农民造成的，因为造成地主文化的东西，不是别的，正是从农民身上掠取的血汗"③；另一方面，是中国"农村的教育机关，不完不备，虽有成立一二初等小学的地方，也不过刚有一个形式。小学教师的知识，不晓得去现代延迟到几世纪呢！至于那阅书报的机关，更是绝无仅有"；即使是"村落中也有比较开明一点，大家立个青苗会，在庙堂中觅个会所，也不过听那些会头们、绅董们一手处理，有了费用，就向老百姓们要；用去以后，全没什

---

① 毛泽东：《新民主主义论》，《毛泽东选集》（第二卷），人民出版社1991年版，第664—665页。

② 同上书，第694—695页。

③ 毛泽东：《湖南农民运动考察报告》，《毛泽东选集》（第一卷），人民出版社1991年版，第39页。

么报销"。①

中国农村文化的缺失导致了农民的愚昧与无知。中国农民大多数是"愚暗的人，不知道谋自卫的方法，结互助的团体"，导致了"他们一天到晚，只是到田园里去，象牛马一般作他们的工；就是在吹风落雨、灯前月下的时候，有点闲暇，也没有他们开展知识修养精神的机会"。②

针对农村教育的不平等与乡村文化的缺失状况，1922 年 7 月中共二大会通过的中国共产党的最高纲领和最低纲领中就明确指出"改良教育制度，实行教育普及"。在 1931 年，苏维埃革命根据地中央工农民主政府成立时进一步明确提出："一切工农劳苦群众及其子弟，有享受国家免费教育之权，教育事业之权归苏维埃掌管"，"取消一切麻醉人民的封建的、宗教的和国民党的三民主义的教育"；提出"实行平民教育，发展识字运动"的教育方针以及"提高文化，普及教育，劳动儿童免费入学，推翻旧礼教，创造好风俗"的教育主张。③

（三）乡村文化教育的性质——开展新文化运动

五四运动以前，中国的文化"是旧民主主义性质的文化，属于世界资产阶级的资本主义的文化革命的一部分"。五四运动以后，中国文化性质就发生了变化，"中国的文化却是新民主主义性质的文化，属于世界无产阶级的社会主义的文化革命的一部分"。早在中国共产党建党之初，中共早期领导人就非常重视文化教育问题，主张

---

① 李大钊：《青年与农村》，参见陈翰笙、薛暮桥、冯和法合编《解放前的中国农村》（第一辑），中国展望出版社 1985 年版，第 93—94 页。

② 同上。

③ 《左右江革命根据地的建立和发展》，参见中共党史资料征集委员会征集研究室编：《中共党史资料专题研究集——第二次国内革命战争时期》（二），中共党史资料出版社 1988 年版，第 133 页。

开展"新文化运动",并以此作为解决中国农村问题的一个重要任务。所谓"新文化运动,是觉得旧的文化还有不足的地方,更加上新的科学、宗教、道德、文学、美术、音乐等运动"①,毛泽东认为,要建立中华民族的新文化,就要革除"那为这种旧政治、旧经济服务的旧文化"②。同时指出,"我们要革除的那种中华民族旧文化中的反动成分,它是不能离开中华民族的旧政治和旧经济的;而我们要建立的这种中华民族的新文化,它也不能离开中华民族的新政治和新经济。中华民族的旧政治和旧经济,乃是中华民族的旧文化的根据;而中华民族的新政治和新经济,乃是中华民族的新文化的根据"。③ 因此,《中国共产党第二次代表大会宣言》中指出:"废除一切束缚女子的法律,女子在政治上、经济上、社会上、教育上一律享受平等权利";"改良教育制度,实行教育普及"。④ 1931 年 11 月第一次全国工农兵苏维埃代表大会通过的《宪法大纲》中规定:"中国苏维埃政权以保证工农劳苦群众有受教育的权利为目的,在进行国内革命战争所能做到的范围内,应开始施行完全免费的普及教育。"⑤ 而为了实施义务教育,陕甘宁边区政府还公布了《小学法》和《实施普及教育暂行条例》,明确提出"义务教育就是每个国民所必须接受的最基本的教育,一方面每个人都有受这种教育的义务;另一方面,国家有使每个人能受到这种教育的义务"。⑥

---

① 陈独秀:《新文化运动是什么》,参见林文光选编《陈独秀文选》,四川出版集团、四川文艺出版社 2009 年版,第 5 页。

② 毛泽东:《新民主主义论》,《毛泽东选集》(第二卷),人民出版社 1991 年版,第 665 页。

③ 同上书,第 664 页。

④ 中央档案馆编:《中共中央文件选集》(第一册),中共中央党校出版社 1989 年版,第 116 页。

⑤ 《中华苏维埃共和国宪法大纲》(1931 年 11 月),http://www.chinalawedu.com/news/15300/154/2006/4/xi30346241172460021920 - 0. htm。

⑥ 参见吴德刚《促进教育公平成为国家基本教育政策的重大意义》,《中国教育报》2010 年 12 月 13 日。

（四）乡村文化教育的目标任务及实施途径

针对乡村文化教育状况，结合革命运动和乡村建设的需要，中国共产党指出乡村文化教育的目标任务："在于以共产主义的精神来教育广大的劳苦民众，在于使文化教育为革命战争与阶级斗争服务，在于使教育与劳动联系起来。苏维埃文化建设的中心任务，是厉行全部的义务教育，是发展广泛的社会教育，是努力扫除文盲，是创造大批领导斗争的高级干部"；"在于以共产主义的精神来教育广大的劳苦民众，在于使文化教育为革命战争和阶级斗争服务，在于使教育与劳动联系起来，在于使广大的中国民众都成为享受文明幸福的人"。①

首先，乡村文化教育需要中国共产党的领导和农民的积极参与。中国共产党是无产阶级的政党，组织和领导农民开展新文化运动是中国共产党的职责所在。而在中国乡村，地主政权是一切权力的基干，所以农民要想取得接受文化教育的机会，必须推翻封建地主阶级政权。因此，在中国共产党领导的乡村建设运动中，动员和组织广大农民开展农民运动，打倒地主政权，结果"所有一切封建的宗法的思想和制度，都随着农民权力的升涨而动摇"；"农村里地主势力一倒，农民的文化运动便开始了"；"农民运动发展的结果，农民的文化程度迅速地提高了"②。

其次，乡村文化教育必须与乡村实际相结合，广泛动员农民群众参与。过去"乡村小学校的教材，完全说些城里的东西，不合农村的需要。小学教师对待农民的态度又非常之不好，不但不是农民的帮助者，反而变成了农民所讨厌的人。故农民宁欢迎私塾（他们叫

---

① 江西省档案馆、江西省委党校党史教研室编：《中央革命根据地史料选编》（下册），江西人民出版社1982年版，第3页。

② 毛泽东：《湖南农民运动考察报告》，《毛泽东选集》（第一卷），人民出版社1991年版，第32、39、40页。

'汉学'），不欢迎学校（他们叫'洋学'），宁欢迎私塾老师，不欢迎小学教员"。① 在共产党的领导下，乡村文化教育与农村实际结合情况结合起来，很快得到农民的认可和积极参与。各乡设立"农民学校"、"图书报社"、"演说团"等文化教育设施，提高农民的文化水平，发展乡村文化教育事业，收效非常之广而速。此外，各地还成立"妇女生活改良委员会"，开展妇女识字、教育活动，不仅提高了妇女的文化水平，而且还使她们从沉重的封建束缚中解放出来。

最后，中国共产党还要求广大知识青年深入到农村中去，协助提高农民的文化水平。"利用农闲时间，尤其是旧历新年一个月的时间，作种种普通常识及国民革命之教育的宣传。为使此项工作多生效果，图画及其他浅近歌词读物，均须预备；并须要联合乡村中的蒙学教师，利用乡间学校，开办农民补习班。"② 在开展农民文化教育运动过程中，"要想把现代的新文明，从根底输入到社会里面，非把知识阶级与劳工阶级打成一气不可"；"只要知识阶级加入了劳工团体，那劳工团体就有了光明；只要青年多多的还了农村，那农村的生活就有改进的希望；只要农村生活有了改进的效果，那社会组织就有进步了，那些掠夺农工、欺骗农民的强盗，就该销声匿迹了"。③

二 乡村文化教育的典型实践

在中共早期的乡村建设实践中，围绕乡村建设的目标开展了一系列乡村文化教育活动，其中尤以中央苏区的乡村文化教育和抗日根

---

① 毛泽东：《湖南农民运动考察报告》，《毛泽东选集》（第一卷），人民出版社 1991 年版，第 40 页。

② 李大钊：《土地与农民》，参见陈翰笙、薛暮桥、冯和法合编《解放前的中国农村》（第一辑），中国展望出版社 1985 年版，第 101 页。

③ 李大钊：《青年与农村》，参见陈翰笙、薛暮桥、冯和法合编《解放前的中国农村》（第一辑），中国展望出版社 1985 年版，第 93、95 页。

据地的乡村文化教育最具代表性，并积累了丰富和宝贵的乡村文化教育经验。

（一）中央苏区乡村文化教育实践

苏维埃工农民主政权建立之后，苏区的文化建设朝着什么方向发展，遵循什么原则，采取什么方法，完成什么任务等一系列问题，不仅是理论问题，而且已经成为一个实践问题了[①]。红军把文化宣传当做教育群众，组织群众，打倒敌人的重要武器，所以"往往紧跟着工作任务或战斗任务而来的，就有文艺活动协同动作"。[②]

为了加强苏区文化建设，1928 年 8 月颁布的《苏维埃组织法》规定：乡苏维埃设文化委员，区以上苏维埃设文化委员会，政府设专门机构管文化事务，运用行政手段开展文化建设。1929 年 9 月，江西革命委员会颁布的《行动纲领》和 1929 年 12 月红四军第九次代表大会通过的《古田会议决议》都对文化建设提出了目标要求和实施办法。这些是中国共产党最早提出的文化方针和政策，第一次确立了文化宣传工作在党的革命事业中的重要地位；第一次认识了文化宣传工作在"组织群众、武装群众、建立政权、消灭反动势力"中所能发挥的重要作用[③]。1931 年 9 月 23 日，湘鄂赣省工农兵苏维埃第一次代表大会通过的《文化问题决议案》进一步明确了文化工作的任务和意义，是指导苏区文化建设的重要文件。1934 年 1 月，毛泽东在全苏二大《中华苏维埃共和国中央执行委员会与人民委员会对第二次全国苏维埃代表大会的报告》中明确地阐述了苏维埃文化及其内涵，明确提出和使用了"苏维埃文化"与"苏维埃文化建

---

① 参见吴祖鲲《中央苏区文化建设论》，载《长白学刊》1993 年第 4 期，第 77 页。

② 参见汪木兰、邓家琪编《苏区文艺运动资料》，上海文艺出版社 1985 年版，第 286 页。

③ 参见吴祖鲲《中央苏区文化建设论》，载《长白学刊》1993 年第 4 期，第 78 页。

设"的概念①，他指出：苏区"一切文化教育机关是操在工农劳苦群众手里，工农及其子女有享受教育的优先权。苏维埃政府用一切方法来提高工农的文化水平，为了这个目的，给予群众政治上与物质条件上的一切可能的帮助。因此，现在的苏维埃区域，已经在加速度的进行着革命的文化建设了"。此外，他还提出，"苏维埃文化教育的总方针在什么地方呢？在于以共产主义的精神来教育广大的劳苦民众，在于使文化教育为革命战争与阶级斗争服务，在于使教育与劳动联系起来。苏维埃文化建设的中心任务是什么？是厉行全部的义务教育，是发展广泛的社会教育，是努力扫除文盲，是创造大批领导斗争的高级干部"。②

　　苏区文化教育实践是 1927—1937 年间中国共产党领导的中华苏维埃运动的重要组成部分。苏区乡村文化教育的主要内容包括：广泛开展乡村文化教育、开展丰富多彩的群众文化活动、大力发展卫生防疫事业和群众性卫生运动、开展形式多样的体育运动。

　　1. 广泛开展乡村文化教育

　　大力开办列宁小学，普遍进行义务教育。苏区因条件限制，没有中学，职业学校也很少。对儿童与青少年的教育主要是小学教育。《中华苏维埃共和国小学校制度暂行条例》规定："小学教育的目的，要对于一切儿童不分性别与成分差别，施以免费的义务教育，但目前国内战争环境中，首先应该保证劳动工农的子弟得受免费的义务教育。"③苏区小学统称列宁小学，学制最初为 6 年，1933 年改为 5 年，初小 3 年，高小 2 年。列宁小学一般每村一所。1931 年 10 月，湘赣苏区省委在报告中检讨自己的文化教育工作做得不好，该地区"有列宁高级小学三个，初小七百三十个，贫农夜校六十所，识字班

---

① 参见江西省档案馆、江西省委党校党史教研室编：《中央革命根据地史料选编》（下册），江西人民出版社 1982 年版，第 328、331 页。

② 同上书，第 331 页。

③ 江西省教育学会编：《苏区教育资料选编》，江西人民出版社 1981 年版，第 97 页。

五十余个，女子职业学校一个"。① 当时工农子弟上学完全免费；红军家属、烈士子弟和家庭经济确有困难的学生，由学校补助伙食费；手工业者以及地主、富农、店东、厂主的子弟入学要缴纳学费和书籍费。

乡村初级小学快速建立，并成为苏维埃文化建设中的一大特点。据统计，至 1934 年，在 2932 个乡中，有列宁小学 3052 所，学生 89710 人，学龄儿童多数进入了列宁小学。例如兴国县学龄儿童总数 20969 人（男 12076，女 8893），进入列宁小学的有 12806 人（男 8825，女 3981），入学率为 60%。而在国民党统治时期儿童入学率不到 10%。②

推行识字运动，发展以扫盲识字为主体的成人教育。苏区人民群众中，90% 以上是文盲，针对这种情况，中国共产党倡导首先抓全民识字运动。识字教育由乡识字运动委员会领导，在士兵和工农中普遍展开。识字运动的组织，主要按工作的单位或居住地区进行，普遍办夜校和识字班。夜校和识字班以政治教育和识字扫盲为中心。群众的识字标准必须达到"普遍的能作报告，能看各种文件，最低限度也要能看标语和路条③"。夜校的设立十分普遍，学员大多数是 16—45 岁的劳动群众。据 1933 年的统计，在中央苏区的 2932 个乡中有夜校 6052 所，学生 90710 人。参加识字班的大多数是年龄较大，或工作忙，或因小孩拖累，确实不能入夜校的。他们按住所的接近，3—10 人编成一组，设组长一人。规定每 1 天认识 5 个字，识字 3000，才算扫盲。识字组利用一切机会，采取各种方法进行学习。

① 《湘赣革命根据地》党史资料征集协作小组编：《湘赣革命根据地》（上），中共党史资料出版社 1991 年版，第 114 页。

② 《第二次全国苏维埃代表大会的报告》，参见中共中央党校党史教研室编《中共党史参考资料》（六），人民出版社 1979 年版，第 531—532 页。

③ 《颁布夜校办法大纲》，参见江西省教育学会编《苏区教育资料选编：1929—1934》，江西人民出版社 1981 年版，第 168 页。

如在每村的路口设识字牌一块，牌上绘图写字，一次两三个字，三天一换。儿童团、少先队站岗放哨时也带上识字牌，教来往行人识字。在苏区，妇女要求学文化的热情空前高涨。兴国夜校学生 15740 人中，女子 10752 人，占 69%。兴国识字组组员 22519 人，其中女子 13519 人，占 60%。兴国等地妇女已经从扫盲识字中得到初步解放。不少妇女做了小学和夜校的校长、教育委员会与识字委员会的委员。①

开展干部教育，努力培养和造就大批有知识有专业的干部队伍。苏区吸取了大革命时期训练培养干部的经验，在新的条件下，采用开办干部学校与干部培训两种教育方式，努力培养和造就大批无产阶级的有知识有专长的干部队伍，在条件非常艰苦的情况下为各级苏维埃政府培养、输送了人才。为了训练新的工农干部，提高广大干部的马列主义水平，苏区中央局创办了马克思共产主义学校（中央苏区党校）。此外，苏区还建立了苏维埃大学、中央红军大学、中央军政大学、女子大学以及中央农业学校、通讯学校、商业学校、银行专修学校等专业学校。为了培训各方面的干部，苏区先后开办了县级苏维埃工作人员训练班，土地税、商业税、合作社及会计工作训练班，银行专修训练班等，每期 1 个月左右。

2. 开展丰富多彩的群众文化活动

苏区的群众文化活动是在各级文化委员会的指导下，共青团、妇委会、儿童团、少先队、赤卫队等组织，广泛动员群众开展文化娱乐活动，如唱歌、演戏、读报、演讲、写标语、发传单、办墙报、绘壁画、漫画、开茶话会、办游艺会等。这些文化活动形式易为广大贫苦工农大众所接受，因此，毛泽东在全苏二大报告中称其为"苏区群众文化运动"，其中典型代表是戏剧和歌谣。随着苏维埃政府成

---

① 参见方美玲《试论中央苏区的文化特征》，载《北京教育学院学报》1998 年第 1 期，第 19 页。

立以及戏剧运动逐步形成规模，各个苏区尤其是县及其以下的业余演出队逐步改为苏维埃业余剧团。1932 年 9 月成立了"工农剧社"，随后各县普遍成立工农剧社（分社），各乡成立工农剧社（支社），戏剧运动在中央苏区普遍开展起来。1933 年 3 月，工农剧社调人组成蓝衫剧团，出发往各地公演，《红色中华》称其为"创造工农大众艺术的开始"①。1933 年下半年后，中央苏区各省、各县相继成立了苏维埃剧团。苏维埃剧团经常深入农村巡回演出。1934 年春，中央苏维埃剧团深入梅坑、踏冈、武阳等地巡回演出，剧团所到之处，都受到群众的热烈欢迎。② 由于苏维埃剧团非常注意把新区的新人、新事、新风习、新道德搬上舞台，用人民自己的事情教育人民自己，群众看完演出后"非常感动，显露憎恶、喜欢、愤激、痛恨等各种不同表情，戏做完了，他们常常会'还要'、'还要'地叫起来"③。苏区的文艺工作者以新式戏剧这种群众所喜闻乐见的方式宣传革命战争，表现工农群众的日常生活，反映妇女解放，破除宗教迷信，提倡卫生，宣传科学思想等。

歌谣也是中央苏区广泛开展的一种群众性文艺活动。苏区人民将革命的内容与歌谣的形式相结合，创造了大量广泛传唱并独具特色的红色歌谣。例如："我们大家来暴动，消灭恶地主，农村大革命；杀土豪，斩劣绅，一个不留情。建立苏维埃，工农兵专政，实行共产制，人类享大同，无产阶级世界革命最后得成功。"④ "红军来了真

---

① 《工农剧社四次大会—创造工农大众艺术的开始》，载《红色中华》第 59 期，1933 年 3 月 9 日，第 4 版。

② 参见《中央苏维埃剧团最近在西江的成绩》，载《红色中华》第 169 期，1934 年 3 月 31 日，第 3 版；周浣白：《红军医院苏维埃剧团到处受欢迎》，载《红色中华》第 169 期，1934 年 3 月 31 日，第 3 版；林荣官：《胜利县热烈欢迎苏维埃剧团》，载《红色中华》第 169 期，1934 年 3 月 31 日，第 3 版。

③ 《苏维埃剧团春耕巡回表演纪事》，载《红色中华》第 180 期，1934 年 4 月 26 日，第 4 版。

④ 《秋收暴动歌》，参见危仁晸主编《江西革命歌谣选》，江西人民出版社 1991 年版，第 11 页。

正好，庆祝胜利放鞭炮。没收地主田和地，每个穷人都分到，红军来了真是喜，工农政权建立起。区乡有了苏维埃，主席百姓来选举。"① "绵水清，绵水清，水清水浅我的哥，你去远征莫忘我，绵水长，绵水深，水长水深过几春，不立功劳不成亲"②，等等。在苏区，几乎所有的男女老少都会唱《国际歌》、《红军歌》等，这些歌谣来源于苏区人民的斗争生活，反映了苏区人民的喜怒哀乐，因此深受群众喜爱。除了戏剧和歌谣之外，演讲也是当时苏维埃政府集政治宣传、文化传播和演艺为一体的群众性通俗文化传播的有效载体。

3. 大力发展卫生防疫事业，开展群众性卫生运动

苏区地处江西、福建等山区，气候潮湿，容易滋生疟疾等流行性疾病。当地经济文化非常落后，群众缺乏卫生科学知识，缺医少药，等等，加剧了传染性疾病的蔓延和流行。据江西省苏区报告："防疫卫生这一工作，各县都未十分注意，有时什么地方瘟疫发生就蔓延一村庄到数村庄，甚至遍地皆是。"公略县"近来瘟疫发生而死亡者一千一百六十七人"；安远县沙含区"发生痢疾死亡十余人"；宁都县"固村闽原东山坝等区，因病而死者一百余人"；兴国县"在六七月间发生瘟疫死亡四十余人"；赣县"时而发生瘟疫痢疾，如白路良口清溪三区死亡极多"。③

面对广大群众不卫生、不懂卫生知识乃至反卫生的现状，中央苏区从1931年秋冬就致力于以"灌输卫生常识于一般劳苦群众"与建立以政府为主体的卫生防疫组织体系和逐步建立以预防为主的防疫机制为中心的卫生文明建设。主要措施有三个：一是逐步建立和完

---

① 《红军打下龙岩城》，见福建省龙岩地区文化局编《闽西革命歌谣》，福建人民出版社1980年版，第142页。

② 《绵水清》，见危仁晸主编《江西革命歌谣选》，江西人民出版社1991年版，第212页。

③ 江西省档案馆、江西省委党校党史教研室编：《中央革命根据地史料选编》（下册），江西人民出版社1982年版，第237—238页。

善卫生防疫组织与卫生防疫法规体系；二是进行卫生文明教育与知识普及；三是开展群众性的卫生防疫运动。此外，除了短期突击性的防疫运动，更为重要的是经常性的清洁卫生运动。①

在法规体系方面，苏区政府先后颁布了《防疫条例》（1932）、《苏维埃区暂行防疫条例》（1932）、《卫生运动纲要》（1933）、《关于开展卫生防疫运动的训令》（1932）、《师以上卫生勤务纲要》（1933）、《卫生员工作大纲》（1933）、《关于预防传染病问题》（1933）与《五个月卫生工作计划》（1933）等，对疾病的种类、疫情的处置、防疫的范围措施、预防的办法、卫生建设的目的、意义与建设计划部署以及防疫人员、红军卫生人员的职责要求等做了明确而具体的规定。这些法规条例的颁布，保证了苏区卫生防疫工作有章可循、有法可依，对杜绝疫病的蔓延流行，保护苏区民众的健康起到了重要作用。②

在普及卫生文明知识教育方面，卫生工作"要天天做，月月做，年年做，家家做，村村做，乡乡做"③。通过上卫生常识课、唱革命歌曲、编演话剧、歌谣以及开辟绘画、墙报及大小报刊等形式，苏维埃政府向群众广泛宣传普及卫生知识。村庄通过订立卫生公约，规定村民的个人卫生、家庭卫生和公共卫生职责，切实执行和开展卫生运动。如《长冈乡塘背村卫生公约》规定："一、为了包围和巩固苏维埃政权，增强革命力量，坚决消灭疾病，开展卫生运动。二、每五天大扫除一次，由村卫生委员会督促检查，看哪家做得较好。三、做到厅堂，住房不放灰粪，前后水沟去掉污泥，圩场打扫清洁。四、蚊帐、被褥经常洗晒，衣服要清洁。五、要捕灭苍蝇、蚊虫，发现死老鼠就要烧掉或埋掉。六、不吃瘟猪，死鸡等东西。七、要开

---

① 参见张玉龙、何友良《中央苏区政权变态与苏区社会变迁》，中国社会科学出版社2009年版，第177—183页。

② 同上书，第178—179页。

③ 中央内务部：《卫生运动纲要》（1933年3月）。

门窗，使房子通风透气。"①

在开展群众性的卫生运动方面，自 1932 年起，《红色中华》就先后发表了一系列有关卫生防疫的文章，如《大家起来做卫生防疫运动》、《我们要怎样来预防瘟疫》、《加紧防疫卫生运动》、《瑞金的防疫运动》、《瑞金九堡区的防疫工作》等。在苏维埃各级政府的宣传号召下，苏区开展了轰轰烈烈的防治传染病卫生运动，重点突出，时间短、规模大，宣传与防疫交替进行，具有全社会在同一时间动员和行动的突击和强制性质。除了突击性的防疫运动，更为重要的还有经常性的清洁卫生运动。两种运动方式各有侧重，互为补充。

苏维埃政权建立后，以红军医院为主立即着手改善群众看病难的困境。1928 年 10 月，最早的红军医院东固红军医院创办，1929 年 3 月改名为赣西南第一后方医院。1929 年 3 月 14 日，红四军攻克福建长汀城后，毛泽东、朱德等红军领导人与城内福音医院（由英国教会开办）院长傅连暲建立联系和友谊，使得"福音医院从此成为一所不挂牌子的红军医院"。②1929 年 6 月，中共闽西特委帮助红四军办起了闽西红军医院，于 1930 年 11 月改为红十二军闽西后方医院。1933 年苏维埃中央政府在叶坪朱仿村建立了中央红色医院，主要为驻瑞金的中央机关人员服务，同时为当地工农群众看病。1933 年 10 月，中央内务部决定每个县、区内务部都要办起一个公办诊疗所，免费为工农群众看病，不收挂号费，只收药品费，解决群众看病难问题。

综上所述，苏区推行的防疫和卫生事业建设成效显著，如在闽浙赣苏区，1932 年与 1931 年相比"对于疾病，今年减少了百分之九

---

① 高恩显、高良、陈锦石：《新中国预防医学历史资料选编》（一），人民军医出版社 1986 年版，第 78 页。

② 余伯流、凌步机：《中央苏区史》，江西人民出版社 2001 年版，第 852 页。

十"①。中国共产党及其政府在苏区进行的具有现代意义的卫生文明建设，其所彰显的社会进步性质和作用显然是不言而喻的，而中国共产党也正是通过诸如此类的以民为本、关爱生命、尊重人权的举措逐步建立起最广泛的公信力的。②

4. 开展形式多样的体育运动

中央苏区在艰苦的斗争中高度重视体育运动，经常举行各种类型的运动会。当时的运动会物质匮乏，"设备简陋，生活艰苦，奖品简单，富有教育意义。参加大会的选手，必须自带路费和行李，奖品有的是各机关团体或个人自愿募捐的"。③但红军战士们在运动大会上表现出来的"杀敌的精神，可以使帝国主义国民党发抖！""红军战士们的勇敢强壮，在球类比赛方面也表现出来，难怪国民党部队与我们作战，总被红军打得屎滚尿流。"④苏区运动会上经常高歌革命歌曲，将唱歌融为体育运动会的一个组成部分，通过歌曲宣传体育，把体育与文艺很好地结合在一起。如"运动大会歌"这样唱到："运动大会开幕了，同志们来比赛，锻炼我们的身体，努力去杀敌。紧张斗争的精神，拥护工农政权，鲜红的旗帜展开，创造人民共和国。"⑤歌词内容简单明了，将体育活动与革命宣传紧密结合，焕发热情，振奋精神。

除了举办运动会，苏区政府还十分注意利用报刊、书籍等进行体育宣传，《红色中华》、《青年实话》多次报道和宣传苏区运动会，多种体育普及读物和教材也相继出版。1933 年 3 月，由少先队中央总

---

①　江西省档案馆编：《闽浙赣革命根据地史料选编》（下册），江西人民出版社 1987 年版，第 192 页。

②　参见张玉龙、何友良《中央苏区政权变态与苏区社会变迁》，中国社会科学出版社 2009 年版，第 185 页。

③　苏肖晴：《新民主主义体育史》，福建教育出版社 1999 年版，第 171—172 页。

④　曾飙：《苏区体育》，中央文献出版社 2004 年版，第 527 页。

⑤　中国作家协会江西分会：《红色歌谣》，江西出版集团、江西人民出版社 2005 年版，第 524—525 页。

队部总训练部印发、张爱萍亲自起草的《发展赤色体育运动》是一本重要的体育辅导材料，详尽地阐明了开展赤色体育运动的目的和意义，提出了在当时条件下可以进行的体育运动项目。此外，还有像《工农读本》、《国语读本》和《共产儿童读本》等著作中也有很多关于体育方面的课文，直接对青少年进行体育宣传。① 张爱萍提出应该使体育运动与青年军事训练紧密联系起来："在地主、资产阶级的国民党统治下，体育竞赛受锦标主义的排挤。我们苏维埃的体育竞赛，则是使落后的达到前进的水平线来，我们加紧赤色体育运动，乃是为着使我们青年能够养成工农的健康活泼的后代，能够使苏维埃国家的能力，发挥到应有的高度，锻炼出钢皮铁骨似的身体，保护苏维埃战胜敌人。"② 可见，苏区的体育运动是以体育和军事相结合即军事体育为特征的。

在经济文化十分落后、外部封锁严重的中央苏区，由于共产党重视体育运动，"有计划地切实地进行娱乐体育文化教育，用娱乐的方式深入政治教育"③，加上广大群众的积极参与，使苏区体育事业得以蓬勃发展，这不仅对增强苏区人民和红军战士的体质，而且对于发展生产和参加革命战争，都起到了积极的作用。

（二）抗日根据地文化教育建设

1937 年 7 月抗日战争爆发。为了适应抗战的需要，1937 年 9 月陕甘宁苏区正式改称陕甘宁边区，苏维埃政府正式改称边区政府，并开始着手加强抗日根据地建设。在抗日根据地建设过程中，中国共产党除了非常重视政权建设、军队建设（武装斗争）和土地革命（地主减租减利息，农民交租交息）外，同时，在残酷、艰苦的战争环境中，中国共产党还非常重视抗日根据地的文化教育建设。

---

① 参见苏肖晴《新民主主义体育史》：福建教育出版社 1999 年版，第 251—252 页。

② 曾飙：《苏区体育资料选编》，安徽体育史志编辑室 1985 年版，第 136 页。

③ 苏肖晴：《新民主主义体育史》，福建教育出版社 1999 年版，第 20 页。

抗战爆发不久，中共中央在洛川会议上通过的《抗日救国十大纲领》中提出了实行抗日的教育政策，要求改变教育的旧制度、旧课程，实行以抗日救国为目标的新制度、新课程。1938年10月，毛泽东在《论新阶段》一文中进一步指出："伟大的抗战必须有伟大的抗战教育运动与之相配合。""在一切为着战争的原则下，一切文化教育事业均应使之适合战争的需要。""第一，改订学制，废除不急需与不必要的课程，改变管理制度，以教授战争所必需之课程及发扬学生的学习积极性为原则。第二，创设并扩大增强各种干部学校，培养大批的抗日干部。第三，广泛发展民众教育，组织各种补习学校、识字运动、戏剧运动、歌咏运动、体育运动，创办敌后各种地方通俗报纸，提高人民的民族文化与民族觉悟。第四，办理义务的小学教育，以民族精神教育新后代。"[①]

1940年1月，毛泽东在《新民主主义论》中指出："所谓新民主主义的文化，就是人民大众反帝反封建的文化；在今日，就是抗日统一战线的文化。"[②]毛泽东在根据地建设实践中，深刻地论述了根据地文化建设的意义。1944年3月，毛泽东在中共中央宣传工作会议上就陕甘宁边区的文化教育工作发表意见时指出："文化是反映政治斗争和经济斗争的，但它同时又能指导政治斗争和经济斗争。文化是不可少的，任何社会没有文化就建立不起来。"[③]抗日根据地农村文化教育的措施和成就表现在：大力发展乡村教育事业，开展丰富多彩的群众文化生活，快速发展科技、医疗卫生及体育事业等。

1. 大力发展乡村教育事业

为了使抗日根据地的乡村教育走向正轨，各县制定颁布了《小学暂行章程》、《村立与私立小学暂行办法》、《优待贫苦抗属子弟暂行条例》、《民众学校暂行规程》、《提高小学教师待遇办法》等章

---

① 《毛泽东军事文选》，战士出版社1981年版，第173页。

② 《毛泽东选集》（第二卷），人民出版社1991年版，第694页。

③ 《毛泽东文集》（第三卷），人民出版社1996年版，第109—110页。

程；在体制方面，各县设立教育科，村设文教委员会，领导农村文化教育工作。

在小学教育方面，采取公办与民办公助兼施的方针；在课程和教学改革方面，压缩了不必要的课程，增加了适合根据地建设需要的课程。小学教育以培养有爱国意识、政治觉悟和文化知识的人才为宗旨。教学内容上实行"教学结合实际，学校结合社会"的方针，把教育和战争、生产、日常生活的实践紧密结合起来。教学形式适合战时农村环境，灵活多样。陕甘宁边区在 1937 年春有小学 320 所，到 1944 年 10 月增至 1377 所，学生人数为 34004 名。晋察冀边区，1938 年有小学 4898 所，学生 220460 人，1941 年增至 8000 所，469416 人。而学生成分的变化更具有社会意义，据 1945 年太行区对陵川等 25 个县的统计，54 个高小 4346 名学生中，中、贫农成分以下家庭的子弟占到 76%。[①]

在开展社会教育方面，主要是在各抗日根据地创办的识字班、识字组、宣讲组、读报组、家庭识字组、夜校、午校等冬学，以及在此基础上建立民众学校。如 1944 年陕甘宁边区共创办了 3470 所冬学，参加人数为 50000 多人；1939 年晋察冀边区有冬学 5379 所，参加人数 390495 人。[②] 同时，连续开展冬学运动等社会教育，组织普通农民学习时事、开展文化活动和读书识字，这些活动的开展对于扫除文盲提高群众的思想文化水平起了积极的作用。

2. 开展丰富多彩的群众文化活动

随着群众运动的深入，农村戏剧逐渐发展成为农村文化运动中的主要形式。据 1945 年 4 月太行区文教大会统计，全区有农村剧团

---

① 参见董纯才《中国革命根据地教育史》（第二卷），教育科学出版社 1991 年版，第 390 页。

② 参见詹永媛《抗日根据地的文化建设与政治社会化》，载《广西大学学报》（哲学社会科学版）2005 年第 4 期，第 91 页。

605 个。① 农村剧团是群众的业余文化娱乐组织，都是群众自己组织起来的，自创、自编、自导、自演。他们创作的《斗争李子才》、《大翻身》、《自由结婚》、《上冬学》、《捉懒汉》、《互助好》、《破除迷信》、《刘老夫妻》等剧目，都是群众喜闻乐见的作品。这些作品的演出真实地反映了当时农村的斗争生活，极大地鼓舞了广大农民的斗争意志。②

抗日根据地的文艺具有广泛的群众性。例如，晋察冀边区 1938 年底组织的"晋察冀一周"活动，号召边区人民将最有意义的工作或生活片断写出来。冀中开展了"冀中一日"群众性的大规模报告文学创作活动，记下了 1941 年 5 月 21 日这一天的经历，编成报告文学集《冀中一日》。这些作品大多出自劳动者之手，揭露了敌人的残酷罪行，记述了根据地人民英勇斗争的生活。歌咏活动在各根据地也十分活跃，以冼星海创作的《生产大合唱》、《黄河大合唱》最负盛名流传最广。③

3. 快速发展科技、医疗卫生及体育事业

抗战时期，边区政府积极实施"科教兴农"政策，倡导科学研究，推广农业技术。各村庄利用冬学举办各种技术训练班，教授新科学技术，鼓励农民技术创新。技术革新掀起热潮，不少农村自动组织了农林技术研究会，据当时太行山根据地武乡、黎城等 8 县不完全统计，农林技术研究会有 60 多个，1600 多人参加。④

针对边区根据地缺医少药、群众卫生意识差等问题，毛泽东提

---

① 参见齐武《一个革命根据地的成长——抗日战争和解放战争时期的晋冀鲁豫边区概况》，人民出版社 1957 年版，第 232 页。

② 参见王荣花《抗日战争时期太行革命根据地农村文化建设的历史实践》，载《河北师范大学学报》（哲学社会科学版）2011 年第 1 期，第 100 页。

③ 参见龚大明《抗战时期中共文化建设的理论和实践》，载《贵州师范大学学报》（社会科学版）2006 年第 1 期，第 73—74 页。

④ 参见山西省档案馆《太行党史资料汇编》（第七卷），山西人民出版社 2000 年版，第 105 页。

出：现在必须把卫生工作大力推进一下，训练一批医药卫生人才，各地可以派人来延安学习，或者延安派人到各地去训练，通过这些人才改善卫生工作。"这件事情，各个地委、各个专员公署、各个分区都可以订一个计划，在五年到十年内，做到每个区有一个医务所，能够诊治普通的疾病。"① 同时，毛泽东认为老百姓信神和迷信，是因为科学不发展、不普及，"有了科学知识，迷信自然就可以打破"。② 所以他要求将文化教育工作以及普及科学知识的工作列入根据地党和政府的工作日程，使其和根据地的其他事业齐头并进。③ 随着医药卫生事业的发展，根据地群众的健康状况也日益好转，疾病率、死亡率明显下降。妇幼保健工作也得到发展，婴幼儿出生成活率大大提高。

在开展体育运动方面，各区村及驻地部队经常举办不同形式的体育运动会，增强军民体质。根据地政府除开展摔跤、拳术、拔河、荡秋千等民间传统的体育形式外，还新增加了赛跑、跳高、跳远、翻杠、刺杀、投弹等体育项目，不断丰富群众体育活动。

三　乡村文化教育与乡村社会建设

在中国共产党和中央苏区苏维埃政府的领导下，乡村社会建设主要围绕着以下几个不同层面展开。在社会关系方面，中央苏区大力开展土地革命，废除封建土地所有制，消灭封建宗族势力，构建了新型的社会关系；在社会风俗习惯方面，开展禁烟运动，倡导健康的生活方式；整治宗教迷信，大力宣传科学思想；婚姻制度方面，实行婚姻制度改革，解放妇女，提高妇女地位，形成新的婚姻家庭

---

① 毛泽东：《毛泽东文集》（第三卷），人民出版社1996年版，第119页。
② 同上书，第120页。
③ 参见俞良早《抗日战争时期毛泽东关于根据地文化建设的思想》，载《中南民族大学学报》（人文社会科学版）2006年第5期，第85—86页。

关系；在社会风气方面，改造游民，整肃风气，重构社会秩序。随着苏维埃区域和政权由点及面遍及南方，苏区农村原有的体制和社会关系被变革，苏维埃政权建立新的地方武装（地方红军和赤卫队等），开展分田运动，等等。1932—1934 年春，随着苏区的巩固与发展，以乡村文化教育为主体的乡村社会建设事业浪花迭起，成效显著。

（一）消灭封建宗族势力，构建了新型社会关系

赣西南、闽西地处偏僻，加之连年战乱及自然灾害等原因，当地居民沿袭传统聚族而居，宗族姓氏观念强烈。1928 年，毛泽东在调查井冈山根据地的湘东赣西之后，认为：农村"社会组织是普遍地以一姓为单位的家族组织"，"无论哪一县，封建的家族组织十分普遍，多是一姓一个村子，或一姓几个村子"；家族势力的广泛和强大，以至于使中共的"支部会议简直同时就是家族会议，苏维埃的组织也是一样"①。苏维埃政权成立后，中国共产党和苏维埃政府通过没收宗族田产等措施，将没收的土地以乡为单位按人口平均分配，以"打破氏族地方封建关系"②。在此基础上，苏维埃政府在乡村设立乡苏代表和村代表委员会制度，加强乡村基层组织建设。"村的代表主任制度及代表与居民发生固定关系的办法，是苏维埃组织与领导方面的一大进步，才溪乡是同长冈乡、石水等乡一样收到了很大效果的。乡的中心在村，故村的组织与领导成为极应注意的问题。将乡的全境划分为若干村，依靠与乡苏代表及村的委员会与民众团体在村的坚强的领导，使全村民众像网一样组织于苏维埃之下，来执行苏维埃的一切任务，这是苏维埃制度优胜于历史上一切政治制

---

① 江西省档案馆、中共江西省委党校党史教研室：《中央革命根据地史料选编》（上册），江西人民出版社 1982 年版，第 11 页。

② 同上书，第 415 页。

度最明显的一个地方。"①

此外，重新建立民众组织机构也是共产党和苏维埃政府加强农村基层管理的一项重要措施。在苏区农村，"各县各区各乡都有工会的组织"，"贫农团各乡以乡为单位都有组织"，如妇代会、共青团、儿童团、革命互济会，等等，这些组织把群众紧紧团结在苏维埃周围。

（二）开展禁烟禁毒运动，倡导健康的生活方式

禁烟戒毒运动是苏维埃政权建立后改变旧俗陋习的一大重要成果。由于苏区乡村地处偏僻之地，气候地理条件都适宜鸦片种植。土地革命前，"赣南种鸦片者极多，即就兴国一县而言遍地都是罂粟花"②。鸦片生产与吸食的泛滥，对苏区乡村产生了极大破坏。于是，苏维埃政府自成立之日起，即明令宣布禁烟，从禁止种植与吸食鸦片入手，开展禁烟禁毒运动。

为彻底根除烟毒，中央苏区各级政府，采取了四种措施。一是通过突击性"群众运动"，焚烧鸦片和烟具，铲除烟苗。其中少先队、儿童是突击的主要力量。二是加强立法，严厉打击鸦片的种植、销售和吸食。1931 年 5 月 19 日颁布施行的《赣东北特区苏维埃暂行刑律》中就专门规定：制造鸦片烟或贩卖或意图贩卖而私藏或自苏区外贩卖者，处死刑至三等有期徒刑；制造吸食鸦片烟之器具，或贩卖或意图贩卖而私藏或自苏区外贩卖者，处四等以下有期徒刑；开设烟馆，供人吸鸦片者，处死刑至三等有期徒刑；吸食鸦片烟者，处一等至三等有期徒刑。三是发动群众，树立典型，在全社会形成禁烟戒赌的舆论。四是配合禁烟禁毒的开展，提倡和推行健康生活方式。通过建立俱乐部、书报社、新剧团等文化团体，开展拳术、球术竞赛等活动，丰富群众娱乐生活，培养健康生活方式。在党和

---

① 毛泽东：《毛泽东农村调查文集》，人民出版社 1982 年版，第 336 页。

② 江西省档案馆、中共江西省委党校党史教研室：《中央革命根据地史料选编》（上册），江西人民出版社 1982 年版，第 182 页。

苏维埃政府的不懈努力下，苏区的禁烟运动取得了很大成效。如瑞金"烟赌两项，可谓全被禁绝"①。

（三）整治宗教迷信活动，大力宣传科学思想

土地革命前，赣南、闽西地区封建迷信活动泛滥成灾。苏维埃政权建立以后，党和苏维埃政府开展了一系列整治宗教迷信的活动，通过政治、经济、群众运动等手段，使封建宗教迷信活动得到有效遏制，培育了苏区农村讲科学的健康社会风气。

1. 经济上凡宗教职业者不得分配土地。规定凡"教士的、氏族的、庙宇的土地，苏维埃政府必须力求无条件地交给农民"②。

2. 政治上剥夺宗教职业者的选举权和被选举权。1933 年 8 月颁布的《苏维埃暂行选举法》规定："一切靠传教迷信为职业的人，如各宗教的传教士、牧师、僧侣、道士及地理和阴阳先生等没有选举权和被选举权。"③其他各地的选举法中也有类似规定，如 1930 年 9 月的《修正闽西苏维埃政权组织法》也规定三类人没有选举权和被选举权，其中包括"律师、宗教师及现在宗教徒、僧、道、尼、巫等"及"凡不从事生产专以欺骗剥削为业的——赌徒、星相、卜卦、鸨母、龟公等"④。

3. 通过科学知识宣传，发动群众开展反迷信活动。利用戏剧、话剧、演讲等形式，提倡科学思想，开展丰富多彩的文体活动。苏维埃政府通过各种宣传渠道，号召群众不烧香、不敬菩萨及废除神像、匾额等。通过编演《破除迷信》、《检查卫生》等戏剧在戏剧故

---

① 何友良：《论苏区社会变革的特点及意义》，载《中共党史研究》2002 年第 1 期，第 65 页。

② 中央档案馆：《中共中央文件选集》（第七册），中共中央党校出版社 1989 年版，第 469 页。

③ 韩延龙、常兆儒：《中国新民主主义革命时期根据地法制文献选编》（第一卷），中国社会科学出版社 1986 年版，第 154 页。

④ 同上书，第 120 页。

事里揭破宗教迷信的荒谬，提倡科学思想。而据《红色中华》报道，红军学校政治部抓着一部分学生和群众信神鬼的情况，召开全校晚会，作反迷信宗教运动的报告，"根据着马克思列宁主义的立场分析了宗教产生的根源及剥削阶级如何利用这个东西以麻醉一般群众来维持他们自己的血腥的统治"①。于是"推翻神权，破除迷信，是各处都在进行中的"②。

在广大工农群众的积极参与下，苏区整治宗教迷信的活动收到了很好的成效。正如1930年10月"中共赣西南特委刘士奇给中央的综合报告"中所指出的，现在苏区"没有人敬神，菩萨都烧了，庙宇祠堂变成了农民工人士兵的政府办公室，或者是游戏场，许多农民的家里以前供着家神'天地军亲师位'的，现在都换以'马克思及诸革命先烈精神'，从前过年度节，写些封建式的对联，现在都是写的革命标语"。"农民减少了许多无谓的用度，记得富田之破下（乡苏），从前要卖出黄纸（敬神用的）两万余元，现在完全取消了，黄纸店也倒了。"③

（四）实行新的婚姻制度，解放妇女，妇女地位得到极大提高

同旧中国其他地方一样，赣南、闽西地区在土地革命前实行的是封建落后的婚姻制度。基本上都是包办婚姻，"父母之命，媒妁之言"是婚姻的合法形式。男尊女卑，妇女从属于男子，以纳妾为形式的"一夫多妻"制受到认可与保护，丈夫有权典妻、租妻，直至卖妻。以兴国县为例，革命前，"地主富农不但人人有老婆，一人几

---

① 莫非：《开展反宗教迷信斗争——红校举行盛大晚会》，载《红色中华》第116期，1933年10月6日，第4版。

② 毛泽东：《湖南农民运动考察报告》，《毛泽东选集》（第一卷），人民出版社1991年版，第32页。

③ 江西省档案馆、中共江西省委党校党史教研室：《中央革命根据地史料选编》（上册），江西人民出版社1982年版，第356页。

个老婆的也有……贫农百分之七十有老婆，百分之三十没有……游民百分之十有老婆，百分之九十没有，也比雇农中有老婆的多些，只有雇农才是百分之九十九无老婆。"① 同时，农村中抱"童养媳"、"等郎妹"成风。在闽西地区的一些农村有的多达70%的农户都抱童养媳。"童养媳"和"等郎妹"的社会地位很低，命运悲惨。②

针对这种不合理的婚姻制度，共产党开始在苏区进行改革。1930年3月闽西第一次工农兵代表大会颁布了《保护青年妇女条例》和《婚姻法》，废除妾媵、童养媳制度，取消蓄婢制度，规定男女有结婚、离婚自由。1931年7月，鄂豫皖工农兵第二次代表大会通过的《婚姻问题决议案》宣布，废除一切强迫婚姻、父母代订婚姻、一夫多妻、童养媳、蓄婢、强迫守寡、虐待私生子等。1931年11月7日，中华苏维埃共和国中央政府颁布了《中华苏维埃共和国宪法大纲》，其中的第11条明确规定："中国苏维埃政权以保证彻底的实行妇女解放为目的，承认婚姻自由，实行各种保护妇女的办法，使妇女能够从事实上逐渐得到脱离家务束缚的物质基础，参加全社会经济的、政治的、文化的生活。"1934年4月8日，《中华苏维埃共和国婚姻法》颁布实施，以专门法的形式规定了新的婚姻制度。毛泽东在第二次全国苏维埃代表大会上指出："这婚姻制度的实行使苏维埃取得了广大的群众的拥护，广泛群众不但在政治上经济上得到解放，而且在男女关系上也得到解放"。③ 新婚姻法公布之后，受到了苏区广大群众的拥护。为了推进新婚姻法的贯彻与实施，苏区党和政府大力加强婚姻自由的宣传，各地编印山歌、标语、宣传册等材料，每逢"三八"、"五一"等节日，苏区党团组织开展群众性的反

---

① 毛泽东：《毛泽东农村调查文集》，人民出版社1982年版，第222页。
② 参见汤家庆《中央苏区的社会变革与思想文化》，载《党史研究与教学》1996年4期，第58页。
③ 江西省档案馆、中共江西省委党校党史教研室：《中央革命根据地史料选编》（下册），江西人民出版社1982年版，第332页。

封建残余活动，乡村妇女代表会每周召集妇女大会，宣读、解释婚姻法。据记载，仅一个月时间，单龙岩县东肖区的孟头乡，就有36对新夫妇自由结婚，36对夫妇离婚，整个东肖区自由结婚的青年夫妇达上百对之多。①

此外，苏区政府还把禁止缠足、实行放足同反对封建礼教和动员妇女走向社会紧密联系在一起。妇女放足、剪短发和穿新服饰成了新的流行时尚。苏区妇女地位大大提高，正如毛泽东在《长冈乡调查》中所指出的，"妇女在革命战争中的伟大力量，在苏区是明显地表现出来了，在查田运动等各种群众斗争中，在经济战线上，在文化战线上，在军事动员上，在苏维埃的组织上，都表现出她们的英雄姿态和伟大成绩"。②

（五）改造游民，形成良好的社会风气

苏区辖地多属偏僻落后的农村，从前游民众多，盗匪猖獗。游民绝大多数由破产的农民和失业的手工业者构成，他们的基本特点是脱离生产，职业不安定，生活不规律。分析游民产生的社会条件、游民的来源、社会地位及其在革命中的表现与作用的基础上，中央苏区政府制定了改造游民的政策。苏区政府对游民的改造，主要表现在四个方面：一是对加入工会、农会、苏维埃乃至党内的游民分子，通过考察其阶级出身、群众反映和现实表现，然后决定其去留归属。二是对已加入党组织的游民加强党的纲领教育，以使他们对党有真正的认识，有阶级觉悟；对要求加入党组织的游民实行严格把关，一旦获准入党后还给予"较长候补期"的考察。三是适当的限制。即不要使游民"在红军赤卫队以及苏维埃中占多数；不要他们在一切地方居领导地位，除非他们在斗争中洗刷了错误观点的人。

---

① 参见高若事《中央苏区婚姻改革初探》，载《福建妇运史资料与研究》1987年第1期。

② 毛泽东：《毛泽东农村调查文集》，人民出版社1982年版，第325页。

至于党内要坚决防止流氓成分的增加"。四是增加地方武装中工农的成分。地方武装中工农成分的增加，意味着游民人数的比重与影响的降低。据统计，1929 年 10 月时，江西兴国等 7 县赤卫队中，属游民成分者即占全部人数的 18%，自大量工农出身者加入赤卫队后，到 1930 年 5 月，兴国等 12 县赤卫队中的游民成分，已降至 7%。[①]

1930 年前后是苏区对游民改造政策执行得最好的时期，这个时期的苏区"没有一个窃盗乞丐"，整个社会充溢着"夜不闭户"、"道不拾遗"、"园无荒土，野无游民"的良好风气和勃勃生气[②]。1930 年 10 月，毛泽东通过兴国调查进一步验证了游民政策的成效。改造前兴国永丰区有赌钱的、讨饭的、卖水烟的、打卦的、挑观音的、道士、和尚、戏客子和算命的九种游民共 90 余人，1930 年这些人全部分得了土地，"得到了很多利益"，所以，游民一般都是欢迎革命的，不但没有一个反革命的，并且有十个参加区乡政府的指导工作，一个当了游击队的指挥员。[③]

1935 年 10 月，随着红军北上长征，苏维埃运动的中心，从此移至西北，乡村社会建设从此在新的政治、军事和经济社会条件下运行；一种广阔的社会生活观念慢慢地渗入到农民意识的深处去，而为农民所领悟所运用。乡村社会建设也在苏区经验和教训的基础上，在新的地域开创了新的局面。

（六）乡村社会建设的历史经验

土地革命和抗日战争时期，中国共产党的工作重心在农村，服务

---

① 参见张玉龙、何友良《中央苏区政权形态与苏区社会变迁》，中国社会科学出版社 2009 年版，第 152—153 页。

② 参见《赣西南（特委）刘士奇（给中央的综合）报告》（1930 年 10 月 7 日），江西省档案馆、江西省委党校党史教研室编《中央革命根据地史料选编》（上册），江西人民出版社 1982 年版，第 339 页。

③ 参见毛泽东《毛泽东农村调查文集》，人民出版社 1982 年版，第 230—233 页。

的对象是农民，因此，根据地内一切活动和建设都是适应农村的环境，从农民的需要出发。广大贫苦农民是中国革命最可靠的同盟者和主力军，而宣传和组织群众，提高群众的文化素质和阶级觉悟，使他们成为革命的巨大力量和坚强后盾，是根据地社会建设的重要任务。因此，苏区和根据地的一切社会建设都面向农村、服务农民，以农民为本是乡村社会建设的灵魂和核心。

苏区和根据地的社会建设，始终把有助于解决革命中的实际问题放在首要位置，体现了乡村文化教育、乡村社会建设与革命实际和农业生产劳动实际的有机结合。如乡村戏剧创作和演出剧目的内容，都紧密结合革命实际，密切配合农村中心工作，演出内容多是对敌斗争、减租减息、救灾生产等。社会教育的内容，首先是进行民族意识和政治常识教育，其次是文化识字教育，目的是培养儿童的民族意识、革命精神和抗战建国所必需的知识技能。

第六章

中共早期乡村建设实践的
主要阶段及典型实践

在中国共产党领导的早期乡村建设运动中，十分重视开展乡村建设实践，并在实践中将马克思主义革命理论与中国社会实际有机结合，探索乡村建设的基本路径和革命道路。中共早期乡村建设实践经历了从初步探索、兴起到不断深入直至全面开展三个阶段，并在不同时期涌现出一批具有重要示范价值的典型实践，集中体现了中共早期乡村建设思想。

一 中共早期乡村建设实践的主要阶段

（一）中共早期乡村建设实践的探索和兴起

中国共产党创立初期就已经有一部分共产党员和地方组织积极宣传和发动农民运动。该时期，中国共产党领导的乡村建设实践的主要形式是动员农民组成农民协会、开展减租斗争。其中，最有代表性的乡村建设实践有：浙江省萧山县衙前村的乡村建设实践、广东省海陆丰地区的乡村建设实践以及湖南衡山岳北白果的乡村建设实践等。

1921 年 9 月，中共党员沈定一等人在浙江萧山县衙前村开展了中国共产党历史上最早的乡村建设实践活动。在这一过程中，他们建立了衙前村农民协会，并发表了农民协会章程和宣言，同时动员和领导农民开展减租斗争。萧山县衙前村的乡村建设活动先后发展到萧山、绍兴两县的 80 余村，但在同年 12 月遭到当地军警的镇压。

1922 年 6—7 月间，中共党员彭湃在其家乡广东省海丰地区开展乡村建设实践活动。他协助当地农民建立农民协会，并领导当地农民进行反对地主升租吊田的斗争。1922 年 10 月成立广东省第一个农会——海丰县"赤山约①农会"。不久，彭湃组织和发动的农民协会一直发展到临近海丰的陆丰、惠阳两县。到 1923 年 5 月，上述三县的农民协会已发展到 500 余乡 20 余万会员。

同一时期，湖南、湖北、浙江、江西、广西等地的农民运动也轰轰烈烈地开展起来。其中以湖南尤甚。1922 年年初，中共党员刘东轩、谢怀德等人受中共湘区党组织的派遣，来到湖南衡山岳北白果地区组织当地农民开展乡村建设实践。他们协助当地农民组织"岳北农工会"，其会员人数一度达到数万人，并组织和领导农民开展平粜和阻禁地主谷物的斗争。1923 年 9 月中旬，在白果召开了岳北农工会成立大会，到会的有一万多农民。大会通过了关于改善农民生活、农村教育、解放农村妇女等项决议，并发表《宣言》号召农民团结起来反抗敌人的压迫和剥削。农会成立后，在农民中积极开展工作，酝酿减租减息斗争，启发农民的阶级觉悟，加入农会的人很快增加到四万人以上。1923 年年底，农工会在领导农民酝酿开展减租斗争时遭到湖南军阀赵恒惕的血腥镇压。

（二）中共早期乡村建设实践的不断深入

1924 年 5 月，中国共产党在上海召开了中央扩大执行委员会会议。会议肯定了农民在国民革命中的作用，要求中共各级党组织注意在农民中宣传反帝反封建的主张，重视党的乡村建设实践。随着

---

① "约"是清代南方农村的行政建制，相当于后来的大的"乡"一级建制。

"国共合作"的开始，中国共产党利用由中国共产党人担任部长的农民部，派遣乡村建设运动的特派员深入到广东各地，积极进行乡村建设的宣传和组织工作。这不仅使原来遭到军阀镇压的广东海陆丰地区的乡村建设运动得到了逐步恢复和发展，而且北江和西江的顺德、花县、广宁、高要等县的乡村建设运动也迅速发展起来。这些地方先后成立了农民协会，有的地方开展了减租和反抗地主武装镇压的农民斗争，建立农民自己的武装——农民自卫军。

为了培养乡村建设运动的组织者和领导者，自 1924 年 7 月至 1926 年 9 月的两年多时间里，中国共产党以国民党农民部的名义，在广州创办了以"养成农民运动之指导人才"为宗旨的"广州农民运动讲习所"，先后在共产党人彭湃、罗绮园、阮啸仙、谭植棠、毛泽东等人的主持下举办了六期农民运动讲习所。其中，彭湃主办了第一期农民运动讲习所工作，而毛泽东于 1926 年 5—9 月主办的第六期农民运动讲习所的影响最大。

1925 年 1 月，中国共产党第四次全国代表大会在上海召开。大会认为，占中国人口大多数的农民阶级是中国革命的重要成分，是无产阶级的天然盟友。因此，在中国共产党领导的乡村建设运动中要想实现其目标，"必须尽可能地系统地鼓励并组织各地农民逐渐从事经济的和政治的斗争。没有这种努力，我们希望中国革命成功以及在民族运动中取得领导地位，都是不可能的"。[1] 这次大会从思想上为中国共产党开展乡村建设实践做了充分准备。1925 年 4 月底，由彭湃等人领导的乡村建设实践得到了迅速的发展，农会组织由原来的几个增加到了 22 个，会员由 10 万人增加到 18 万人左右。1925 年 5 月 1 日，广东省第一次农民代表大会在广州召开，期间同时成立了广东省农民协会，进一步统一和加强了广东地区乡村建设实践的

---

① 《对于农民运动之议决案》，参见中央档案馆编《中共中央文件选集》（第一册），中共中央党校出版社 1989 年版，第 358 页。

领导。到同年年底，广东省县级农会发展到40个左右，会员达60万人左右，农民自卫军达3万人。

1925年春，毛泽东在湖南深入农村开展对农村政治经济状况的调查，创办农民夜校，在农民中间开展乡村建设的宣传和发动活动，并先后在韶山、银田寺一带建立了20多个秘密的农民协会。1925年秋，毛泽东发动和组织当地农民，开展阻禁地主运粮出境、平抑谷价、增加雇农工资和减租等方面经济的政治的斗争。

与此同时，湖北、河南、广西、江西、四川、河北等地也在1925年下半年开展建立了农民协会组织。

1926年5月3日，第六届农民运动讲习所在广州正式开学，9月11日结束，历时4个多月，学员来自全国20个省区共计300余名。毛泽东任所长，高语罕任政治训练主任，萧楚女任教务主任。这期农民运动讲习所十分注重对农民问题的研究，毛泽东还亲自给学员讲授《中国农民问题》、《农民教育》、《地理》三门课程。广州农民运动讲习所的开办将革命理论与实际斗争经验有机地结合起来，有组织地对中国农村开展大规模的社会调查，从而加深了中国共产党对农民问题的认识。广州农民运动讲习所为广东、广西、湖南、河南、山东、直隶、湖北、四川、陕西、江西等20个省区培训了700多名乡村建设运动的干部。这些学员们毕业后，紧急奔赴各省区开展革命工作，大多数人都担任了乡村建设运动的特派员，在各地宣传发动农民，组织农民协会，建立农民革命武装，带领农民开展反帝反封建的革命斗争，有力地促进了乡村建设运动的深入开展。

随着北伐战争的开始，由中国共产党领导的乡村建设实践也不断地发展。在湖南、湖北、江西等省都出现了空前未有的农村大革命形势，到了1927年4月，农民协会会员即从1926年年底的136万人发展到518万人。其中，最具代表性的是湖南、湖北和江西的乡村建设实践。在北伐战争后不到4个月的时间内，湖南全省75个县中就有58个县建有农民协会，会员由北伐前的40万人迅速增加到136万人。农民协会向不法地主和土豪劣绅以及各种封建宗法势力展开猛烈的攻击，推翻土豪劣绅的封建统治，解除地主武装，建立农民武装，组织清算委员会和人民法庭，没收土豪劣绅的财产，处死罪恶极大的土豪劣绅；实现减租、减息和平粜、阻禁以至插标分田等经济斗争。许多地方的农民协会实际上已成为了乡村唯一的权力机关。他们还反对各种旧的封建习俗，禁赌、禁止吸食鸦片，破除封建迷信，反对神权、族权和夫权，提倡男女平等和妇女放足，反对买卖婚姻；兴办合作社、修道路、开荒地、办学校，从事农村各项建设。1927年3月，湖北省第一次农民代表大会在武昌召开，成立湖北省农民协会。同年4月初，湖北省农民协会组织由北伐前的10个县扩展到42个县，协会组织达3500余个；会员也由7万人骤增至100万人。到5月末，成立农民协会组织的县更是达到54个，会员增加到250万人。同年2月底，江西省第一次全省农民代表大会在南昌召开，正式成立江西省农民协会。

为适应持续高涨的乡村建设运动，1927年3月30日，广东、湖南、湖北、江西四省的农民协会代表和河南武装自卫军代表在武昌举行联席会议，决定成立中华全国农民协会临时委员会。会议推举毛泽东、方志敏、彭湃等13人为全国农协临时执行委员会委员，主持全国农协工作。同时，为了培养乡村建设实践的骨干，1927年3月毛泽东在武昌创办了"中央农民运动讲习所"。在中央农民运动讲习所，毛泽东亲自讲授农民问题和农村教育等主要课程，另外还邀请了恽代英、方志敏、彭湃、周以粟、夏明翰等来讲习所授课或工作。讲习所共有来自全国各地的学员800余名，经过3个月的紧张学习，于6月毕业被分配到各地从事乡村建设运动的组织和领导工作。

中国共产党领导的乡村建设运动在全国蓬勃兴起，一方面猛烈地冲击了中国几千年来封建专制统治，给帝国主义、封建军阀、地主豪绅和贪官污吏予沉重打击；另一方面也引起了国内外反动势力的极度恐惧，国民党右派和其他一切反动政治势力咒骂农民运动"糟

得很"。同时，中共党内的右倾投降主义者也指责农民运动"过火"，
限制乡村建设实践的进一步发展。如1927年5月25日，中央政治局
通过的《对于湖南工农运动的态度》的决议中就提出："乡村农运问
题，一切非本党政策所规定的幼稚行动，立须依本党的领导力量，
切实矫正。"① 这种论调实际上就是不准农民革命，取消土地革命斗
争。同时，随着蒋介石的公开叛变，以汪精卫为代表的武汉国民政
府也蠢蠢欲动发动反革命政变，实现所谓的"宁汉合作"，对中国共
产党倡导和领导的乡村建设实践大肆攻击和镇压。而以陈独秀为代
表的右倾领导人却采取一味妥协、退让的办法，使中国共产党领导
的乡村建设运动面临极其严峻的形势。在这紧要关头，毛泽东等领
导的全国农民协会临时执行委员会通过各种形式揭露敌人的阴谋，
号召各地农民协会组织和动员农民迅速行动起来，通过建立严密的
组织和农民自己的武装反抗土豪劣绅的武装袭击和反动势力的挑衅
行为。

（三）中共早期乡村建设实践的全面开展

大革命失败后，国内政治形势发生了错综复杂的变化，以蒋介石
为代表的国民党右派在帝国主义和封建势力的支持下建立了新的军
阀统治。大革命时期被打倒的豪绅地主疯狂向农民反攻倒算。农民
处境更加悲惨，农民协会遭到解散，农民领袖和农民积极分子遭到
捕杀。田租、利息不断增加，苛捐杂税越来越多，土地日益集中在
豪绅地主手中。加上自然灾害连年不断，农业生产日益萎缩，农民
日趋贫穷。

1927年4月27日中国共产党第五次全国代表大会召开，面对新
的革命形势变化，会议提出了解决农民土地问题的主张，明确指出：

---

① 中共中央党校党史研究室编：《中共党史参考资料》（2），人民出版社1979年版，第
492页。

"现在决战之中，革命的主要任务，是土地问题的激进的解决。……无代价地没收地主租与农民的土地，交诸耕种的农民。……取消地主绅士所有的一切政权及权利，建立农民的乡村自治政府。……解除乡村中反动势力的武装，组织农民自卫军，保障自治政府及革命的胜利。"① 中共五大是中国共产党早期乡村建设运动史上的一次具有重要意义的大会，它标志着中国共产党领导的乡村建设运动已经进入到了一个新的阶段。1927 年 8 月 7 日"八七会议"召开，会议确定了土地革命和武装反抗国民党反动统治的总方针。于是，以建立农村革命根据地、开展土地革命为中心的更大规模的乡村建设的序幕正式拉开，同时也标志着中共早期乡村建设实践进入全面开展的阶段。"八七会议"后，受中共中央委托，毛泽东以中央特派员的身份赴湖南组织和领导"秋收起义"，为井冈山根据地的创立奠定了基础。

在这一期间，毛泽东提出了建立根据地的三大任务，即：开展武装斗争、深入土地革命和建立革命根据地。随后，其他各地也先后爆发农民暴动，纷纷建立革命根据地，其中主要有：1927 年 11 月，由方志敏等人领导的赣东北农民武装起义，并在基础上形成的赣东北根据地；1927 年秋，由彭德怀、滕代远、黄公略等人领导的"平江起义"，为后来的湘鄂赣边区的形成奠定了基础；1927 年 11 月，湖北黄麻起义以及 1929 年的豫东南和皖西农民起义，开创了豫东南和皖西两块根据地；1927 年秋至 1928 年春，由贺龙、周逸群在鄂西湘北湘西等地发动的农民武装斗争，形成了湘鄂边、鄂西两块革命根据地，并为湘鄂西革命根据地的建立奠定了巩固的基础；1928 年，在朱积垒、郭滴人、邓子恢、张鼎丞等领导下，闽南闽西地区发动农民武装暴动，为闽西根据地的建立奠定了基础；1929 年 12 月，由

---

① 《中国共产党第五次全国大会决议案》，参见李践为主编《中国共产党历史》（第一册），人民出版社 1990 年版，第 253 页。

邓小平、张云逸发动"百色起义"，为左右江革命根据地的建立奠定了基础。

随着各农村革命根据地的建立和发展，农村土地革命也蓬勃发展起来。1927年年底和1928年年初，井冈山和海陆丰地区开展了打倒土豪恶霸、烧毁田契借据、开仓分粮、建立武装组织的乡村建设运动，随后赣东北、闽西、赣南、鄂豫皖、湘鄂西等革命根据地也相继开展了这一斗争。1928年6月中旬至7月上旬，中国共产党第六次全代会在莫斯科召开。大会通过了《政治决议案》、《关于土地问题决议案》和《关于农民问题决议案》等决议案。会议提出了包括"没收地主阶级底一切土地，耕地归农"在内的中国共产党新民主主义革命中的十大纲领，并规定"推翻地主阶级私有土地制度，实行土地革命"为当前中国革命的中心任务之一，"应无代价地立即没收豪绅地主阶级的土地财产，没收土地归农民代表会议处理，分给无地或少地的农民使用。"① 中共六大以后，各地党组织以革命根据地为中心，发动了以开展土地革命、建立农民政权和农民武装以及发展农村经济为目标的更大规模的乡村建设实践，一直持续到1937年7月抗日战争爆发而中断。

二　建党初期乡村建设的典型实践

结合中国半殖民地半封建的社会性质和当时的国际国内形势，中国共产党在建立初期逐步明确了中国革命的性质、动力和对象。1922年7月中共二大通过的《中国共产党第二次全国代表大会宣言》明确指出："当前的中国革命性质是民主主义革命；革命的动力是无产阶级、农民和其他小资产阶级，民族资产阶级也是革命的力量之

---

① 《关于土地问题议决案》，参见中央档案馆编《中共中央文件选集》（第四册），中共中央党校出版社1989年版，第352页。

一；革命的对象是帝国主义和封建军阀；革命的前途是向社会主义革命转变。"① 因此，中国共产党自建党初期就开始注重发动和组织贫苦农民参与到乡村建设实践中，其中，尤以早期共产党人沈定一、彭湃等人发动的以建立农会组织开展抗租减租为主要内容的农民运动产生了较为重要的影响。

（一）浙江萧山衙前村的农民运动

1. 历史背景。近代以来，由于外国资本主义的入侵、国内封建主义的压迫和军阀混战的加剧，农村社会经济十分落后。广大农民遭受地主阶级的残酷剥削，农民生活极其困苦。浙江省萧山县人多地少，人均耕地只有几分，而且大部分土地集中于地主手中，贫雇农占全县人口的60%以上，遭受沉重的地租剥削。同时，由于濒临钱塘江，水患灾害严重，农民生活十分艰难。"萧山县属南沙沙地，十年以来，坍去二三十万亩，失业农民，流离相属，本年夏秋间，又被风雨潮水夺去农作之半。……农民被逼于催租和缺乏粮食，死亡相继……这些人吃一餐断二餐，或是有一天没一天，连急带饿陆续死亡，这种残酷的情形，如今还是继续着。"②

2. 萧山衙前村农民运动的基本过程。早在1920年6月27日，沈定一就与俞秀松和崇侠讨论过农村计划和农民运动问题。③ 7月，沈定一和俞秀松来到浙江萧山衙前开展农村调查工作。1921年4月初沈定一重新回到衙前，开始真正与农民建立持久的联系，商量发动农民运动和建立农村小学校，为发动农民运动作准备。1921年9月23日，沈定一在萧山的航坞山北地区，向附近几十个村的农民发表了《农民自决》的演说，指出：国家是劳动者的，国家的主权

---

① 中央档案馆编：《中共中央文件选集》（第一册），中共中央党校出版社1989年版，第111页。

② 沈定一：《代农民问官吏》，载上海《民国日报》，1921年11月8日。

③ 朱森水：《沈玄庐其人》，成都科技大学出版社1994年版，第80—81页。

应由劳动者掌握，同时号召农民应该团结组织起来，共同与大地主们作斗争。

为了迅速地建立农民自己的组织，沈定一出资兴办了衙前村农村小学，约请了杭州一师毕业的进步青年宣中华、徐白民、杨之华、唐公宪等任该校教师，并于 1921 年 9 月 26 日在衙前村举行开学典礼，宣读了《衙前农村小学校宣言》。9 月 27 日，在沈定一的组织下，于衙前村东岳庙召开了全村农民大会，正式成立了衙前农民协会，推选委员 6 人，并通过了《衙前农民协会宣言》和《衙前农民协会章程》，这是中国现代农民运动史上第一个成文的纲领。《衙前农民协会宣言》指出："农民出了养活全中国人最大多数的气力，所有一切政费、兵费、教育费以及社会种种正当的不正当的消费，十有八九靠农民的血汗做源泉。这许多血汗换来的，只是贫贱、困顿、呆笨、痛苦。……天年丰收，丰收的还是田主地主，我们农民没有分；天年歉收，田主地主在收租簿上就记一笔第二年该还的欠账；农民今年正不知道怎样图明年的活，却叫农民今年预欠明年的债。"因此，要解决农民的困苦，首先是要解决农民的土地问题。因为"土地是农民传播气力来养活人类的工具，我们不要忘记世界上的土地是应该归农民使用，我们不要忘记土地该归农民所组织的团体保管分配。……我们有组织地团结，才是我们离开恶运交好运的途径。"①

《衙前农民协会章程》不仅明确了协会成立目的、机构设置与职能，还规定了会员的权益。协会成立目的在于："本村农民，基于本村农业生产者还租的利害关系，求得勤朴的生存条件。……本会与田主地主立于对抗地位。"协会机构设置及职能作如下规定：由大会选举委员会 6 人，其中选出议事委员 3 人，执行委员 3 人。执行委员

---

① 彭明：《中国现代史资料选辑》（第 1 册），中国人民大学出版社 1987 年版，第 437—438 页。

掌管本会名册及登记簿，执行由大会及议事会的决定。凡有利益于本会的事项，议事会员有考察提议的责任。"本会会员有私事是非的争执，双方得报告议事委员会，由议事委员会调处和解；倘有过于严重的争执，由全部委员会，开会审议。"同时还明确了会员权益："本会会员，每年完纳租息的成数，由大会议决公布。租息成数，以收成及会员平均的消费所剩余的作标准。……有因依照本会大会议决的纳租成数被田主地主起佃者，本会有维持失业会员的责任。如因上项情事被田主地主送租者，本会会员皆为被告。"①

萧山衙前村的农民运动很快波及萧山县以及邻近的绍兴、曹娥等县几十个村庄。同年秋，农会领导农民开展抗捐减租活动，召开了千余人参加的示威大会，取得了胜利。这一年，萧山县许多乡的农民都只减交了40%的租子。农民协会在组织和动员农民开展抗租斗争的同时，还创办"农村小学"、组织"妇女协会"、"农民自卫军"，以此来提高农民的文化水平和革命觉悟，反抗豪绅地主的镇压。1921年冬，先后有80多村相继成立农民协会，十多万农民投入到了这场震惊全国的农民抗争运动中。12月18日，正当各村农民代表在衙前村召开减租大会时，绍兴官府派出军警，包围了衙前东岳庙，打伤农民协会积极分子数人，随后又逮捕了农民领袖李成虎等，用武力解散了农民协会，农民革命运动被反动势力所镇压。

3. 萧山衙前村农民运动的历史意义。萧山县衙前村农民运动是中国共产党领导的第一次有组织、有纲领的乡村建设实践，同时也显示了蕴藏于农民身上的强大革命力量，揭开了中国共产党早期乡村建设序幕，为后来大规模的乡村建设实践提供了宝贵的经验。

由中国共产党早期党员沈定一宣传发动的衙前村的农民革命运动非常重视农民问题，尤其是《衙前农民协会宣言》和《衙前农

① 彭明：《中国现代史资料选辑》（第1册），中国人民大学出版社1987年版，第438—439页。

民协会章程》标志着衙前农民运动的基本思想和组织程度已达到了较高的水平。①

（1）清醒地认识到中国农民阶级的本质特点和遭受地主阶级残酷剥削的艰难状况。《衙前农民协会宣言》中明确指出："农民在中国历史上是被尊敬的人民，可惜精神上的尊敬，被第三阶级资本主义的毒水淹死了。……农民出了养活全中国人最大多数的力气，所有一切政费、兵费、教育费，以及社会上种种正当和不正当的消费，十有八九靠农民的血汗做源泉，而这许多血汗所换来的，只是贫贱、困顿、呆笨、苦痛。积了许多人的贫贱、困顿、呆笨、苦痛，才造成田主地主做官经商聪明的威福"，农民却"从小没有受到教育的机会，长大时做了田主地主不用负担维持生存条件的牛马奴隶，老来收不回自己从来所努力的一米半谷来维持生活。"② 通过《宣言》的宣传，使农民们清楚地认识到地主的残酷剥削是自身贫穷的真正原因，从而为发动抗捐减租的农民运动奠定了广泛的群众思想基础。

（2）明确地提出了"耕地农有"的思想。解决农民土地所有权，实现"耕地农有"，一直以来都是历代农民运动先驱者们孜孜以求的梦想和努力实现的目标。土地问题是中国革命的根本问题，这是由中国革命的性质、任务和国情所决定的。在《衙前农民协会宣言》中已经明确提出"耕地农有"的思想："土地是农民传播气力来养活人类的工具"，所以，"世界上的土地是应该归农民使用"，"土地归农民所组织的团体保管分配"。《宣言》中提出的土地应该归农民的主张，既完全符合农民的迫切要求，又可以充分广泛地动员和组织农民参加革命运动。20 世纪 20 年代的"中国革命虽然现在已经是要革国民党的命，已经是工农的革命，然而他的任务仍旧首先便是国

---

① 陈明显：《衙前农民运动评述》，详见 http：//www. dangan. xs. zj. cn/069/moban/1/ReadNews. asp？NewsID = 175。

② 彭明：《中国现代史资料选辑》（第 1 册），中国人民大学出版社 1987 年版，第 437—438 页。

民革命——土地革命。彻底的土地革命，本来是民权主义的性质；只有彻底的革命——铲除中国的半封建的土地关系，铲除帝国主义剥削中国几万万农民的一切种种走狗的革命，才是真正的国民革命"。①

（3）建立农民协会有组织地发动农民开展革命运动。中国革命的中心问题是农民问题。② 正确认识农民的重要地位和作用是中共早期乡村建设运动中必须要解决的首要问题。"农民问题乃是国民革命的中心问题，农民不起来参加并拥护国民革命，国民革命不会成功；农民运动不赶速地做起来，农民问题不会解决；农民问题不在现在的革命运动中得到相当的解决，农民不会拥护这个革命。"③ 几千年来，中国农民无组织状态是农民受压迫和剥削的重要原因。为了号召分散的小农组织起来开展革命运动，《衙前农民协会宣言》指出："我们的觉悟，才是我们的命运。我们有组织地团结，才是我们离开恶运交好运的途径。土地归农民所组织的团体保管分配"④，于是发动组织农民成立了衙前农民协会，订立《衙前农民协会章程》。在该章程中规定："凡本村亲自下气力耕种土地的，都得加入本会，为本会会员"，"本会与田主地主立于对抗的地位"。⑤ 从而明确规定了农民协会是农民自己的组织，是与地主处在对抗的地位，是以保护农民权益为目的的组织。衙前农民协会的成立谱写了中国共产党创建时期领导农民革命建立第一个农民协会的斗争历史，为党进一步开

---

① 瞿秋白：《中国革命是什么样的革命》，载中央档案馆编《中共中央文件选集》（第三册），中共中央党校出版社1989年版，第638页。

② 蔡和森：《中国革命的性质及其前途》，参见陈翰笙、薛暮桥、冯和法编《解放前的中国农村》（第一辑），中国展望出版社1985年版，第187页。

③ 毛泽东：《国民革命与农民运动〈农民问题丛刊〉序》，见中共中央文献研究室编《毛泽东文集》（第一卷），人民出版社1993年版，第37页。

④ 彭明：《中国现代史资料选辑》（第1册），中国人民大学出版社1987年版，第437—438页。

⑤ 同上书，第438—440页。

展农民革命运动提供了最早的直接经验。①

（二）广东海陆丰地区的农民运动

1. 历史背景。当时海丰农村经济社会情况与浙江萧山基本相似。"辛亥革命以前，海丰的农民一直是隶属于满清的皇帝、官僚、士绅和田主这班压迫阶级底下，农民怕地主士绅和官府好像老鼠怕猫的样子，终日在地主的斗盖、士绅的扇头和官府的锁链中呻吟过活。"② 海丰的耕地大部分被地主占有，农民也大多为佃耕农，同时承受着高额的田租，农民的反抗情绪渐浓，"海丰现在做官的钱很多，竞买田地，地价骤增，农民之纳田租，当然亦增加，佃主的争议，亦必多起来。海丰物价日贵，农民生活日益困艰，他们时时都有暴动的心理，反的心理"。③ 在这种情况下，农民深刻地认识到只有团结起来才能与地主阶级作斗争，"他们对于农会的组织，都有很强烈的情感。他们现已渐有了阶级的觉悟。他们现已渐能巩固自阶级的壁垒"。④

2. 海陆丰农民运动的基本过程。1922 年 6 月，被誉为"农民大王"的澎湃回到自己的家乡海丰县赤山约宣传革命道理，从事乡村建设实践活动。同年 7 月，他协助当地农民建立赤山约第一个秘密的农民协会组织，一个月后，农会会员由最初的 6 人发展到 30 多人。农民协会一方面帮助会员解决日常生产、生活中的困难，反对封建恶习；另一方面，组织农民进行反对地主升租吊田的斗争，抗税抗捐、打击土豪劣绅的地租剥削。于是农民协会很快获得了农民的信任。同年 10 月下旬，农民协会活动范围已扩大到赤山约所属的 20 多

① 陈明显：《衙前农民运动评述》，http：//www. dangan. xs. zj. cn/069/moban/1/Read-News. asp？ NewsID = 175。

② 澎湃：《海丰农民运动》，参见《澎湃文集》，人民出版社 1981 年版，第 101 页。

③ 澎湃：《海丰农民运动的兴起》，参见《澎湃文集》，人民出版社 1981 年版，第 10—12 页。

④ 同上。

个村庄，会员也发展到 500 多人。同年 10 月 25 日，赤山约农会在龙山天后庙召开成立大会，宣布了赤山约农民协会的宣言和章程。随后，彭湃又辗转于海丰县的其他乡村，号召农民迅速行动起来，为维护自身的权益，成立农民协会。经过努力，1922 年 11 月中旬又成立了守望约农民协会。至年底，海丰县建有农民协会组织的有 12 个约、98 个乡，会员发展到两万户，人口近 10 万人，约占全县总人口的 1/4。对于这一时期的农会建立情况，彭湃在 1923 年 11 月 18 日给李春涛的信——《海丰农民运动的兴起》中进行了详细的介绍："继赤山约农会而起的，有守望农会，即守望约一带——在北路银屏、莲花诸山麓居住的农民为多。两会会员，共有五百户，每户平均约七人，共约三千五百人之多。现在罗山约、北笏约、银溪约、联峰约在酝酿之中。这回冬季收获后，他们即可成立。计划到旧历年尾（一九二三年一二月间），可成立农会八处，少亦五六处。那时候，可组织总农会于县城，可以向田主挑战。中国农民的阶级斗争，将出现于南部海丰一隅。"[①]

为加强农民协会组织间的联系和影响，1923 年 1 月 1 日，海丰总农会在海丰县城召开。大会通过了海丰总农民协会章程——《海丰总农会临时简章》，并选举彭湃任会长。这是中共早期成立的第一个县级农民协会，并采取一系列具体措施开展农民协会建设。

（1）开展经济建设。农会十分注重发展农业生产，发展农桑、造林，开垦荒地，改良种子、肥料、农具和耕种方法，提高农业产量，增加农民收入；饲养耕牛，解决无耕牛者用耕之需。开展减轻租息。在遇到灾年歉收和农产价格下降、农业生产资料价格上涨时，农会应向田主请减租额，减轻农民田赋，租额。调解息讼。如果会员间产生争执，农会应极力和解，以免讼累。减轻农民负担。在生

---

① 彭明：《中国现代史资料选辑》（第 1 册），中国人民大学出版社 1987 年版，第 441 页。

产和生活上加强监督。一方面，防止"田主吊田"，即收地主回租佃的田，以免影响农民的生计，另一方面防止农民投肥不足影响农业收成，以保障农民生活稳定。同时，还重视兴修水利。疏浚河流湖塘、修筑坡圳，发展水利事业，改善农业生产条件。

（2）开展文化教育建设。各乡设立"农民学校"、"半夜学校"、"图书报社"、"演说团"等文化教育机构，发展乡村文化教育事业，提高农民的文化水平。建立"农民医院"，开展"育婴"、"养老"等社会保障事业，做到幼有所育，老有所养，发展卫生及老幼保健事业。禁止会员沾染"吸食鸦片、赌博"等社会恶习，改良乡村恶习，改善乡风民俗。

（3）开展其他乡村建设活动。如开展乡村社会调查，摸清农村户口、耕地、收获及其他农村状况。开展合作运动，设立"农业银行"、"消费组合"，为农民生产生活提供贷款，满足农民生产生活品需求。开展农民自卫运动，成立民团组织，"防盗劫掠强"，"保护农业产品"，维护乡村安定。①

在海丰农民运动声威的影响下，陆丰、惠阳等县的农民运动也相继发展起来。1923年5月，海丰、陆丰、惠阳三县共有70多个约、1500多个乡建立了农民协会组织，会员达到20多万人。并在同年的五一劳动节这一天，召开三县农民协会的庆祝大会，会上发表了《海陆归三县农会"五一"宣言》。1923年7月，在惠州农民联合会的基础上成立了广东省农民联合会。到1923年年底，广东的农会组织已扩展到10个县，会员达到26800户，共计134000人。②

3. 海陆丰农民运动的历史意义。由共产党员彭湃等人领导的广东海陆丰乡村建设实践，是中共早期乡村建设运动初期规模最大、

---

① 彭明：《中国现代史资料选辑》（第1册），中国人民大学出版社1987年版，第444页。

② 《第一次国内革命战争时期的农民运动资料》（中国现代革命史资料丛刊），人民出版社1983年版，第174页。

影响最深的乡村建设实践，也是"建党初期范围广，影响大的农民运动"①。彭湃所领导的海丰县农会，不仅有正式的行动纲领，而且农会内部门设置齐全，涵盖教育、卫生、财政、农业、仲裁等部门。1923年1月1日通过的《海丰总农会临时简章》中制定了农会行动纲领，即"谋农民生活之改造"，"谋农业之发展"，"谋农村之自治"，"谋农民教育之普及"。明确了农会成立的目的，即"联合各约农会，本合群之天职，互助之精神，唤醒农民之自觉"。规定了农会内部的组织结构，即"会所暂设龙山宫——通讯处大街宏仁西药房，……选出正会长一人，……总揽会务。副会长二人，协助正会长。庶务部书记部财务部调查部部长各一人，主任各一人，部员若干"。《海丰总农会临时简章》是一个既完整又符合当地实际的农会政纲。正如彭湃所言："湃本来要仿照'苏维埃'的组织法，不过我对于那种组织，尚未彻底明白。次是，一般农民智识低下，头脑简单，怕那难记的名词，所以就按照普通学生会式的章程。"② 从而开创性地走出了一条结合农村农民实际情况开展农民运动的特色道路。由彭湃领导的海陆丰农民协会的迅速发展表明了中共早期就开始注重与工农大众相结合，发动和依靠工农联盟开展革命斗争。"农业是中国国民经济之基础，农民至少占全国人口百分之六十以上，其中最困苦者居民中半数之无地的佃农，此种人数超过一亿二千万被压迫的劳苦大众，自然是工人阶级最有力的友军，……中国共产党若离开了农民，便很难成一个大的群众党。"③

---

① 中共中央党史研究室：《中国共产党历史》（第一卷上册），中共党史出版社2002年版，第120页。

② 彭明：《中国现代史资料选辑》（第1册），中国人民大学出版社1987年版，第442—443页。

③ 《中国共产党对于目前实际问题之计划》，参见中央档案馆编《中共中央文件选集》（第一册），中共中央党校出版社1989年版，第124页。

三 中央苏区时期乡村建设实践

大革命失败后，中国革命进入了一个新的历史时期——"中国人民在中国共产党的领导下，进入了对国民党新军阀进行武装斗争和深入开展土地革命的新的历史时期。"[①] 同样，中国共产党领导的乡村建设运动也进入到了一个新的阶段，即：以消灭封建地主土地所有制、实现"耕者有其田"的制度，解决农民土地问题；以推翻封建地主阶级的统治，建立农民政权；以消灭封建地主阶级的武装，建立农民武装；以突破国民党反动派的封锁，发展根据地经济为主要内容。其中，尤以中央苏区开展的乡村建设实践较为突出地体现了土地革命时期的中共乡村建设思想与实践。

（一）中央苏区乡村建设的历史背景

中央苏区，即"中央革命根据地"，是在1929—1934年土地革命战争时期以赣南、闽西两块根据地为基础创建的，为当时全国最大的革命根据地。1931年11月，中华苏维埃第一次全国代表大会在瑞金召开，宣告成立了中华苏维埃共和国临时中央政府，从而使中央革命根据地成为全国苏维埃运动的中心区域，是中华苏维埃共和国党、政、军首脑机关所在地。中央苏区的县域覆盖范围包括：福建省20个，江西省13个，广东省1个。福建省20个中央苏区县是：建宁、泰宁、宁化、清流、明溪、龙岩、长汀、连城、上杭、永定、武平、漳平、平和、将乐、沙县、邵武、诏安、武夷山、光泽县、建阳。江西省13个中央苏区县是：瑞金、兴国、宁都、于都、石城、会昌、寻乌、信丰、安远、广昌、黎川、上犹、崇义。广东省1个中央苏区县是：大埔。

---

① 李践为：《中国共产党历史》（第一册），人民出版社1990年版，第262页。

面对迅速发展壮大的中央苏维埃政权，国民党政府对中央根据地发动了大规模军事围剿，企图消灭新生的苏维埃政权，同时还对中央苏区加紧经济封锁，企图使中央苏区军民"不能存一粒米、一撮盐、一勺水的补给"，造成经济枯竭，无法生存下去。从1932年起这种经济封锁更加紧了，国民党政府企图建立纵深260里的封锁网，在苏区周围设立食盐公卖局，限制每人每天只买盐三四钱，每月不得超过一斤，把群众的粮食搜掠到反动的堡垒里去。严密的经济封锁给中央苏区造成的困难越来越大：农民分得了土地，生产出来的稻谷、花生、大豆等农产品卖不出去，价格不断下跌；同时苏区生活所需的食盐、洋布、煤油、西药等工业品，十分奇缺，价格越来越高。由于工业品的缺乏，严重地影响了群众的生产和红军的给养。同时，自1931年年底临时中央一些"左"的经济政策推行到中央苏区来，导致苏区经济状况更是雪上加霜。到1933年春夏之交，中央苏区工商业凋敝，食盐、布匹、药品等日用品极端缺乏而且价格昂贵，部分地方因缺粮而发生饥荒，苏区经济严重恶化。

针对中央苏区所面临的严峻的军事和经济形势，当时党内出现了两种错误观点。一种观点认为在战争环境中不可能进行经济建设。"有些同志认为革命战争已经忙不了，哪里还有闲工夫去做经济建设工作，因此见到谁说经济建设，就要骂谁为'右'倾。"[①] 这种观点把苏区的经济建设同革命战争割裂开来，对立起来，不了解只有开展经济建设，红色政权才有稳固的经济基础，革命战争才有充足的供给保障，党和苏维埃才能立于不败之地。另一种观点认为经济建设是一切任务的中心，不了解革命战争才是当前压倒一切的中心任务。在统一党内认识的基础上，针对根据地农村的实际情况，毛泽东充分估计到苏区经济斗争的长期性和复杂性，正确处理了革命战

———

① 毛泽东：《必须注意经济工作》，《毛泽东选集》（第一卷），人民出版社1991年版，第119页。

争和经济建设的关系。毛泽东反复阐明"一要打仗，二要建设"的思想，制定了苏区经济建设的正确方针。"我们的经济政策的原则，是进行一切可能的和必须的经济方面的建设，集中经济力量供给战争，同时极力改良民众的生活，巩固工农在经济方面的联合，保证无产阶级对于农民的领导，争取国营经济对私人经济的领导，造成将来发展到社会主义的前提。"① 1933 年 7 月 20 日，毛泽东、项英等签发中央政府通告，强调指出："革命战争的猛烈发展，要求苏维埃采取坚决的政策，去发展苏区的国民经济，抵制奸商的残酷剥削，打破国民党的经济封锁，使群众生活得到进一步的改良，使革命战争得到更加充实的物质上的力量。这一重大任务，是迫切摆在整个苏维埃与广大工农群众的面前。"②

为了打破国民党政府对中央苏区的军事围剿和经济封锁，必须加强苏区建设，巩固苏维埃政权基础、经济基础和社会基础。而当时中央苏区所覆盖的范围主要是以农村为主，大多数为农村人口，因此苏区建设实际上是围绕着乡村建设开展的。自 1930 年年初开始，由各级苏维埃政府领导在中央苏区农村逐步开展乡村建设，主要内容包括：实行土地改革、加强基层政权建设、开展互助合作发展农业生产、完善社会服务和社会保障、实施文化卫生教育，提高群众素质、加强苏区基层干部优良工作作风培养等方面。中国共产党通过成功开展苏区乡村建设，为新生的苏维埃政权奠定了坚实的政治基础、经济基础、社会基础和思想文化基础等。尤其是以长冈、才溪两个"乡苏工作的模范乡"为核心集中体现了中央苏区乡村建设实践和思想。

---

① 毛泽东：《我们的经济政策》，《毛泽东选集》（第一卷），人民出版社 1991 年版，第 130 页。

② 《中央政府通告第二号》，1933 年 7 月 20 日。

（二）中央苏区乡村建设实践的主要内容

中央苏区时期，长冈乡隶属江西省兴国县上社区，分为长冈、塘背、新溪、泗望四村。全乡人口 437 户，1785 人，出外当红军、工作的 320 人，在乡 1465 人（包括短夫及区乡工作人员在内）。在乡人口中，中农贫农 1286 人，工人、雇农、苦力 102 人，地主富农 77 人。才溪乡属于福建省上杭县的才溪区，包括上才溪和下才溪。上才溪分为雷屋、洋下、中兴、上屋四村，共有人口 523 户，2318 人，青壮年男子 554 人，出外当红军、做工的 485 人，占 88%。下才溪分为樟坑、下坑、发坑、孙屋四村，共有 503 户，2610 人，青壮年男子 765 人，出外当红军、做工的 533 人，占 70%。

1. 加强基层政权建设，广泛开展民主选举。根据 1933 年颁布的《中华苏维埃共和国地方苏维埃暂行组织法（草案）》，明确规定：中华苏维埃共和国地方政权采取省、县、区、乡（市）四级制。县、区下的乡（市）属于中华苏维埃共和国的基层政权。乡（市）苏维埃代表会议为全乡（市）的最高权力机关，亦即乡（市）苏维埃政府。乡苏维埃之下设村，村实行代表制，与基层政权区别开来，从而明确了基层政权组织在苏区政权中的地位和作用。苏区党和苏维埃政府始终把抓好乡苏维埃和市苏维埃的基层政权建设作为工作的着重点。毛泽东特别重视苏区基层政权建设，认为一切苏维埃政权工作的实际执行，主要在乡这一级。"我们要建立一个坚固的塔，就要从打下坚固的塔脚做起，我们要建立坚固的苏维埃，也要打下坚固的苏维埃塔脚，这就是城乡苏维埃了。""乡苏维埃（与市苏维埃）是苏维埃的基本组织，是苏维埃最接近群众的一级，是直接领导群众执行苏维埃各种革命任务的机关。"①

---

① 毛泽东：《乡苏怎样工作》，《毛泽东文集》（第一卷），人民出版社 1993 年版，第 343 页。

为了进一步推动苏区基层政权建设，1933 年 11 月中下旬，毛泽东先后到江西省兴国县长冈乡、福建省上杭县才溪乡进行实地调查，系统地总结了两个乡的苏维埃工作，并指出："村的代表主任制度及代表与居民发生固定关系的办法，是苏维埃组织与领导方面的一大进步。才溪乡，是同长冈、石水等乡一样，收到了很大效果的。乡的中心在村，故村的组织与领导成为极应注意的问题。将乡的全境划分为若干村，依靠于民众自己的乡苏代表及村的委员会与民众团体在村的坚强的领导，使全村民众像网一样组织于苏维埃之下，去执行苏维埃的一切工作任务，这是苏维埃制度优胜于历史上一切政治制度的最明显的一个地方。长冈、才溪、石水等乡的办法，应该推行到全苏区去。"[①]

为了体现工农民主专政的特点，苏维埃开始实行普遍选举制度，由选民直接选举产生民主政权机关，并在组织制度和选举实际工作中进行了许多探索和创新，如《中华苏维埃共和国宪法大纲》中规定：乡（市）苏维埃的代表，完全由全乡（市）的选民大会选举出来。居民和产生苏维埃代表的比例标准为：每 50 名居民选举一名乡苏维埃代表，每 200 名居民选举一名城市苏维埃代表。后来为提高工人阶级在苏维埃机关的领导权利，规定工人苦力雇农每 13 人选举正式代表一人，并增设候补代表，以正式代表的 1/5 比例产生；在选举中，城市以生产单位或划分区域进行选举；在乡村里，则以村为单位开选举大会。苏维埃代表每半年改选一次，以便使人民群众的新意见容易反映到苏维埃中来，这一由选民直接选举产生的民主政权机关，充分地体现了民意。在中央苏区 1932 年的两次选举和 1933 年下半年的选举中，许多地方达到 80% 以上的选民，有的甚至达到了 90% 以上。毛泽东通过对才溪乡民主选举的调查指出："上下才溪的

---

① 毛泽东：《才溪乡调查》，参见《毛泽东农村调查文集》，人民出版社 1982 年版，第 336 页。

选举是一般成功了的。他们的选举宣传，他们的组织候选名单与发动群众对候选名单的批评，他们的联系选举于别项工作，他们的组织工人与女子当选，都充分执行了中央政府的选举训令，成为苏区选举运动的模范。"① 同时，通过总结各地苏维埃选举经验，提出了一些行之有效的具体措施，即进行选民登记，公布选民名单，让选民进行评议；报告苏维埃工作，并引导选民给予批评；注意妇女的当选，以调动其参加国家管理的积极性等。"所有这些，都使民众对于行使管理国家机关的权利的基本步骤——苏维埃的选举，有了完满的办法，保证了苏维埃政权巩固的基础。"②

2. 开展土地改革，实现"耕地农有"。1929 年 1 月至 4 月毛泽东在赣南期间，经过大量调研，总结《井冈山土地法》中的不足，制定了《兴国土地法》，主要内容是"没收一切公共土地及地主阶级的土地归兴国工农兵代表会议政府所有，分给无田地及少田地的农民耕种使用"。③ 并在中共闽西第一次代表大会通过了《土地问题决议案》，解决了土地所有权和"抽肥补瘦"的问题，以及制定土地革命路线和主要政策等内容。

在土地改革的实践中，赣西南党内围绕具体土地政策出现了不同的意见分歧，有的主张分田按劳动力为标准，即"谁种得多谁就可以多分土地，谁耕种能力少或无耕具的雇农就可以少分或不分土地"。有的主张按人口平均分配土地。④ 为了统一土地改革政策，

---

① 毛泽东：《才溪乡调查》，参见《毛泽东农村调查文集》，人民出版社 1982 年版，第 338 页。

② 毛泽东：《中华苏维埃共和国中央执行委员会与人民委员会对第二次全国苏维埃代表大会的报告》（1934 年 1 月），见江西省档案馆、中央江西省委党校党史教研室编《中央革命根据地史料选编》（下），江西人民出版社 1982 年版，第 308 页。

③ 中山大学党史组：《中共党史文献选辑》（第一辑），中共党史文献出版社 1977 年版，第 282 页。

④ 中共中央党史研究室：《土地革命纪事》（1927—1937），求实出版社 1982 年版，第 150 页。

1930 年 2 月 7 日，红四军前委、赣西南特委、红五军及红六军军委在江西吉安召开联席会议，集中讨论土地等重大问题，决定深入贯彻土地革命的决议，提出土地工作"一要分、二要快"的口号，并拟定了赣西南土地法。1930 年 3 月 15 日，赣西南苏维埃政府成立并颁布《赣西南苏维埃政府土地法》，决定成立"分田委员会"，分田原则是"抽多补少"。

1930 年 8 月，以毛泽东为主席的中国革命军事委员会在总结《兴国土地法》和《赣西南苏维埃政府土地法》的基础上，正式颁布了《苏维埃土地法》。该法纠正了立三路线的"左"倾错误，总结了中央苏区土地斗争经验，再次重申和肯定按人口平分土地，"抽多补少，抽肥补瘦"等重要原则和政策，这是一部较为完整的土地法。在此基础上，通过不断总结广大苏区群众开展土地革命运动的实践，形成了中国共产党早期土地革命路线：依靠贫农、雇农，联合中农，限制富农，消灭地主阶级，变封建半封建的土地所有制为农民的土地所有制。毛泽东在 1934 年"全苏二大"报告中指出："这一路线的正确运用，是保证土地斗争胜利发展的关键，是苏维埃每一对于农村的具体政策的基础。"[①]

3. 大力发展农业生产，开展劳动互助合作。为了打破国民党政府对苏区的经济封锁，巩固苏维埃政权的经济基础，为革命战争提供充足的经济保障，必须要正确处理革命战争和经济建设的关系。对此，毛泽东反复阐明了"一要打仗，二要建设"的思想，认为经济建设必须是环绕着革命战争这个中心任务的。因此，针对根据地农村的实际情况，苏维埃"经济建设的中心是发展农业生产，发展工业生产，发展对外贸易和发展合作社"。[②] 1934 年 1 月，毛泽东在

---

① 江西省档案馆、中央江西省委党校党史教研室：《中央革命根据地史料选编》（下），江西人民出版社 1982 年版，第 320 页。

② 毛泽东：《我们的经济政策》，《毛泽东选集》（第一卷），人民出版社 1991 年版，第 130—131 页。

总结领导革命根据地经济建设经验时指出："在目前的条件下，农业生产是我们经济建设工作的第一位，它不但需要解决最重要的粮食问题，而且需要解决衣服、砂糖、纸张等项日常用品的原料即棉、麻、蔗、竹等的供给问题。森林的培养、畜产的增殖，也是农业的重要部分。"①

强调大力发展农业生产。从苏区经济形势出发，经济生产的首要任务是"发展广大苏区的农业生产"，"苏维埃应该用一切方法去提高农民群众的生产热忱。应乘着春耕秋收各个重要的农事季节进行提高生产的普遍而广大的运动，动员整个农村民众一齐进入生产的战线中"。② 中央国民经济委员部及各省国民经济部作出相应的具体实施计划，充分发挥政权的能动调节功能，把分散的小农生产联合起来，推动农业生产。为此，每到春耕、秋收等农忙时节，苏区各级政府就发布各种指示、训令，召开各级会议，领导和组织群众生产，并进行劳动宣传，以这些行动最大限度地发挥农民的生产能力。

加强以粮食生产为主的农作物种植。1934 年 1 月，毛泽东在全苏二大的报告中指出："在目前的条件之下，农业生产是我们经济建设工作的第一位，它不但需要解决最重要的粮食问题，而且需要解决衣服、砂糖、纸张等项日常用品的原料即棉、麻、蔗、竹等的供给问题。"③。尤其要把粮食的生产放在首要位置，"一来可以解决红军给养以及闽西等处粮食不够的问题；二来可以运出白区多收现金进来；三来可以增加农民的出息；四来可以增加政府土地税、商业

---

① 毛泽东：《我们的经济政策》，《毛泽东选集》（第一卷），人民出版社 1991 年版，第131 页。

② 毛泽东：《中华苏维埃共和国中央执行委员会与人民委员会对第二次全国苏维埃代表大会的报告》（1934 年 1 月），参见江西省档案馆、中央江西省委党校党史教研室编《中央革命根据地史料选编》（下），江西人民出版社 1982 年版，第 340 页。

③ 毛泽东：《我们的经济政策》，《毛泽东选集》（第一卷），人民出版社 1991 年版，第131 页。

税之收入"。①

　　开展劳动互助合作，促进农业生产。发展农业生产需要大量的劳动力，而当时苏区大多数青壮年男性劳动力都参加了红军，如："长冈乡全部青年壮年男子（十六岁至四十五岁）四百零七人，其中出外当红军、做工作的三百二十人，占百分之七十九。上才溪全部青年壮年男子（十六岁至五十五岁）五百五十四人，出外当红军、做工作的四百八十五人，占百分之八十八。下才溪全部青年壮年男子七百六十五人，出外当红军、做工作的五百三十三人，也占了百分之七十。这样大量地扩大红军，如果不从经济上、生产上去彻底解决问题，是决然办不到的。"② 中央苏区各级党和苏维埃政府为了克服劳动力不足给农业生产带来的困难，采取了一些补救措施，其中最有效、最根本的办法是：在不改变个体所有制的基础上，把广大农民组织起来，通过调剂劳动力，互帮互助。"调剂劳动力的主要方法，是劳动合作社与耕田队。其任务是帮助红属与群众互助。帮助红属：带饭包（不带菜），带农具，蒔田割禾也是这样。群众互助：议定每天工钱二毛，男女一样，紧时平时一样，一九三〇年起就这样做。工钱，红属帮助红属，每天一毛半；红属帮助群众，每天二毛；群众帮助红属，不要工钱。"③ 在组建耕田队的基础上，苏区农村还出现了一种既带有义务性又具备劳力经济性协调的组织——互助社。互助社的典型代表是"才溪乡劳动合作社"，"本乡劳动合作社，一九三一年开始创设的。现在全苏区实行的'劳动互助社'，就是发源于此的"。它既有群众参加，也有红属参加，既具有义务劳动的功能，又有经济核算的能力，实际上已是劳动力互助的一种成熟标志，

---

　　① 邓子恢：《中华苏维埃共和国临时中央政府土地委员部训令第二号：春耕计划》，《红色中华》第 52 期，1933 年 2 月 13 日，第 5 版。

　　② 毛泽东：《才溪乡调查》，参见《毛泽东农村调查文集》，人民出版社 1982 年版，第 342 页。

　　③ 同上书，第 343 页。

并适合于不同的地区。① 当时长冈乡每村都有 1 个劳动互助社，除红属外，凡有劳力的，80％ 都加入了，全乡共有社员 300 多人。

劳动互助社在苏区初步推广后，农村中的劳动力得到一定程度的调剂，同时也减轻了劳动力不足对农业产生的消极影响，"劳动互助社在农业生产上伟大的作用，长冈乡明显地表现出来了。根据群众的意愿，以村为单位统筹生产，一切地方都可实行，特别在扩大红军数多的地方。必要时还可以乡为单位，甚至以区为单位统筹，上杭才溪区就是这样做的。耕田队可以合并到劳动互助社，使组织上统一起来。这里有一个重要问题，就是动员女子参加生产。长冈乡十六岁至四十五岁的全部青年壮年七百三十三人，出外当红军做工作去了三百二十人，在乡四百一十三人，其中男子只八十七人，女子竟占三百二十六人（一与四之比），因此长冈乡的生产绝大部分是依靠女子。长冈乡提出了'妇女学习犁耙'的口号，女子已是成群地进入生产战线中，这证明有组织地调剂人工与推动女子参加生产，是不可分离的任务。长冈乡扩大红军如此之多，生产不减少，反增加了，即因为他们把这个问题很好地解决了。"② 因此，中华苏维埃临时政府总结了互助合作运动的经验，颁布了《劳动互助社组织纲要》，从政策上指导和规范农村的劳动互助组织，从而促进了互助合作运动的深入广泛开展，使中央苏区农业生产发展有了一个比较稳固的劳动力基础，"有计划的调剂人工，经过集体劳动的方式，高度地发扬了群众的热忱，家事最紧张时，工资也不会无限制地飞涨，而且各人都能适时的收获他们的农产物"。③

由于国民党反动派对革命根据地的摧残、抢掠，加上地主、富农

---

① 毛泽东：《才溪乡调查》，参见《毛泽东农村调查文集》，人民出版社 1982 年版，第 344 页。

② 同上书，第 311—312 页。

③ 陈潇：《一个模范的劳动互助社》，《红色中华》第 162 期，1934 年 3 月 15 日，第 2 版。

的破坏和偷贩耕牛，导致苏区根据地农村耕牛严重缺乏。"根据瑞金石水乡（无牛的百分之三十）、兴国长冈乡（无牛的百分之二十五）、上杭才溪乡（无牛的百分之二十）三处的材料，可以知道农民中完全无牛的，平均要占百分之二十五，这是一个绝大的问题。解决方法，莫妙于领导群众组织犁牛合作社，共同集股买牛。"① 犁牛合作社的组织在中央苏区逐渐发展起来。到 1934 年 5 月，仅闽西苏区长汀县已建立了 66 个犁牛合作社，有耕牛 143 只。② 对解决根据地群众耕牛缺乏的困难，保证农业生产的发展起了重要作用。

通过在群众中开展劳动互助合作，极大地调动了农民的生产积极性，有效地促进了农业生产。对此，毛泽东通过才溪乡调查指出："劳动合作社（别地称劳动互助社）、消费合作社、粮食合作社，组织了全乡群众的经济生活，经济上的组织性进到了很高的程度，成为全苏区第一个光荣的模范。这种经济战线上的成绩，兴奋了整个群众，使广大群众为了保卫苏区发展苏区而手执武器上前线去，全无家庭后顾之忧。……这一铁的事实，给了我们一个有力的武器，去粉碎一切机会主义者的瞎说，如像说国内战争中经济建设是不可能的，如像说苏区群众生活没有改良，如像说群众不愿意当红军，或者说扩大红军便没有人生产了。"③

4. 高度关注民生问题，完善社会服务和社会保障。中央苏区经济建设的根本目的除了服务于革命战争的需要以外，还要提高苏区人民群众的生活水平和社会保障。在第二次全国苏维埃代表大会上，毛泽东对苏维埃政权建设的经验作了详细的总结。毛泽东指出从发

---

① 毛泽东：《长冈乡调查》，参见《毛泽东农村调查文集》，人民出版社 1982 年版，第 313 页。

② 王观澜：《春耕运动总结与夏耕运动的任务》，《红色中华》第 194 期，1934 年 5 月 28 日，第2 版。

③ 毛泽东：《才溪乡调查》，参见《毛泽东农村调查文集》，人民出版社 1982 年版，第 352 页。

展革命战争的需要来看，绝不能忽视广大群众的切身利益和生活问题。"因为战争是群众的战争，只有动员群众才能进行战争，只有依靠群众才能进行战争。……一切群众的实际生活问题，都是苏维埃应该注意的重要问题。假如苏维埃对这些问题注意了，讨论了，解决了，满足了群众的需要，苏维埃就真正成了群众生活的组织者，群众就会真正地围绕在苏维埃的周围，热烈地拥护苏维埃。"① 毛泽东通过对长冈乡乡苏工作的调查进一步指出："苏维埃是群众生活的组织者，只有苏维埃用尽它的一切努力解决了群众的问题，切切实实改良了群众的生活，取得了群众对于苏维埃的信仰，才能动员广大群众加入红军，帮助战争，为粉碎敌人的'围剿'而斗争。应该明白：长冈乡在战争动员上的伟大成绩，是与他们改良群众生活的成绩不可分离的。"②

苏维埃政府还十分注重为基层群众提供劳动保障和社会服务。苏区政府为保护劳动者权益先后制定了《劳动保护法》、《中华苏维埃共和国劳动法》等。这些法律法规规定，中华苏维埃政权以彻底改善工人阶级的生活状况为目的，制定劳动法，宣布8小时工作制，规定最低限度的工资标准，创立社会保险制度与国家的失业津贴，并宣布工人有监督生产之权。在社会保险中，由雇主按全部工资总额的10%—15%支付社会保险基金，被保险人不付保险费。通过这些劳动保障法律的实施，有效地提高了工人群众的社会地位，改善了工人及其家庭的经济状况起到了积极的作用，同时，还对需要救助的对象实施社会救济。如在长冈乡设立互济会，互济会会员611人，全乡只有约20家孤老户没有加入互济会。开展的主要救济活动包括：慰劳红军、募捐救济难民、援助反帝、募捐救济遭灾重病家庭、

---

① 毛泽东：《关心群众生活，注意工作方法》，参见《毛泽东选集》（第一卷），人民出版社1991年版，第136—137页。
② 毛泽东：《长冈乡调查》，参见《毛泽东农村调查文集》，人民出版社1982年版，第308—309页。

救济饥荒、救济红军家属等。"长冈乡苏维埃与互济会的社会救济工作，是值得赞扬的。长冈乡是在最具体最实际地解决群众中的每一个困难问题。"①为解决红军官兵的家庭后顾之忧，苏区中央政府于1934年2月8日颁布了《优待红军家属耕田队条例》，规定：红军战士在服役期间，无劳力耕种家中田地或分得之公田，应由苏维埃政府派人帮助耕种。

由于苏区政府高度关注民生问题，为群众提供了完善的社会服务和社会保障，广大基层群众不仅热烈拥护新生的苏维埃政权，积极参与革命工作和经济建设，同时又使红军官兵及其家属在精神上得到鼓励，生活上获得帮助，密切了军民关系、党群关系。

5. 实施文化卫生教育，提高群众基本素质。为了提高苏区群众的文化素质，苏区政府高度重视农村文化事业建设。1930年3月，闽西第一次工农兵代表大会《宣言》要求："实行免费教育，编制教材，开办报馆及各科训练班，举行识字运动，以提高群众文化程度。"并在《文化问题决议案》中，提出发展文化事业的具体措施："各区乡应普遍开办高级初级劳动学校，招收男女学生读书，除膳费外一律免费。""各区乡政府要切实进行识字运动。"②1933年1月苏区召开文化教育大会，作出《消灭文盲决议案》，指出：今后的组织，仍当以乡为基本组织，每乡设立一个消灭文盲协会、夜学和识字小组、短期训练班、半日学校等。苏区扫盲识字方法多种多样，如办夜校、业余实习班和识字班、识字组、俱乐部、列宁室，在村头路口，街头巷尾，到处设立识字牌，形成一个遍布城乡、村组的业余教育网络。如长冈乡4个村每村都有一个列宁小学，共有187名学生，占全乡学龄儿童总数的65%。全乡有夜学9个，学生平均每校约32人，男性约占30%，女性约占70%，全乡16—45岁的青壮

---

① 毛泽东：《长冈乡调查》，参见《毛泽东农村调查文集》，人民出版社1982年版，第323页。

② 余伯流、凌步机：《中央苏区史》，江西人民出版社2001年版，第768页。

年共 413 人，大多数进了夜学，45 岁以上的"老同志"也有少数来读的。群众非常欢迎，说"夜学顶好"，同时，将那些家里有小孩子累赘的、"更多年纪的"、家里人太少离夜学又远的人编入识字班。[①]据 1932 年 11 月江西省苏维埃政府不完全统计，仅胜利、于都、宁都等 14 个县，共办了夜校 3298 所，识字小组 19812 个，俱乐部 712 个，建立识字委员会 2744 个，参加夜校和识字组学习的共 140208 人，占失学成年人和儿童总数的 47%。苏区中心区兴国县 1933 年年底统计，全县已建立乡识字运动总会 130 个，村识字运动分会 561 个，识字小组 3387 个，参加识字小组的组员 22519 人。全县 35 岁以下不识字的男女青年，差不多都上了夜校，其中大多数人都摘除了文盲帽子，尤其是妇女，参加扫盲识字成效更为显著。[②]

为了丰富苏区群众的文化生活，还开展以俱乐部列宁室为核心组织机构的文艺活动，使之遍及苏区各部队、机关、团体、学校、企业与城乡各地，活跃基层群众文化生活。如长冈乡"全乡俱乐部四个，每村一个。每个俱乐部里，有'体育'、'墙报'、'晚会'等很多的委员会。每村一个墙报，放在列宁小学。十篇文章中小学生约占八篇，群众占两篇。俱乐部都有新戏。每个乡苏维埃都要学习长冈乡的文化教育工作！"[③]党和红军来到赣南、闽西后，针对客家人喜爱唱山歌的习惯，利用原有山歌曲调，填上宣传革命道理、反映苏区军民斗争生活的新词，使地方传统民歌赋予新的时代特色和新的生命力。如后来改编为《十送红军》的兴国山歌《送郎调》以及在赣南广为传唱的《十二月长征歌》，都生动地反映了赣南苏区人民对红军长征的大力支持和红军长征后日夜盼红军早日回来的迫切心

---

① 毛泽东：《长冈乡调查》，参见《毛泽东农村调查文集》，人民出版社 1982 年版，第317—319 页。

② 余伯流、凌步机：《中央苏区史》，江西人民出版社 2001 年版，第796—797 页。

③ 毛泽东：《长冈乡调查》，参见《毛泽东农村调查文集》，人民出版社 1982 年版，第320 页。

愿。通过开展丰富多彩的农村文化教育活动，加强了农村精神文明建设，为中央苏区时期革命斗争的胜利提供了强劲的精神动力。

为了改善苏区乡村的环境卫生强壮群众体质，苏区党和政府非常重视苏区的卫生防疫工作。通过《红色中华》、《斗争》、《红星》报等宣传卫生防疫知识，如1932年春末，《红色中华》在显要的位置，提示苏区军民："夏天来了！……疾病肮脏与污秽，正要在这个时候来毒害我们！""保证我们有铁一样的身子，武装上前线，粉碎敌人围剿！"同时，还制定了《苏维埃区域防疫条例》和《苏区卫生运动纲要》，提出了开展卫生防疫运动的具体办法，要求城乡各级政府都要组织卫生委员会或卫生小组，对本地区、本单位的卫生工作负责，户与户、组与组、村与村、乡与乡、县与县之间，普遍开展卫生运动竞赛。苏区政府还急群众之所急，在各县区内务部卫生科设立诊所，方便群众看病。如长冈乡开展的卫生防疫工作主要有："（一）扫除：厅堂、睡房不要放灰粪，前后水沟去掉污泥，坪场打扫光洁，公共的水沟、坪场则轮流疏扫。（二）饮食还只说到禁吃死东西。（三）衣服：要洗洁。……疾病是苏区中一大仇敌，因为它减弱我们的革命力量。如长冈乡一样，发动广大群众的卫生运动，减少疾病以至消灭疾病，是每个乡苏维埃的责任。"①

除此之外，还培养苏区群众的科学精神与科学的生活方式。如提倡婚姻自由、父母不打骂子女、群众互相和睦相处、反宗教迷信以及开展体育运动等。

6. 加强苏区基层干部优良工作作风和工作方法的培养。苏维埃政权的两大任务是组织革命战争和改良群众生活，而苏区基层干部是组织经济建设改良群众生活的具体任务的实施者，因此，"在这里，工作方法的问题，就严重地摆在我们的面前。我们不但要提出

---

① 毛泽东：《长冈乡调查》，参见《毛泽东农村调查文集》，人民出版社1982年版，第320—321页。

任务，而且要解决完成任务的方法问题"。① 在中央苏区开展苏区乡村建设工作中，党和各级政府非常注重对基层干部的工作作风和工作方法的培养，在 1934 年 1 月第二次全国工农代表会议上，毛泽东专门作了《关心群众生活，注意工作方法》报告，并表扬了"兴国的同志们创造了第一等的工作，值得我们称赞他们为模范工作者"。② 兴国民歌《苏区干部好作风》唱道："苏区干部好作风，自带干粮去办公，日着草鞋干革命，夜走山路访贫农。"朴素、简练地概括了当时苏区干部的优良工作作风和工作方法。

真心实意地为群众谋利益的公仆作风——苏区优良革命传统的核心内容。苏区时期，中国共产党已成为局部范围内的执政党。"真心实意为群众谋利益"，执政为民，是中国共产党和苏维埃政府的宗旨所在。毛泽东在中央苏区时提出："一切以群众的实际生活问题，都是我们应当注意的问题……满足了群众的需要，我们就真正成了群众生活的组织者，群众就会真正围绕在我们的周围，热烈地拥护我们。"③ 毛泽东在第二次全国苏维埃代表大会上作总结报告时说："我们应该深刻地注意群众生活的问题，从土地、劳动问题，到柴米油盐问题。妇女群众要学习犁耙，找什么人去教她们呢？小孩子要求读书，小学办起了没有呢？对面的木桥太小会跌倒行人，要不要修理一个呢？许多人生疮害病，想个什么办法呢？一切这些群众生活上的问题，都应该把它提到自己的议事日程上。应该讨论，应该决定，应该实行，应该检查。要使广大群众认识我们是代表他们的利益的，是和他们呼吸相通的。要使他们从这些事情出发，了解我们提出来的更高的任务，革命战争的任务，拥护革命，把革命推到全

---

① 毛泽东：《关心群众生活，注意工作方法》，《毛泽东选集》（第一卷），人民出版社 1991 年版，第 139 页。

② 同上书，第 140 页。

③ 同上书，第 137 页。

国去，接受我们的政治口号，为革命的胜利斗争到底。"①

苏区党和苏维埃工作人员，牢记党和苏维埃政府的宗旨，自觉地真心实意地为群众谋利益，处处为群众着想，关心群众生活，注意工作方法。打土豪、分田地，使广大农民挣脱封建剥削的枷锁，获得宝贵的土地，政治上经济上都翻身做了主人。这是党和苏维埃政府为贫苦农民谋取的最大利益。党和苏维埃政府组织起耕田队、换工队、犁牛站、耕牛合作社、粮食合作社等等帮助农民群众解决生产、生活上遇到的困难。"兴国的经验，供给我们以艰苦群众的工作的模范。苏维埃工作人员，刻苦地深入到群众中去，从群众的切身利益的问题上，联到目前战斗任务，鼓励群众，说服群众，解决他们困难，组织他们热忱来实现这些目前战斗任务。"②

正因为共产党和苏维埃政府真心实意为人民群众谋利益，苏区群众才那么真心实意地拥护革命，拥护苏维埃。赣南苏区总人口220余万，其中青壮年人口仅50万左右，但前后参加主力红军和地方红军的就达33万余人，约占青壮年总数的66%；参战支前的共60余万人，占人口总数的27%；为革命牺牲8万余人，平均每20人中就有1人为革命献出生命。长冈乡每100个青壮年中有80人当红军或参加苏维埃工作；才溪乡每100个人中有88人参加红军或参加苏维埃工作。这是党和苏维埃政府真心实意为群众谋利益的必然结果。

勇于创新、以身作则、模范带头的工作作风。苏区各级干部在工作上勇于开拓创新，人人争创"第一等的工作"。兴国县的干部党员领导人民群众，成为创造"第一等的工作"的典型，其主要经验在于党员干部在各项工作中的以身作则、模范带头作用。他们在10个方面的工作都成为苏区的模范：一是扩大红军的模范；二是支前参

---

① 毛泽东：《关心群众生活，注意工作方法》，参见《毛泽东选集》（第一卷），人民出版社1991年版，第138页。

② 亮平：《怎样使苏维埃成为更有力的动员群众的政权机关》，参见苏区中央局《斗争报》，第44期，1934年1月26日，第9版。

战的模范；三是慰劳红军的模范；四是优待红军的模范；五是推销公债的模范；六是粮食动员工作的模范；七是合作社运动的模范；八是节省运动的模范；九是教育工作的模范；十是生产运动的模范。"长冈乡代表会议有许多好的创造，如常委会、值日代表、代表领导居民、检查制度等，都是别地可学习的。……长冈乡的村委员会（许多的委员会在村都有），使苏维埃联结了更广大的群众，这是苏维埃工作发展到高度时的很好的创造。因为村有了五人的委员会，乡的委员会许多也只要五个人就行了，而乡的每个委员会的五个人，其中四个就是四个村委员会的主任，这样把工作组成了网，对于乡代表会议的工作的帮助是极大的。"①

毛泽东同志针对兴国县党干部开拓创新、扎实工作的崭新风貌，提出了"创造了第一等的工作"的著名论断。"兴国的同志们创造了第一等的工作，值得我们称赞他们为模范工作者。同样，赣东北的同志们也有很好的创造，同样是模范工作者。像兴国和赣东北的同志们，他们把群众生活和革命战争联系起来了，他们把革命的工作方法和革命的工作任务问题同时解决了。他们是认真地在那里进行工作，他们是仔细地在那里解决问题，他们在革命面前是真正负起了责任，他们是革命战争的良好有组织者和领导者，他们又是群众生活的良好的组织者和领导者。"② 这一论断不仅是对苏区人民开拓进取精神风貌的理论升华，也是苏区优良革命传统的突出特点。

艰苦奋斗、廉洁自律的生活作风。毛泽东同志针对苏区时期军民面临的极其艰苦的物质生活环境，提出了"艰苦奋斗是我们的政治本色"的著名论断。这一论断不仅是对苏区干部"穿草鞋、打灯笼、自带干粮去办公"的作风和廉洁奉公自律意识的升华，也是苏区干

---

① 毛泽东：《长冈乡调查》，参见《毛泽东农村调查文集》，人民出版社1982年版，第293、300页。

② 毛泽东：《关心群众生活，注意工作方法》，参见《毛泽东选集》（第一卷），人民出版社1991年版，第140页。

部优良革命传统的又一要旨。苏区时期，处于革命战争年代，加上国民党的经济封锁，物资严重匮乏，苏区军民的物质生活是极其艰苦的。苏维埃临时中央政府成立后，苏区军民的物质生活有了改善，但仍很艰苦。当时，从中央政府主席到地方工作人员，除少量技术人员外，大家都没有薪饷，只有少量伙食尾子。1933年冬起，为了克服困难，节约经费，家住苏区的本地干部，连伙食费也不要公家发给，"自带干粮去办公"，且每天只吃两餐，节约一餐口粮支援前线。当时提出了一句很响亮的口号："节约每一个铜板为着战争和革命事业。"节约已成为大家的自觉行动，勤俭节约光荣、奢侈浪费可耻，成为整个苏区的普遍风尚。

苏区各级干部崇尚廉洁，反对腐败，形成了良好的风气。苏区干部掌握着党和政府各方面的权力，但是，他们从不滥用职权牟取私利，而是与群众"有盐同咸，无盐同淡"，不搞任何特殊化。由于国民党的经济封锁，苏区物质生活异常艰苦，党和苏维埃政府制定了惩治干部腐败的纪律与法律，切实加强了对各级干部的法律监督和群众监督、舆论监督，对少数贪污浪费严重的腐败分子和害群之马，予以严惩，从而使中央苏区各级苏维埃政府成为中国历史上最廉洁的政府，各级党政军群工作人员成为中国历史上最廉洁的官员。

调查研究、求真务实的思想作风。毛泽东历来主张理论联系实际，在《反对本本主义》中就明确提出"没有调查，就没有发言权"。他自己身体力行，亲自作了寻乌调查、长冈乡调查、才溪乡调查、兴国调查等，及时解决了创建农村革命根据地的一些重大问题，减少了"左"倾错误带来的损失。毛泽东不仅自己注重调查研究，还把社会调查作为一项工作制度，向军队和党政机关推行。在毛泽东身体力行大兴调查研究之风的影响下，广大苏区干部经常深入田间地头访贫问苦，体察民情，倾听民声。同时，苏维埃政府还建立了代表联系制度，经常倾听群众意见，把正确的意见及时采纳到工作中去。

苏区干部的求真务实的思想作风也有效地推动了各项工作的顺利开展。如"模范的上社区苏的工作"之一——巡视制度就是集中的体现。"上社区苏巡视员下乡去不是先找乡苏主席，或其他负责同志，而是先到群众中去考察群众的意见。倾听工农检察部的通讯员，妇女党团员及党小组长等对于乡苏各项工作的意见，巡视员同时也向非党员群众探询意见。巡视员在群众中发现了问题，调查了实际的情形以后才去参加或召集乡苏的会议。……上社区巡视员制度的特点在于他们不但没有包办乡苏的工作或躲在乡苏机关里听报告。相反的，他们是深入到群众中，倾听了群众的意见。面对与乡苏的指示也是提出了具体的问题来讨论，并且给予推动与帮助。这种巡视制度与走马观花或坐待报告的巡视员丝毫没有相同之处，这是值得别地的区苏来学习的。"[1]

（三）中央苏区乡村建设思想的历史经验及启示

1. 农民问题始终是中国革命和发展的核心问题，乡村建设的根本目标是促进以农民为中心的农村经济社会的全面发展。基于 20 世纪初中国内忧外患、农村经济社会衰败的国情，在中共领导的早期乡村建设运动中，首先明确地认识到农民问题是国民革命的中心问题，农民是中国最大多数的劳苦群众，是中国共产党领导的国民革命最可靠的同盟者，是最主要的革命动力之一。因此，在中国共产党领导的中央苏区乡村建设中，特别注重启发农民的阶级觉悟，充分广泛地动员广大农民的积极参与，从而赢得了广泛的社会群众基础。在中国这样一个农村人口众多的不发达国家，无论是革命战争年代还是和平建设时期，农民问题始终是影响社会经济发展的一个重要问题。因此，胡锦涛指出："要以人民群众利益为重、以人民群

---

① 然之：《模范的上社区苏的工作》，参见《红色中华》第 178 期，1934 年 4 月 21 日，第 3 版。

众期盼为念，着力解决好人民最关心最直接最现实的利益问题，始终保持党同人民群众的血肉联系。"① 十七届三中全会《决定》进一步明确：必须切实保障农民权益，始终把实现好、维护好、发展好广大农民根本利益作为农村一切工作的出发点和落脚点。在新农村建设中，要始终坚持以人为本，尊重农民意愿，着力解决农民最关心最直接最现实的利益问题；要充分保障农民政治、经济、文化、社会权益；要加强新型农民培训，提高农民综合素质，促进农民全面发展；要充分发挥新农村建设中的农民主体作用和首创精神，紧紧依靠亿万农民建设社会主义新农村。

2. 土地问题是关系到中国革命和发展的根本性问题，在新形势下必须健全严格规范的以保护农民土地权益为核心的农村土地管理制度，促进和谐社会建设。要解决中国的农民问题，首先要解决农民的土地问题，这是中国民主革命的基本内容之一，也是中国共产党领导的早期乡村建设中要解决的根本问题。通过"一切没收的土地之实际使用权归之于农民"，实行"耕地农有"，广泛动员农民积极投身于土地革命，从而确保了土地革命的胜利。在当前的中国，农业依然是国民经济的命脉，同时还与经济发展和社会和谐稳定紧密相连。土地是农业的根本，土地问题不仅事关农民的生存与发展，也是农村社会的稳定器，在城乡统筹发展和建设新农村的新形势下，必须高度重视农民的土地权益保护。因此，十七届三中全会《决定》指出要按照产权明晰、用途管制、节约集约、严格管理的原则，健全严格规范的农村土地管理制度；要完善土地承包经营权权能，依法保障农民对承包土地的占有、使用、收益等权利；完善农村宅基地制度，严格宅基地管理，依法保障农户宅基地用益物权。只有进一步完善了以保护农民土地权益为核心的农村土地管理制度，才能

---

① 胡锦涛：《扎扎实实提高社会管理科学化水平》，http：//news. xinhuanet. com/video/2011－02/19/c_ 121100233. htm。

继续推进农村改革发展，促进新农村建设。

3. 为了促进农村经济社会的全面协调发展，必须要从政治、经济、社会和文化等方面入手加强新农村建设。为了彻底解决20世纪二三十年代中国农村经济社会所面临的顽疾，中国共产党早期领导人认为要从政治、经济和思想文化等方面入手开展乡村建设，因此，提出了"农民政权论"、"四大发展论"和"新文化运动论"乡村建设的三大具体建设内容。尤其是在苏区建设时期，为了打破国民党政府对中央苏区的军事围剿和经济封锁，苏维埃政府十分重视苏区乡村建设，实行土地改革，加强基层政权建设，开展互助合作发展农业生产，完善社会服务和社会保障，实施文化卫生教育提高群众素质，加强苏区基层干部优良工作作风培养等，从而有效地巩固了苏维埃政权基础、经济基础和社会基础。进入20世纪90年代后，中国"三农"问题日益凸显，严重影响到国家的经济社会的均衡稳定发展。近年来党和政府将有效解决"三农"问题作为各项工作的重中之重，并提出了社会主义新农村建设的伟大战略。从我国农村经济社会发展目标及各地新农村建设的实际情况看，新农村建设不是片面地追求村域经济发展而导致村庄环境污染村民居住环境恶化，也不是大拆大建搞新村建设而增加农民负担，更不是富了手头而穷了脑袋的"文化荒漠村"或人去楼空田地荒芜的"空心村"。新农村建设应该是村域经济建设、基层民主建设、社会建设与文化建设的有机结合，因此，必须要大力发展村域经济提高农民收入、整治村容村貌、建设文明乡风、加强农村民主治理，促进农村经济社会可持续发展。

第七章

中共早期乡村社会调查
实践及其历史经验

20 世纪二三十年代，中国农村经济日益凋敝、衰落，社会问题日趋严重。没有深入系统的乡村社会调查，就不可能真正全面地了解中国农村、农民问题，也不可能形成正确的乡村建设路线、方针、政策，也很难保证乡村建设实践的顺利开展。从中国农村实际情况出发，深入开展乡村社会调查、深刻了解和研究农村问题，是中国共产党乡村建设思想源泉和实践路径。本章主要总结分析中共早期乡村社会调查实践的主要阶段、毛泽东乡村社会调查实践与方法、中共早期乡村社会调查实践的历史经验。

一 中共早期乡村社会调查实践的主要阶段

中国共产党自成立之初就比较注重乡村社会调查研究，而且随着中国共产党领导的乡村建设运动的不断深入，开展乡村社会调查也越来越被中共早期领导人所重视，并成为早期乡村建设运动的重要组成部分。中共早期乡村社会调查大致经历了四个阶段。

（一）中共早期乡村社会调查的萌芽（1919—1921）

在中共早期领导人中，最早关注农村提倡到农村去了解农村、研究农村的应首推李大钊。1919 年 2 月，李大钊在《青年与农村》一文中明确提出："中国是一个农国，大多数的劳工阶级就是那些农民。他们若是不解放，就是我们国民全体不解放；他们的苦痛，就是我们国民全体的苦痛；他们的愚暗，就是我们国民全体的愚暗；他们生活的利病，就是我们政治全体的利病。"要解决中国的问题，首先要解决中国农村和农民的问题。"要想把现代的新文明，从根底输入到社会里面，非把知识阶级与劳工阶级打成一气不可。"因此，李大钊号召青年到农村去，开展社会调查，开展农村研究。"我们青年应该到农村里去，拿出当年俄罗斯青年在俄罗斯农村宣传运动的精神，来做些开发农村的事，是万不容缓的。……只要知识阶级加入了劳工团体，那劳工团体就有了光明；只要青年多多的还了农村，那农村的生活就有改进的希望；只要农村生活有了改进的效果，那社会组织就有进步了。"①

应该说这一时期对农村和农民问题的关注，仅仅是中国早期马克思主义者对农民贫困境遇的同情和对农村问题的零碎模糊认识。正如张国焘所述：在中共一大以前，"我们没有谈到农民，这大概是认为现在还谈不上，再则农民运动和共产主义实在距离得太远"。②

（二）中共早期乡村社会调查的初步开展（1921—1925）

中国共产党真正开始关注农村和农民问题并开始乡村社会调查，应该是从中共二大以后开始的。1921年6月，共产国际在莫斯科召开第三次代表大会，会上特别强调了到群众中去和建立革命统一战线的重要性。在共产国际的影响下，为开展更加广泛的革命活动，从1922年上半年开始中国共产党对中国革命的性质和纲领等问题进行了探讨。1922年7月，中共二大召开，大会《宣言》明确指出：

---

① 李大钊：《李大钊选集》，人民出版社1959年版，第146页。
② 张国焘：《我的回忆》（第一册），东方出版社1998年版，第97页。

"如果贫苦农民要除去穷困和痛苦的环境，那就非起来革命不可。而且那大量的贫苦农民能和工人握手革命，那时可以保证中国革命的成功。"① 同年 11 月，《中国共产党对于目前实际问题之计划》中进一步阐述了关注和农村和农民问题的重要性。指出："农业是中国国民经济之基础，农民至少占全人口百分之六十以上，……被层层压迫的劳苦大群众（专指佃农），自然是工人阶级最有力的友军，为中国共产党所不应忽视。中国共产党若离开了农民，便很难成为一个大的群众党。"② 因此，"直到第三次代表大会，代表才注重这个问题，尤以毛泽东为然"。③ 中国共产党对农村和农民问题由关注转入到重视，并将此作为这一时期最急迫的重要任务。一些从事早期农民运动先行者们为了更好地发动农民参加革命运动，也开始了广泛深入的乡村调查研究的热潮，并陆续发表了许多有关农村和农民问题的调查文章。

1923 年 12 月，邓中夏发表了《论农民运动》一文。他在这篇文章中明确提出：现在中国农民现在已到了要革命觉醒时期了，为此中国共产党应该深入乡村，通过广泛的社会调查和深入的宣传发动，去唤醒农民为国民自身利益的革命而奋斗，并认为，现在深入农村去，做农民运动已是刻不容缓的事了。④

1924 年 3 月，恽代英发表了《湖北黄陂农民生活》的调查报告。在这篇调查报告中，恽代英通过对黄陂地区农民各阶层结构和经济生活状态的调查，详细地记录了当地的土地分配与占有情况以及地主对农民田租的残酷剥削程度，认为：正是这种封建的土地所有制

---

① 《中国共产党第二次全国大会宣言》，参见中央档案馆编《中共中央文件选集》（第一册），中共中央党校出版社 1989 年版，第 586 页。

② 中央档案馆：《中共中央文件选集》（第一册），中共中央党校出版社 1989 年版，第 124 页。

③ 张国焘：《我的回忆》（第一册），东方出版社 1998 年版，第 293 页。

④ 参见邓中夏《论农民运动》，见陈翰笙、薛暮桥、冯和法合编《解放前的中国农村》（第一辑），中国展望出版社 1985 年版，第 110 页。

度，阻碍了农村生产力的发展。因为在这种制度下，田主关心的租谷收入的多少，而对佃户的生产情况是全然不关心的。而佃田的人，因为田地不是他自己的，他在任何时候都有被田主撤换的可能，所以他不肯爱惜田地，加上农民缺乏技术，"不知道精意耕耘"，因此，"他们每不能尽生产的地力"。① 1924 年 5 月，恽代英在《农村运动》中强调开展农村调查研究对中国共产党领导的乡村建设运动的重要性，认为：过去由于"未能十分明了农村的人真状，所以我们说的话做的事，总未能对于农民抓到痒处"。于是，导致了在乡村建设运动中，一是不懂得因势利导，不明了农民的真实想法，而去做那些做不通的事；一是未顾及农民的地位与实力，一味引导他们去作反抗的运动，导致了一些比较怯弱的农民与之疏远。因此，要把乡村建设运动做好，必须深入农村，与农民多接近；真心与农民交朋友，"先使他们亲近你信爱你"，"你再多从他们考询他们的问题，并与他们商量解决这些问题的方法"。②

同时，在由中国共产党领导的《中国青年》杂志上发表的农村调查报告还有俊才的《山东广饶农民生活》、郁青的《河南彰德农民状况》、卓汉的《皖北寿县农民生活》以及刘明佛的《豫南固始县仙庄集的穷人》等。此外，《中国青年》杂志上还发表了《由经验得来的"农村运动的方法"》、《怎样和农民谈话》以及《调查农村经济状况的大纲》等阐述乡村社会调查方法的等文章。

（三）中共早期乡村社会调查深入发展阶段（1925—1927）

五卅运动以及北伐战争开始后国内政治形势发生了新的变化，

---

① 恽代英：《湖北黄陂农民生活》，《恽代英文集》（上卷），人民出版社 1983 年版，第 487—488 页。

② 恽代英：《农村运动》，《恽代英文集》（上卷），人民出版社 1983 年版，第 524—525 页。

农村和农民问题再次成为中国共产党所关注的重要问题。为了深入全面地研究农民在国民革命中的地位和重要作用，中国共产党更加深入系统地开展了乡村社会调查。

1925年12月，李大钊发表了《土地与农民》一文。他通过系统地考察中国的农民问题，强调了农民在国民革命运动中的重要性，"中国的浩大的农民群众，如果能够组织起来，参加国民革命，中国的国民革命的成功就不远了"。[①]

1926年1月，彭湃根据他自己在海陆丰地区开展农村社会调查研究和从事农民运动的实践，写成了《海丰农民运动》一书。彭湃通过对海陆丰农民的阶层构成以及农民的政治、经济、文化等状况进行了系统考察和分析，详细地阐明了农民受剥削压迫的原因以及解除农民痛苦的方法。在海陆丰地区农民阶级由雇农、佃农、半自耕农以及自耕农兼小地主等阶层构成。其中，佃农人数最多，约占55%，半自耕农约占25%，自耕农约占20%，自耕农兼小地主及雇农为少数。在政治上，贫苦农民的政治地位，并未因辛亥革命而有多大的改观，相反变得更糟。在经济上佃农最苦，半自耕农次之。在海陆丰的乡村，"自耕农兼小地主其地位比较颇为优越，而半自耕农之地位则次之，最苦者莫如大多数之佃农"。[②]毛泽东曾高度评价彭湃的《海丰农民运动》一书。毛泽东认为：广东的材料，"乃本书最精粹部分，它给了我们做农民运动的方法，许多人不懂得农民运动怎样去做，就请过细看着一部分。……它使我们懂得中国农民运动的性质，使我们知道中国的农民运动乃政治争斗、经济争斗这两者汇合在一起的一种阶级斗争的运动"。[③]

---

① 李大钊：《土地与农民》，参见陈翰笙、薛暮桥、冯和法合编《解放前的中国农村》（第一辑），中国展望出版社1985年版，第101页。

② 彭湃：《海丰农民运动》，《彭湃文集》，人民出版社1981年版，第106页。

③ 毛泽东：《国民革命与农民运动〈农民问题丛刊〉序》，《毛泽东文集》（第一卷），人民出版社1993年版，第40页。

（四）中共早期乡村社会调查的逐步成熟阶段（1927—1937）

第一次国内革命战争失败后，中国国内的政治形势发生了错综复杂的重大变化。以蒋介石为代表的国民党右派，逐步在全国建立和巩固了反共、反人民的新军阀统治。这种"国民党新军阀的统治，依然是城市买办阶级和乡村豪绅阶级的统治，对外投降帝国主义，对内以新军阀代替旧军阀，对工农阶级的经济的剥削和政治的压迫比从前更加厉害"①。面对这一新的变化，中国革命将往何处去？成为每一个中国共产党人必须思考和回答的问题。寻找一条适合中国国情的革命道路，已成为中国共产党面临的最紧迫的任务。为此，中共中央于1927年8月7日在汉口召开了中央紧急会议（即"八七"会议）。会议总结了大革命失败的教训，讨论了党的工作任务，清醒地认识到解决农民的土地问题始终是革命的根本问题，明确指出土地革命是中国民主革命的中心问题。要通过"平民式"的革命手段，没收大地主及中等地主的土地，没收一切祠堂、庙宇等公产土地，分配给佃农或无地的农民。通过总结第一国内革命战争失败原因，认为目前党的最主要任务就是有系统、有计划地在广大区域内发动农民总暴动，组织工农军队，建立农民武装，解决农民土地问题。至此，中国共产党的工作重心开始由城市向农村转移。为了更加深入全面地了解乡村的社会经济状况，适应党的工作重心的重大转移，中国共产党人又开始了新一轮的乡村社会调查。

1. 以毛泽东、张闻天为代表的中共早期领导人在革命根据地开展的乡村社会调查与研究。这一时期的乡村社会调查，除毛泽东本人开展的乡村社会调查以外（详见本章第二部分），比较有代表性的还有红四军开展的乡村社会调查以及张闻天的乡村社会调查。

---

① 毛泽东：《中国的红色政权为什么能够存在?》，《毛泽东选集》（第一卷），人民出版社1991年版，第47页。

　　1929 年 1 月，毛泽东、朱德率领红四军在向赣南闽西进发的途中，号召和动员全军上下在开展军事斗争同时，也要适时开展乡村社会调查。如 1929 年 9 月 1 日陈毅写给中央的《关于朱毛红军历史及现状的报告》中就提到："游击队到达某地以后，第一步必须做调查工作，由军官及党代表负责必须经过调查工作后，才能开会决定该地工作，因为红军行动如行云流水一般，所到之地，皆不明形势，若不调查则一切决定必不能切合当地群众需要。"① 同时报告中提到，在红四军开展的乡村社会调查中，非常重视调查内容的全面与准确性，"这个工作是一个极有趣味的工作，一般同志做起来感觉麻烦。……但它的好处可以使红军不会不顾环境而凭主观决定自己的政策"②。这一时期红四军的乡村调查工作也得到了中共中央的肯定："关于调查工作应切实去做。过去有许多调查成绩，因没人统计以致放弃，甚属可惜。前委应指定专人去做，这个工作做得好，对于了解中国农村实际生活及帮助土地革命之决定有重大意义。"③

　　张闻天也十分重视乡村社会调查。1934 年 7 月，张闻天受临时中央委托去闽赣省革命根据地巡视革命斗争情况，乘机开展了历时一个半月的乡村社会调查。张闻天的这次乡村社会调查是在"战火纷飞、刀匪蜂起的危险环境中，重点调查了建宁、安远、宁化这几个地区的武装斗争、政权建设、土改、肃反等几个方面的情况。……从他的报告所掌握的资料就可以看出大部分都是从实地调查中获得的第一手资料，报告不但从面的调查中提出问题，而且列举了许多直接调查获得的典型的例证"④。通过一个半月的调查，张

---

　　① 中央档案馆：《中共中央文件选集》（第五册），中共中央党校出版社 1989 年版，第 762—763 页。

　　② 同上。

　　③《中共中央给红军第四军前委的指示信》，《周恩来选集》（上卷），人民出版社 1980 年版，第 36 页。

　　④ 张培森：《毛泽东为何看重张闻天——张闻天在中央苏区的三件事》，《百年潮》 2001 年第 10 期，第 39 页。

闻天充分认识到建立农民武装力量对于中国共产党倡导和领导的乡村建设运动的重要性，"我们的同志必须立刻从堡垒，从空机关走向群众，去组织群众的武装斗争"①。1935 年 10 月，为制定更加适合富农的政策，张闻天组织和委派西北中央局的李维汉、王观澜和陕西省委书记郭洪涛等人对陕北土改情况开展了深入的调查。

2. 以陈翰笙为代表的中国共产党人在国民党统治区开展的乡村经济调查。陈翰笙是中国最早运用马克思主义观点开展中国农村经济调查研究的开拓者。早在 1927 年，陈翰笙就开始认识到，研究中国问题必须从研究农民问题和农村经济问题入手；而研究农村经济和农民的问题，又必须要深入到实际，深入到乡村中去。1928 年，陈翰笙回国担任国民政府中央研究院所属的社会科学研究所副所长。在此期间，他组织孙冶方、张稼夫、秦柳方、钱俊瑞和姜君辰等中共党员和进步青年开始了农村经济调查。最初的农村经济调查是选在东北农村，并在此基础上写出了反映东北农民悲惨境遇的调查研究报告，如《黑龙江流域的农民和地主》、《兵差与农民》、《东北的难民与土地》等。

从 1929—1934 年，陈翰笙率领他的调查组先后对江苏无锡、河北保定、广东岭南、广西、河南、陕西等地展开选点调查，而后又到东北的营口、大连、长春调查难民以及赴安徽、河南、山东等烟草种植地区调查烟农的生活境遇，"调查组从土地问题入手，采用阶级分析法，调查农村生产关系，最终以大量的、系统的第一手资料，科学地证明中国农村社会和中国社会的性质"②。并形成了一批影响很大的调查研究成果，如《亩的差异》、《工业资本与中国农民——中国烟农生活调查》、《广东的农村生产关系与生产力》等。

陈翰笙等人开展的农村经济调查，不仅观点鲜明，而且方法科

---

① 张闻天：《张闻天文集》（一），中共党史资料出版社 1990 年版，第 514、511 页。

② 张椿年、陆国俊：《陈翰笙集》"编者的话"，参见《陈翰笙集》，中国社会科学出版社 2002 年版，第 4 页。

学。他们的调查"并不是从事经院式的学术研究，而是密切配合革命运动，出于革命的需要"①。在方法上，运用唯物主义的基本原理，采取概况调查与抽样调查相结合的方式，指导农村调查。通过彻底了解中国农村"不同的经济区域的生产关系如何在那里演进，认识这些地方的社会结构的本质，对于全国社会经济发展的程序，就不难窥见其梗概"②。

二 毛泽东早期乡村社会调查实践

毛泽东十分注重对农村和农民问题的社会调查研究，正如邓小平指出："毛泽东从参加共产主义运动、缔造我们党的最初年代开始，就一直提倡和实行对于社会客观情况的调查研究，就一直同理论脱离实际、一切只从主观愿望出发、一切只从本本和上级指示出发而不联系具体实际的倾向作坚决的斗争。"③ 毛泽东关于乡村社会调查的思想和方法为以后中国共产党开展更加广泛的、深入的乡村社会调查研究，奠定了坚实的思想理论基础和方法论基础。

毛泽东的乡村社会调查实践最早可以追溯到他在长沙求学期间。他认为，人的学习既要重视"有字之书"，也要重视"无字之书"。以往的思想界"很少踏着人生社会的实际说话"，其结果，"不容易引入实际去研究事实和真理"。④ 他曾在给友人的一封信中提及实地调查研究的重要性，"吾人如果要在现今的世界稍为尽一点力，当然脱不开'中国'这个地盘。关于这个地盘内的情形，似不可以不加

---

① 薛暮桥：《我国马克思主义农村经济的先驱——陈翰笙》，《人民日报》1985年10月7日。

② 陈翰笙：《广东的农村生产关系与农村生产力》，《陈翰笙集》，中国社会科学出版社2002年版，第60页。

③ 邓小平：《邓小平文选》（第一卷），人民出版社1994年版，第114—115页。

④ 中共中央文献研究室、中共湖南省委《毛泽东早期文稿》编辑组编《毛泽东早期文稿》，湖南人民出版社1990年版，第363页。

以实地的调查及研究"。① 虽然此时毛泽东提出的注重社会实践与调查的观点及其活动，从严格意义上来讲并不是真正意义上的乡村社会调查活动。但从另一个侧面反映了毛泽东对乡村社会问题重视的一贯性立场。毛泽东对于中国乡村社会的调查与研究，同他对中国农村和农民的问题的认识一样，也经历了一个由不重视到重视，最后到全身心地投入到乡村社会调查研究与实践之中。

1924 年 12 月，毛泽东因病休养离开上海回到家乡韶山。在这一段时间，他通过走访当地农民，收集到了许多关于农民生产和生活的第一手资料，并以此为基础，完成了《中国佃农生活举例》一文。该文以一个假想的勤勉的青年佃农为分析对象，从他家里的佃田数量、人口、劳动力、劳作时间等基本情况的分析入手，通过对其一年的生产投入、生活支出和农田收入的细账对比以及丰歉影响等的考察，最后得出中国佃农是世界上最苦的佃农的结论。"中国之佃农比牛还苦，因牛每年尚有休息，人则全无。然事实上佃农不能个个这样终年无一天休息地做苦工，稍一躲懒，亏损跟来了。这就是中国佃农比世界上无论何国之佃农为苦，而许多佃农被挤离开土地变成兵匪游民之真正原因。"②

1925 年 2 月，毛泽东再次回到韶山，利用春节农闲开展农村社会调查。毛泽东一回来，有不少乡亲来看望，他和杨开慧也四处串门。接触最多的还是早年由他带到长沙的学校里当校役、刚从安源矿上回来的共产党员毛福轩，还有钟志申、李耿侯、庞叔侃、毛新枚等。毛泽东通过各种渠道做了不少社会调查。在这次调查的基础上，于 1925 年 12 月完成了他第一篇关于农村和农民的问题的代表作——《中国社会各阶级的分析》。他在文章中分析了中国乡村社会

---

① 中共中央文献研究室、中共湖南省委《毛泽东早期文稿》编辑组编：《毛泽东早期文稿》，湖南人民出版社 1990 年版，第 474 页。

② 毛泽东：《中国佃农生活举例》，选自《毛泽东农村调查文集》，人民出版社 1982 年，第 33 页。

各阶级的构成状况，指出："绝大部分半自耕农和贫农是农村中一个数量极大的群众。所谓农民问题，主要就是他们的问题。"并提出了"谁是我们的敌人？谁是我们的朋友？这个问题是革命的首要问题。"① 对于这次调查的作用和意义，毛泽东后来回忆道："以前我没有充分认识到农民中间的阶级斗争的程度"，这次回韶山后，才体会到"湖南农民变得非常富有战斗性"，于是"发动了一个把农村组织起来的运动"。②

　　1926 年 3 月，毛泽东担任第六届广州农民运动讲习所所长。在主持这一届农讲所期间，毛泽东十分重视学员的农村社会调查研究工作。"农民问题乃国民革命的中心问题。……要立刻下了决心，把农民问题开始研究起来。……向党里要到命令，跑到你那熟悉的或不熟悉的乡村中间去，夏天晒着酷热的太阳，冬天冒着严寒的风雪，挽着农民的手，问他们痛苦些甚么，问他们要些甚么。从他们的痛苦与需要中，引导他们组织起来；引导他们向土豪劣绅争斗；引导他们与城市的工人学生中小商人合作，建立起联合战线；引导他们参与反帝国主义反军阀的国民革命运动。"③ 毛泽东极力倡导农讲所学员研究各自所在省的农民问题，并以此成立以地区划分的 13 个农民问题研究会。同时，毛泽东还主持拟定了要求学生根据家乡的实际情况填写的包括地租率、田赋、地租来源、抗租减租、农村组织状况、农民观念、民歌等在内的 36 个调查项目，并组织学员去以海丰为中心的农民运动发源地——东江去实地考察与调研，加深学员对农民运动的了解。"赴海丰实行在将届毕业之时，学生于上课已久、接受各种理论之后，亲入革命的农民群众中，考察其组织，而目击

---

① 毛泽东：《中国社会各阶级的分析》，《毛泽东选集》（第一卷），人民出版社 1991 年，第 3 页。

② ［美］埃德加·斯诺：《西行漫记》，三联书店 1979 年版，第 135 页。

③ 毛泽东：《国民革命与农民运动〈农民问题丛刊〉序》，《毛泽东文集》（第一卷），人民出版社 1993 年版，第 39 页。

其生活，影响学生做农民运动之决心极大。"① 对于在农讲所组织学员开展社会调查的情况，毛泽东曾给予了高度的肯定："说到研究农民问题，便感觉太缺乏材料。这种材料的搜集自然要随农民运动的发展才能日即于丰富，目前除广东外各地农运都方在开始，所以材料是异常贫乏。这回尽可能搜集了这一点，印成这一部丛刊，作为各地农运同志的参考。其中各省农村状况调查一部分，乃农民运动讲习所第六届学生三百余人所做，在学生们分别组织的各该省农民问题研究会内提出讨论，又经过相当的审查才付印的。"并进一步指出：在学员中开展农村调查的目的，是希望"在不久的时期内从各地的实际工作实际考察中引出一个详细的具体的全国的调查来"。② 对此，周恩来也曾这样评价："能看到革命的发展是走向农民的革命战争，能看到革命发展这个全局的，在我们党内的代表是毛泽东同志。他接办农民运动讲习所，进行农民土地问题的调查研究，出了二十几种小册子。"③

1926 年 10 月下旬，毛泽东应邀在广州参加国民党中央各省联席会议，被任命为中共中央农民运动委员会书记。毛泽东主持中央农委工作后，他所做的第一件事就是制定《目前农运计划》，开始把他"自己的重点从对中国农民问题的研究，进入到对在全国范围内发展农民运动作出通盘的部署"。④ 为了实施《目前农运计划》，毛泽东于同年 11 月下旬，赴长江沿线一带的乡村考察，并着手筹办武昌农民运动讲习所。

随着北伐战争的不断深入，全国农民运动也蓬勃发展起来，猛烈地冲击了几千年以来中国封建专制统治的基础，给帝国主义和封建

---

① 罗绮园：《第六届农民运动讲习所办理经过》，《中国农民》第 9 期，1926 年 11 月。

② 毛泽东：《国民革命与农民运动〈农民问题丛刊〉序》，《毛泽东文集》（第一卷），人民出版社 1993 年版，第 39—40 页。

③ 周恩来：《周恩来选集》（上），人民出版社 1980 年版，第 117 页。

④ 金冲及：《毛泽东传》（1893—1949），中央文献出版社 1996 年版，第 119 页。

军阀地主豪绅阶级以沉重的打击。因此，引起国内阶级敌人的极端恐慌以及污蔑与攻击。同时，中共党内以陈独秀为代表的"右"倾机会主义者，面对国民党右派的责难，也对当时的农民运动持否定的态度。为了反驳当时党内外对农民革命运动的责难，1927 年 1 月初，毛泽东在戴述人等陪同下，开始对湖南的湘潭、湘乡、衡山、醴陵、长沙五县历时 32 天的乡村社会调查研究。通过这次深入系统的乡村社会调查，"所得材料不少。许多农民运动的道理，和在汉口、长沙从绅士阶级那里听得的道理，完全相反。许多奇事，则见所未见，闻所未闻"，[①] 并在此基础上，完成了他最有代表性的农村调查研究报告——《湖南农民运动考察报告》。毛泽东指出："宗法封建性的土豪劣绅，不法地主阶级，是几千年专制政治的基础，帝国主义、军阀、贪官污吏的墙脚。打翻这个封建势力，乃是国民革命的真正目标"，"国民革命需要一个大的农村变动。辛亥革命没有这个变动，所以失败了。……农村革命是农民阶级推翻封建地主阶级的权力的革命。农民若不用极大的力量，绝不能推翻几千年根深蒂固的地主权力。"[②] 贫农是"农民协会的中坚，打倒封建势力的先锋，成就那多年未曾成就的革命大业的元勋。没有贫农阶级（照绅士的话说，没有'痞子'），绝不能造成现时乡村的革命状态，绝不能打倒土豪劣绅，完成民主革命"。[③]《湖南农民运动考察报告》的发表，标志着毛泽东乡村社会调查研究思想初步形成，成为中国共产党领导的乡村建设的思想基础。

1927 年 9 月，毛泽东率领秋收起义的部队转移到井冈山地区，决定开创井冈山革命根据地，建立工农革命军。毛泽东一到井冈山，就把开展乡村社会调查作为他的一项重要工作纳入他的日常工作日

---

① 毛泽东：《湖南农民运动考察报告》，《毛泽东选集》（第一卷），人民出版社 1991 年版，第 15 页。

② 同上书，第 15—17 页。

③ 同上书，第 21 页。

程。在工农革命军占领宁冈、永新两地后，他就着手在这两个地方开始详细的乡村社会调查，并写下了《宁冈调查》和《永新调查》两篇调查报告。通过这一时期的调查，毛泽东更进一步增强了对解决农民土地问题的紧迫感。

　　1928年1月，工农革命军攻占遂川县城，毛泽东立即开展乡村社会调查，并分兵做发动群众的工作。通过调查，毛泽东发现，攻克遂川县城后，部队在开展宣传活动，下乡领导贫苦农民打土豪的同时，也有些人把商人、小贩的货物没收了，甚至把药店里称药的戥秤也拿了，群众对此很有意见，而且还发现了其他不少问题。为此，毛泽东提出在城市中保护中小商人的政策，并宣布"六项注意"。工农革命军的"三大纪律，六项注意"就是在遂川形成的。同年三、四月，毛泽东又在湖南炎陵县中村和桂东县的沙田开展访贫问苦，组织发动农民群众开展插牌分田运动。经过广泛的社会调查和实践探索，"毛泽东把《土地纲领》草案中'分配土地以区为单位'改为基本以乡为单位；把按照'工作能力'和'消费量'分配土地改为按人口平均分配；土地被分配掉的地主也给以生活出路。虽然工农革命军在中村和沙田停留的时间不长，同朱德率领的部队会合后又向宁冈转移，这里的分田成果没有能巩固下来，但这些试点经验，为以后边界土改的全面铺开创造了条件"。① 同年5—7月，湘赣根据地进入全盛时期。毛泽东在部队中抽调出大批干部和遂川、茶陵、炎陵县的负责人集中在永新县加紧社会调查工作。"毛泽东自己也三次到永新县西乡的塘边村，先后住了40多天，调查研究，领导分田，并总结了塘边的分田经验，制定了分田临时纲领十七条。"② 上述几次乡村社会调查研究为毛泽东后来起草《井冈山土地法》奠定了扎实的实践基础。

---

① 金冲及：《毛泽东传》（1893—1949）（上），中央文献出版社1996年版，第177页。
② 同上书，第179页。

1929 年 4 月，红四军进驻江西瑞金。不久，毛泽东率领第三纵队到兴国县城。到达兴国县城后，毛泽东即刻分兵发动群众，并开展社会调查，重点是调查兴国的政治、经济情况，翻阅县志并向群众了解兴国的历史及其现状。在此基础上，毛泽东根据中共六大决议和兴国的实际情况，主持制定了兴国县《土地法》。"把井冈山《土地法》中'没收一切土地'，改为'没收一切公共土地及地主阶级的土地'。这是一个正确的原则性的改动。"① 同年 7 月，毛泽东以红四军前委特派员身分到闽西指导地方工作。在此期间，为筹备好即将在上杭县蛟洋召开中共闽西第一次代表大会，毛泽东提议会议推迟一周召开，由代表先在本地区进行调查。这次调查为中共闽西第一次代表大会的成功召开发挥了很重要的作用，会上毛泽东提出了闽西根据地今后的三项基本方针："深入土地革命；彻底消灭民团土匪，发展工农武装，有阵地波浪式地向外发展；发展党的组织，建立政权，肃清反革命。"②

1930 年 5 月，红四军攻占寻乌县城，并在此停留近一个月的时间。毛泽东借此机会又开展了新一轮的乡村社会调查。"毛泽东同志每到一地，总是挤出时间做社会调查，以便了解情况，决定政策或检验改进已定的政策。凡是有地方党组织的，都找当地干部谈话，指导他们总结斗争经验，指出当前的任务和工作，着重讲党的政策和策略。"③ 期间，毛泽东在寻乌县委书记古柏协助下，接连开了 10 多天座谈会开展社会调查。此次调查是毛泽东以前从未有过的规模最大的一次调查，而且这次调查的目的性也很明确。对这次调查的意义，毛泽东认为："我作了寻乌调查，才弄清了富农和地主的问题，提出了解决富农的办法，不仅要抽多补少，而且还要抽肥补

---

① 金冲及：《毛泽东传》（1893—1949）（上），中央文献出版社 1996 年版，第 200 页。

② 同上书，第 203 页。

③ 郭化若：《郭化若回忆录》，军事科学出版社 1995 年版，第 26 页。

瘦。"① 在此基础上，毛泽东先后完成了《调查工作》（即《反对本本主义》）、《寻乌调查》、《兴国调查》、《赣西南土地分配情况》、《江西土地斗争的错误》、《分青和出租问题》、《木口村调查》、《东塘等处调查》、《分田后的富农问题》等调查报告。其中，最具代表性的《调查工作》，这是他关于乡村社会调查思想的代表性文章。在这篇文章中，毛泽东提出："没有调查，没有发言权"、"调查就是解决问题"、"离开实际调查就要产生唯心的阶级估量和唯心的工作指导，那么，它的结果，不是机会主义，便是盲动主义"、"社会经济调查，是为了得到正确的阶级估量，接着定出正确的斗争策略"。②等著名论断。《反对本本主义》标志着毛泽东乡村社会调查思想的逐步成熟。

1930 年 6 月，毛泽东率领红四军从寻乌出发，再次进入闽西根据地。闽西根据地的土地革命斗争在以邓子恢为主席的闽西苏维埃政府的领导下，已取得很大的成效。不仅无地或少地的农民分得了土地，而且为解决部分农户劳动力不足的问题成立了具有生产互助性质的耕田队。毛泽东来到闽西后很快前往上杭县才溪乡开展农村社会调查。在调查过程中，他召开区乡工作人员和耕田队长会议，号召群众组织起来搞生产，并要求把耕田队改成互助组；同时还创办油、盐、布匹和收购土特产品的销售合作社，以解决农民生产和生活的必需品。同年 10 月，毛泽东再次来到兴国县，对兴国县的永丰区进行为期一个星期的农村社会调查。这次调查，与毛泽东过去的调查相比有两个显著不同的特点。首先，在调查的方法上，采取了入户调查的方式，对 8 户家庭的人口、劳动力、土地、财产、收入、支出、婚姻、文化、政治地位、对革命的态度等方面进行了详细的调查。"做了八个家庭的调查，这是我从来没有做过的，其实没

---

① 毛泽东：《毛泽东农村调查文集》，人民出版社 1982 年版，第 22 页。
② 毛泽东：《反对本本主义》，《毛泽东选集》（第一卷），人民出版社 1991 年版，第109、110、112、113 页。

有这种调查，就没有农村的基础概念。"① 其次，是在调查的内容上，重点调查了农村各个阶级在土地革命斗争的表现。这是毛泽东在寻乌调查中做了而没有做得完全的。通过这次调查，毛泽东得出了一个结论，即："实际政策的决定，一定要根据具体情况，坐在房子里想象的东西，和看到的粗枝大叶的书面报告上写着的东西，决不是具体的情况。倘若根据'想当然'或不合实际的报告来决定政策，那是危险的。过去红色区域弄出了许多错误，都是党的指导与实际情况不符合的缘故。所以详细的科学的实际调查，乃非常之必需。"②

　　随着王明的"左"倾冒险主义在中共党内占据绝对优势，毛泽东被迫远离中央决策层。但尽管这样，他依然非常重视乡村社会调查研究。1933 年 11 月，毛泽东为了解乡一级苏维埃政权工作的实际执行情况，率领中央政府检查团先后到江西省兴国县长冈乡、福建省上杭县才溪乡这两个点进行实地调查，总结典型经验，以便推动全局工作。他在兴国县长冈乡和上杭县才溪乡调查期间，召开有各方面代表参加的调查会，并采取走访贫苦农民家庭和红军家属，同农民一起劳动的方式，在劳动过程中了解乡苏工作和群众生产、生活的情况。毛泽东通过调查，高度评价了这两个乡的苏维埃工作为"苏维埃工作的模范"。随后，写出了《长冈乡调查》和《才溪乡调查》这两篇调查报告，强调了开展乡村社会调查的重要性："我们的任务是提出了，……问题是怎样动员群众去完全地实际地实行这些任务与计划。……而这个问题的解决，不是脑子里头想得出来的，这依靠于从动员群众执行各种任务的过程中去收集各种新鲜的具体的经验，去发扬这些经验，去扩大我们动员群众的领域，使之适合于更高的任务与计划。……反对官僚主义的最有效方法，就是拿活

---

　　① 毛泽东：《兴国调查》，《毛泽东农村调查文集》，人民出版社 1982 年版，第 183 页。

　　② 毛泽东：《〈兴国调查〉前言》，《毛泽东文集》（第一卷），人民出版社 1993 年版，第 254 页。

的榜样给他们看。"①

毛泽东不仅非常重视乡村的社会调查工作，而且还非常重视社会调查方法。在每次重大历史转折关头，毛泽东都全力以赴地亲自调查研究，而且始终坚持马克思主义的立场、观点和方法去深入乡村、了解乡村、剖析乡村社会形态。毛泽东指出："要了解情况，唯一的方法是向社会作调查，调查社会各阶级的生动情况。对于担负指导工作的人来说，有计划地抓住几个城市、几个乡村，用马克思主义的基本观点，即阶级分析方法，作几次周密的调查，乃是了解情况的最基本的方法。"② 同时，毛泽东强调在调查的过程中要不耻下问，虚心向农民请教。"要做这件事，第一是眼睛向下，不要只是昂首望天。没有眼睛向下的兴趣和决心，是一辈子也不会真正懂得中国的事情的。……没有满腔的热忱，没有眼睛向下的决心，没有求知的渴望，没有放下臭架子、甘当小学生的精神，是一定不能做，也一定做不好的。"③

三 中共早期乡村社会调查实践的历史经验

围绕中国乡村社会现状以及中国革命的目标和任务等方面，中共早期开展了一系列深入系统的乡村社会调查，从而为中共早期乡村建设运动的顺利开展提供了丰富的思想源泉，为科学合理地制定革命路线、方针和政策提供了客观准确的现实依据和实施路径。中共早期乡村社会调查实践及思想的历史经验主要表现在以下三个方面。

---

① 毛泽东：《长冈乡调查》，参见《毛泽东农村调查文集》，人民出版社 1982 年版，第 286—287 页。

② 毛泽东：《〈农村调查〉的序言和跋》，《毛泽东农村调查文集》，人民出版社 1982 年版，第 16—17 页。

③ 同上。

（一）实事求是、脚踏实地是开展乡村社会调查的基本原则

正确的社会调查方法是获得真实的社会调查结果的前提，而实事求是的态度又是正确地开展社会调查的先决条件。不具备实事求是的态度，就不会获得真实准确的调查结果。毛泽东指出"离开实际调查就要产生唯心的阶级估量和唯心的工作指导"。① 这种唯心主义的调查方式，首先，表现为先入为主或者是自以为是的态度。遇事不愿尊重客观事实，不去重视群众的意见。在调查的过程中，容易把个人主观判断当成客观的事实真相，用片面的观点去代替社会调查中的科学结论，"把既定的结论或一般原则强加于调查研究，把调查研究作为验证主观成见的手段。……它的结果，不是机会主义，便是盲动主义"。② 最终必然把社会调查引入歧途，将乡村社会调查演变成歪曲事实的手段。其次，唯心主义的调查方式还表现为盲目的崇拜和过分的迷信。具体表现为只要是领导讲的、只要是上了书本的都是对的，尤其是在对待马克思主义理论的机械性的照搬照抄。对此，毛泽东指出："马克思主义的'本本'是要学习的，但是必须同我国的实际情况相结合。我们需要'本本'，但是一定要纠正脱离实际情况的本本主义。"③ 科学的真实结论"只有向实际情况作调查"④。最后，毛泽东提出了"没有调查，没有发言权"⑤ 和"不做正确的调查同样没有发言权"⑥ 的著名论断。因此，在中共早期的乡村社会调查中，始终坚持实事求是的基本原则开展乡村社会调查，

---

① 毛泽东：《反对本本主义》，《毛泽东选集》（第一卷），人民出版社1991年版，第112页。

② 同上。

③ 同上书，第111页。

④ 同上书，第112页。

⑤ 同上书，第109页。

⑥ 毛泽东：《总政治部关于调查人口和土地状况的通知》，《毛泽东文集》（第一卷），人民出版社1993年版，第268页。

根据实地调查所掌握的调查材料分析乡村社会现状和乡村运动中面临的问题，并在调查中去寻找解决问题的正确方法和途径，从而促进了中共领导的乡村建设运动的顺利开展。

（二）深入群众、拜农民为师是确保乡村社会调查结果真实可信的有效方式

乡村社会调查过程是一个调查者与被调查者之间的互动过程，真实、完整、科学的农村调查结论来自于实地的乡村社会调查，来自于对农民群众的真实生产生活的深入了解。因为，"无论何人要认识什么事物，除了同那个事物接触，即生活于（实践于）那个事物的环境中，是没有法子解决的"。① 因此，"要了解情况，唯一的方法是向社会作调查，调查社会各阶级的生动情况"。② 针对当时一些人不重视开展社会调查盲目发表不正确的议论或批评的现象，毛泽东指出："我们党吃所谓'钦差大臣'的亏，是不可胜数的。而这种'钦差大臣'则是满天飞，几乎到处都有。"③ 并进一步指出："共产党的正确而不动摇的斗争策略，决不是少数人坐在房子里能够产生的，它是要在群众的斗争过程中才能产生的，这就是说要在实际经验中才能产生。"④ 因此，要了解真实的农村和农民的现状，必须深入到农民群众中去，拜"能深切明了社会经济情况的人"为师，因为"他们有丰富的经验，不但懂得现状，而且明白因果。有斗争经

① 毛泽东：《实践论》，《毛泽东选集》（第一卷），人民出版社 1991 年版，第 286—287 页。

② 毛泽东：《〈农村调查〉的序言和跋》，《毛泽东农村调查文集》，人民出版社 1982 年版，第 15 页。

③ 同上书，第 17 页。

④ 毛泽东：《反对本本主义》，《毛泽东选集》（第一卷），人民出版社 1991 年版，第 115 页。

验的青年人也要，因为他们有进步的思想，有锐利的观察"。① 并且，在调查的过程中要保持谦虚的态度，要把自己置于被调查者之中，而不是高高在上，要"善于同群众接近，生活群众化，诚心诚意抱定当群众小学生的态度，一切不懂的事情应好好的向群众请教。态度不要太严肃。使群众害怕；也不要太随意，使群众看不起"。② 因为乡村社会调查是一件很复杂的工作，"没有眼睛向下的爱好和决心，是一辈子也不会真正懂得中国的事情的"。③ 最真实的原始资料，来自对生活在乡村的群众的调查。"这些干部、农民、秀才、狱吏、商人和钱粮师爷，就是我的可敬爱的先生，我给他们当学生是必须恭谨勤劳和采取同志态度的，否则他们就不理我，知而不言、言而不尽"。④ 毛泽东也批评了一些同志不深入乡村、不深入农民群众中作调查的错误倾向。"红军中显然有一部分同志是安于现状，不求甚解，空洞乐观，提倡所谓'无产阶级就是这样'的错误思想，饱食终日，坐在机关里面打瞌睡，从不肯伸只脚到社会群众中去调查调查。对人讲话一向是那几句老生常谈，使人厌听。"为此，毛泽东提出："我们要大声疾呼，唤醒这些同志：速速改变保守思想……到斗争中去！到群众中作实际调查去！"⑤ 并一步指出：在开展乡村社会调查过程中，如果"没有满腔的热忱，没有眼睛向下的决心，没有求知的渴望，没有放下臭架子、甘当小学生的精神，是一定不能做，

---

① 毛泽东：《反对本本主义》，《毛泽东选集》（第一卷），人民出版社 1991 年版，第116 页。

② 张闻天：《出发归来记》，《张闻天晋陕调查文集》，中共党史出版社 1994 年版，第338 页。

③ 毛泽东：《〈农村调查〉的序言和跋》，《毛泽东农村调查文集》，人民出版社 1982 年版，第 16 页。

④ 同上。

⑤ 毛泽东：《反对本本主义》，《毛泽东选集》（第一卷），人民出版社 1991 年版，第116 页。

也一定做不好的"。①

（三）坚持科学的调查方法和分析方法是确保乡村社会调查成功的有效途径

开展真实科学的乡村社会调查，不仅要有明确的调查目的、实事求是的调查态度和深入乡村的调查作风，而且还要有科学的调查分析方法。"我们不但要提出任务，而且要解决完成任务的方法问题。我们的任务是过河，但是没有桥或没有船就不能过。不解决桥或船的问题，过河就是一句空话。不解决方法问题，任务也只是瞎说一顿。"② 因为社会调查分析方法的科学与否，直接关系到社会调查结果的正确与否。对此，毛泽东根据自身丰富的乡村社会调查实践指出："到底如何才能使调查所得材料真实正确呢？第一，必须建立对这一工作的深刻认识，看清楚这一工作的重要性，才会以大力注意。第二，调查的人要不怕麻烦。调查这一乡，必须找到他们的分田的人口和土地调查本子，找到这一乡的经手分田的土地委员会和熟悉这一乡情形的人，先把每一家的阶级成分和每一亩田为那个阶级占有（属于地主、富农、中农、贫农……）分别清楚，再用硬算的办法统计清楚，按照实际数目填写上去。第三，上级政府派出去指导的同志和政治部负责任的同志，须将两张表格上的内容及调查是注意之点，详细向执行这一工作的同志说清楚。"③ 在乡村社会调查研究中，要善于从纷乱庞杂的事件和丰富零散的资料中，求得事实的真相，引出正确的结论，找出规律性的东西；面对社会调查

---

① 毛泽东：《〈农村调查〉的序言和跋》，《毛泽东农村调查文集》，人民出版社 1982 年版，第 16—17 页。

② 毛泽东：《关心群众生活，注意工作方法》，《毛泽东选集》（第一卷），人民出版社 1991 年版，第 139 页。

③ 毛泽东：《总政治部关于调查人口和土地状况的通知》，《毛泽东文集》（第一卷），人民出版社 1993 年版，第 267 页。

中所搜集的丰富的原始素材，要能透过复杂的现象，洞察到事物的本质与真相。因为"我们看事情必须要看它的实质，而把它的现象只看作入门的向导，一进了门就要抓住它的实质，这才是可靠的科学的分析方法"。① 否则，如果没有科学的调查与分析的态度和方法，也就不会具有透过现象看清事物的本质与真相的本领，"结果就像挂了一篇狗肉帐，像乡下人上街听了许多新奇故事，又像站在高山顶上观察人民城郭。这种调查用处不大，不能达到我们的主要目的"。② 中共早期乡村社会调查方法和分析方法主要包括以下两方面：

1. 乡村社会调查要根据实际情况采取灵活多样的调查方法

（1）要明确调查的目的和定好调查提纲。首先，在调查开始前应弄清调查的目的，即要调查的是什么事情，根据调查材料所要解决的是什么问题。并在明确调查目的的基础上，拟定好调查纲目，"纲目要事先准备，调查人按照纲目发问，会众口说。不明了的，有疑义的，提起辩论。所谓'调查纲目'，要有大纲，还要有细目"。③

（2）要开好调查座谈会。召开农民群众的座谈会是开展乡村社会调查的一个重要的内容，也是一个得出近乎正确的调查结论的有效的调查方法。"只有这样才能近于正确，才能抽出结论。那种不开调查会，不作讨论式的调查，只凭一个人讲他的经验的方法，是容易犯错误的。那种只随便问一下子，不提出中心问题在会议席上经过辩论的方法，是不能抽出近于正确的结论的。"④ 座谈会的具体的方式应视具体的情况而定。"开调查会每次人不必多，三五个七八个

① 毛泽东：《星星之火，可以燎原》，《毛泽东选集》（第一卷），人民出版社1991年版，第99页。

② 毛泽东：《反对本本主义》，《毛泽东农村调查文集》，人民出版社1982年版，第5页。

③ 毛泽东：《反对本本主义》，《毛泽东选集》（第一卷），人民出版社1991年版，第117页。

④ 同上书，第116页。

人即够。"① "看调查人的指挥能力。那种善于指挥的，可以多到十几个人或者二十几个人。人多有人多的好处，就是在做统计时（如征询贫农占农民总数的百分之几），在做结论时（如征询土地分配平均分好还是差别分好），能得到比较正确的回答。自然人多也有人多的坏处，指挥能力欠缺的人会无法使会场得到安静。究竟人多人少，要依调查人的情况决定。但是至少需要三人，不然会囿于见闻，不符合真实情况"。② 在开座谈会的过程中，"当时不便者，事后应记录……谈话次数可不拘，总以问题谈清楚为主，但谈话时间，力求以不妨碍生产、损失对方为原则。谈话不要采取向审问式的，而已生动的、随便的，但又有一定方向的'拉话'为最好"。③

（3）调查的组织者和参与者要亲自出马。在开展乡村社会调查的过程中，组织者和参与者的亲自参与是十分重要的。"实际政策的决定，一定要根据具体情况，坐在房子里想象的东西，和看到的粗枝大叶的书面报告上写着的东西，决不是具体的情况。倘若根据'想当然'或不合实际的报告来决定政策，那是危险的。过去红色区域弄出了许多错误，都是党的指导与实际情况不符合的缘故。所以详细的科学的实际调查，乃非常之必需。"④ 因此，为了有效地避免这种情况，担负乡村社会调查的组织者和参与者要亲自出马，一定都要亲身从事社会经济的实际调查，不能单靠书面报告。在调查的过程中，需要"同当地党政机关联系，得到他们的帮助，但应该完全独立自主做工作，不要依赖他们。只有亲自动手得来的材料，才

① 毛泽东：《〈农村调查〉的序言和跋》，《毛泽东农村调查文集》，人民出版社 1982 年版，第 16 页。

② 毛泽东：《反对本本主义》，《毛泽东选集》（第一卷），人民出版社 1991 年版，第 117 页。

③ 张闻天：《出发归来记》，《张闻天晋陕调查文集》，中共党史出版社 1994 年版，第 339 页。

④ 毛泽东：《〈兴国调查〉前言》，《毛泽东文集》（第一卷），人民出版社 1993 年版，第 254 页。

是比较可靠的，别人的材料，只能当参考"。①

（4）科学合理地收集和整理调查资料。调查信息的来源除了通过谈话的方式取得，还有一条重要途径是通过对现有的文字资料的收集和整理。因此，在开展乡村社会调查的过程中，要"尽量收集书面材料，如各种账簿、契约、分家单、收条、收据、家谱、家谱、碑记等。关于过去的历史材料，平常人不易记得清楚，一书面材料较为可靠"。② 同时，在"调查工作初步完成后，最好能在当地加以研究在研究中发现问题不清楚的再行收集材料。研究工作应紧跟在调查工作之后，而且最好就在调查的地方进行。两者相隔太久，会使研究工作流产，因而也不能完成调查任务"。③

2. 采用科学的社会调查分析方法，形成正确的农村社会调查结论，对于明晰和掌握农村社会的本质与发展规律具有极其重要的作用

（1）要善于运用马克思主义的阶级分析方法。马克思主义的阶级分析法，是阶级社会里的必不可少的正确方法之一。毛泽东指出："要了解情况，唯一的方法是向社会作调查，调查社会各阶级的生动情况。对于担负指导工作的人来说，有计划地抓住几个城市、几个乡村，用马克思主义的基本观点，即阶级分析的方法，作几次周密的调查，乃是了解情况的最基本的方法。"④

（2）在调查过程中，应采取注重由典型推及一般的方式，要学会"解剖麻雀"的分析方法。毛泽东指出："指挥员的正确的部署来源于正确的决心，正确的决心来源于正确的判断，正确的判断来源

---

① 张闻天：《出发归来记》，《张闻天晋陕调查文集》，中共党史出版社 1994 年版，第339 页。

② 同上。

③ 同上。

④ 毛泽东：《〈农村调查〉的序言和跋》《毛泽东农村调查文集》，人民出版社 1982 年版，第 15 页。

于周到的和必要的侦察，和对于各种侦察材料的连贯起来的思索。指挥员使用一切可能的和必要的侦察手段，将侦察得来的敌方情况的各种材料加以去粗取精、去伪存真、由此及彼、由表及里的思索，然后将自己方面的情况加上去，研究双方的对比和相互的关系，因而构成判断，定下决心，作出计划，——这是军事家在作出每一个战略、战役或战斗的计划之前的一个整个的认识情况的过程。"① 为此，首先，是必须抓住典型，而且最好的典型应是最能做同类事物代表的具体事物，典型选择愈好，则得出的结论愈带有普遍性。其次，是采取分析与综合的方式。"调查研究工作的主要方法是分析与综合。"② "选定调查对象后，对调查对象所处的环境应有必要的了解，不要把调查的东西从它的具体环境中孤立出来看。"③ 而且在调查过程中，"从感性方面得来的关于调查对象的统一的、笼统的印象，必须首先加以分析，加以解剖。……这是我们的思想从全体的认识到部分的认识的过程"④。在对调查材料的处理过程中，必须将分析与综合有机结合，"如果只有分析而没有综合，那我们得到的关于一个事物的各个组成部分的了解，就会变成孤立的、静止的、死板的。它们不是整个事物的有机组成部分，而变成脱离整体的独立的东西了。这使我们对于整个事物的整体，同样的不到了解，或者得到完全错误的了解。所以我们的分析方法必须要以综合方法来补充"⑤。

---

① 毛泽东：《中国革命战争的战略问题》，《毛泽东选集》（第一卷），人民出版社 1991 年版，第 179—180 页。

② 张闻天：《出发归来记》，《张闻天晋陕调查文集》，中共党史出版社 1994 年版，第 339 页。

③ 同上。

④ 同上。

⑤ 同上书，第 340 页。

参 考 文 献

［1］［美］埃德加·斯诺：《西行漫记》，三联书店 1979 年版。

［2］陈序经：《乡村建设运动》，大东书局 1946 年版。

［3］陈翰笙、薛暮桥、冯和法：《解放前的中国农村》（第一辑），中国展望出版社 1985 年版。

［4］陈毅、肖华等：《回忆中央苏区》，江西人民出版社 1981 年版。

［5］《邓小平文选》（第一卷），人民出版社 1994 年版。

［6］《邓小平文选》（第三卷），人民出版社 1993 年版。

［7］杜虹：《20 世纪中国农民问题》，中国社会出版社 1998 年版。

［8］董纯才：《中国革命根据地教育史》（第二卷），教育科学出版社 1991 年版。

［9］苏区中央局：《斗争》第 44 期。

［10］方美玲：《试论中央苏区的文化特征》，《北京教育学院学报》1998 年第 1 期。

［11］福建省龙岩地区文化局：《闽西革命歌谣》，福建人民出版社 1980 年版。

［12］高恩显、高良、陈锦石：《新中国预防医学历史资料选编》（一），人民军医出版社 1986 年版。

［13］高若事：《中央苏区婚姻改革初探》，《福建妇运史资料与

研究》1987 年第 1 期。

[14] 龚大明：《抗战时期中共文化建设的理论和实践》，《贵州师范大学学报》（社会科学版）2006 年第 1 期。

[15] 《国际共产主义运动史文献》编辑委员会：《共产国际第二次代表大会文件》，中国人民大学出版社 1988 年版。

[16] 《共产国际有关中国革命的文献》（1919—1928），中国社会科学出版社 1981 年版。

[17] 郭化若：《郭化若回忆录》，军事科学出版社 1995 年版。

[18] 郭铁民、林善浪：《中国合作经济发展史》，当代经济出版社 1998 年版。

[19] 韩延龙、常兆儒：《中国新民主主义革命时期根据地法制文献选编》（第一卷），中国社会科学出版社 1986 年版。

[20] 韩延龙：《中国新民主主义革命时期根据地法制文献选编》（第四卷），中国社会科学出版社 1984 年版。

[21] 何友良：《论苏区社会变革的特点及意义》，《中共党史研究》2002 年第 1 期。

[22] 何友良：《中国苏维埃区域社会变动史》，当代中国出版社 1996 年版。

[23] 《红色中华》第 52、59、116、162、169、178、180 期。

[24] 胡锦涛：《高举中国特色社会主义伟大旗帜　为夺取全面建设小康社会新胜利而奋斗——在中国共产党第十七次代表大会上的报告》，人民出版社 2007 年版。

[25] 胡衍净：《试论孟子的"农本"思想》，《农业考古》2005 年第 5 期。

[26] 江西省教育学会：《苏区教育资料选编》，江西人民出版社 1981 年版。

[27] 江西省档案馆：《闽浙赣革命根据地史料选编》（下册），江西人民出版社 1987 年版。

[28] 江西省档案馆、中共江西省委党校党史教研室：《中央革命根据地史料选编》（上、下册），江西人民出版社 1982 年版。

[29] 金冲及：《毛泽东传》（1893—1949），中央文献出版社 1996 年版。

[30] 孔子：《尚书》，吉林人民出版社 1996 年版。

[31] 李大钊：《李大钊选集》，人民出版社 1959 年版。

[32] 李宗黄：《考察江宁邹平青岛定县纪实》，南京正中书局民国二十四年元月版。

[33] 李运昌：《中国革命的伟大先驱——纪念李大钊诞辰一百周年》，《人民日报》1989 年 11 月 2 日。

[34] 李践为：《中国共产党历史》（第一册），人民出版社 1990 年版。

[35] 李永芳：《近代中国农会研究》，社会科学文献出版社 2008 年版。

[36] 历史系实习调查队：《第二次国内革命战争时期的才溪互助合作运动》，《厦门大学学报》1959 年第 1 期。

[37] 梁漱溟：《梁漱溟全集》（第二卷），山东人民出版社 2005 年版。

[38] 刘建：《新农村建设：陶行知乡村建设思想的启示》，《湖南师范大学教育科学学报》2008 年第 2 期。

[39] 刘秉龙：《中国合作经济研究》，中央民族大学博士学位论文，2006 年。

[40] 马伯煌：《中国经济政策思想史》，云南人民出版社 1993 年版。

[41]《毛泽东选集》（第一卷—第四卷），人民出版社 1991 年版。

[42]《毛泽东农村调查文集》，人民出版社 1982 年版。

[43]《毛泽东文集》（第一卷），人民出版社 1993 年版。

［44］欧阳仕文、陈金龙：《孙中山关于乡村社会建设的构想》，
《光明日报》2010 年 7 月 6 日。

［45］裴传永：《"大同小康"论并非孔子辩》，《孔子研究》
2003 年第 6 期。

［46］彭明：《中国现代史资料选辑》（第 1 册），中国人民大学
出版社 1987 年版。

［47］彭湃：《彭湃文集》，人民出版社 1981 年版。

［48］齐武：《一个革命根据地的成长——抗日战争和解放战争
时期的晋冀鲁豫边区概况》，人民出版社 1957 年版。

［49］罗绮园：《第六届农民运动讲习所办理经过》，《中国农
民》第 9 期。

［50］人民出版社：《第一次国内革命战争时期的农民运动资料》
（中国现代革命史资料丛刊），人民出版社 1983 年版。

［51］司马迁：《史记》④，吉林人民出版社 1996 年版。

［52］《孙中山全集》（第一卷），中华书局 1981 年版。

［53］《孙中山全集》（第九卷、第十卷），中华书局 1986 年版。

［54］《孙中山全集》（第五卷），中华书局 1985 年版。

［55］《孙中山选集》，人民出版社 1981 年版。

［56］山西省档案馆：《太行党史资料汇编》（第七卷），山西人
民出版社 2000 年版。

［57］斯大林：《斯大林全集》（第 8 卷），人民出版社 1954
年版。

［58］宋恩荣：《晏阳初全集》（第一卷），湖南教育出版社 1992
年版。

［59］苏肖晴：《新民主主义体育史》，福建教育出版社 1999
年版。

［60］汤家庆：《中央苏区的社会变革与思想文化》，《党史研究
与教学》1996 年第 4 期。

［61］王福重：《人人都爱看经济学》，人民邮电出版社 2008 年版。

［62］王荣花：《抗日战争时期太行革命根据地农村文化建设的历史实践》，《河北师范大学学报》（哲学社会科学版）2011 年第 1 期。

［63］王渔：《中共党史简编》，中共中央党校出版社 1988 年版。

［64］汪木兰、邓家琪编：《苏区文艺运动资料》，上海文艺出版社 1985 年版。

［65］危仁晸：《江西革命歌谣选》，江西人民出版社 1991 年版。

［66］魏文享：《国民党、农民与农会——近代中国农会组织研究》（1924—1949 年），中国社会科学出版社 2009 年版。

［67］魏本权、曾耀荣：《民间互助·合作运动·革命策略：中央苏区农业互助合作运动再研究》，《赣南师范学院学报》2010 年第 2 期。

［68］吴恒心：《孙中山农业近代化思想论析》，《中国农史》2002 年第 3 期。

［69］吴祖鲲：《中央苏区文化建设论》，《长白学刊》1993 年第 4 期。

［70］武力、郑有贵：《解决中国"三农"问题之路——中国共产党三农思想政策史》，中国经济出版社 2004 年版。

［71］厦门大学法律系、福建省档案馆：《中华苏维埃共和国法律文件选编》，江西人民出版社 1984 年版。

［72］乡村工作讨论会、千家驹、李紫翔：《乡村建设实验第一集》，中华书局 1935 年版。

［73］乡村工作讨论会、千家驹、李紫翔：《乡村建设实验第三集》，中华书局 1938 年版。

［74］《湘赣革命根据地》党史资料征集协作小组编：《湘赣革命根据地》（上），中共党史资料出版社 1991 年版。

［75］熊吉陵、黄诚：《论中央苏区时期的农村合作制经济建设》，《江西社会科学》2006年第10期。

［76］许毅：《中央革命根据地财政经济史长编》（下册），人民出版社1982年版。

［77］薛暮桥：《我国马克思主义农村经济的先驱——陈翰笙》，《人民日报》1985年10月7日。

［78］颜玉怀：《春秋战国时期的农业经营思想及其对现代农业的启示》，《中国古代史研究》2003年第1期。

［79］余伯流：《中央苏区经济史》，江西人民出版社1995年版。

［80］余伯流、凌步机：《中央苏区史》，江西人民出版社2001年版。

［81］于建嵘：《中国农民问题研究资料汇编》（第一卷，下），中国农业出版社2007年版。

［82］俞良早：《抗日战争时期毛泽东关于根据地文化建设的思想》，《中南民族大学学报》（人文社会科学版）2006年第5期。

［83］恽代英：《恽代英文集》（上卷），人民出版社1983年版。

［84］曾飙：《苏区体育》，中央文献出版社2004年版。

［85］张国焘：《我的回忆》（第一册），东方出版社1998年版。

［86］张厚安：《中国农村基层政权》，四川人民出版社1992年版。

［87］张培森：《毛泽东为何看重张闻天——张闻天在中央苏区的三件事》，《百年潮》2001年第10期。

［88］张注洪：《中国现代史论稿》，北京图书馆出版社1997年版。

［89］张闻天：《张闻天文集》（一），中共党史资料出版社1990年版。

［90］张闻天：《张闻天晋陕调查文集》，中共党史出版社1994年版。

［91］张玉龙、何友良：《中央苏区政权变态与苏区社会变迁》，中国社会科学出版社 2009 年版。

［92］詹永媛：《抗日根据地的文化建设与政治社会化》，《广西大学学报》（哲学社会科学版）2005 年第 4 期。

［93］郑大华：《民国乡村建设运动》，社会科学文献出版社 2000 年版。

［94］中华人民共和国国家农业委员会办公厅：《农业集体化重要文件汇编》（1949—1957），中共中央党校出版社 1981 年版。

［95］中共中央文献研究室：《十一届三中全会以来党的历次全国代表大会中央全会重要文件选编》（上），中央文献出版社 1997 年版。

［96］中共中央马克思恩格斯列宁斯大林著作编译局：《马克思恩格斯选集》（第 1 卷）（上）、（第 4 卷）（下），人民出版社 1972 年版。

［97］《中共党史教学参考资料》（一），人民出版社 1979 年版。

［98］中共河南省委党史研究室、中共安徽省委党史研究室：《鄂豫皖革命根据地史》，安徽人民出版社 1998 年版。

［99］中共中央党史研究室：《中国共产党历史》（第一卷上册），中共党史出版社 2002 年版。

［100］中共中央党史研究室：《土地革命纪事》（1927—1937），求实出版社 1982 年版。

［101］中共中央文献研究室、中共湖南省委《毛泽东早期文稿》编辑组：《毛泽东早期文稿》，湖南人民出版社 1990 年版。

［102］中国历史读本：《左传》，吉林人民出版社 1996 年版。

［103］中国社会科学院科研局：《陈翰笙集》，中国社会科学出版社 2002 年版。

［104］中国社会科学院经济研究所中国现代经济史组：《第一二次国内革命战争时期土地斗争史料选编》，人民出版社 1981 年版。

［105］中国供销合作社：《中国供销合作社史料选编》，中国财政经济出版社1990年版。

［106］中国社会科学院经济研究所中国现代经济史组：《革命根据地经济史料选编》（上册），江西人民出版社1986年版。

［107］中国作家协会江西分会：《红色歌谣》，江西出版集团、江西人民出版社2005年版。

［108］钟祥财：《中国农业经济思想史》，上海社会科学院出版社1997年版。

［109］中山大学党史组：《中共党史文献选辑》（第一辑），中共党史文献出版社1977年版。

［110］中央财政金融学院汉语教研室编：《财经古文选》，中国财政经济出版社1983年版。

［111］中央档案馆：《中共中央文件选集》（第1、2、3、4、5、7、10册），中共中央党校出版社1989年版。

［112］《周恩来选集》（上卷），人民出版社1980年版。

［113］朱汉国：《梁漱溟乡村建设研究》，山西教育出版社1996年版。

［114］朱淼水：《沈玄庐其人》，成都科技大学出版社1994年版。

［115］朱熹：《四书集注》，海南国际新闻出版中心1992年版。

［116］左丘明：《左传》，吉林人民出版社1996年版。

后　　记

　　在中国共产党成立 90 周年之际，《中国共产党早期乡村建设思想研究》由中国社会科学出版社正式出版了。本书是浙江师范大学农村研究中心重点工程——"中国乡村百年建设思想史研究"的阶段性成果。盛世修史，明时修志，本书的出版，表达了作者尊重历史的求实学风对中国共产党领导下的中华民族伟大复兴所取得巨大历史成就的充分肯定、由衷赞扬和歌颂。

　　浙江师范大学农村研究中心（RCC）自成立初，就制定了"中国乡村建设思想史研究计划"。2005 年 1 月 15 日，在北京中国科技会堂举办的"中国新乡村建设丛书"出版座谈会上，原农业部产业政策与法规司郭书田司长、中国人民大学严瑞珍等老教授希望我们开展乡村建设思想史研究。为此，于当年 3 月 15 日，RCC 在北京燕京饭店约请本中心的专家委员王瑞璞、严瑞珍、牛若峰、王立诚、郭书田、张晓山、徐小青、苏明 8 位教授，以及全国人大农委法案室王超英主任，第一次策划"中国乡村建设思想史"研究项目，讨论立项意义、研究框架、原则和方法等问题。此后，RCC 又经过了 5 年准备，先后到国家图书馆、南京第二历史档案馆、四川巴中市晏阳初博士史迹展览馆等处，收集历史文献资料和影像图片；又多次组织研究人员到民国乡村建设实验区（如无锡黄巷、昆山徐公桥、兰溪实验县）等地进行实地调查并收集当年资料和乡村工作讨论会论文集等。课题组还依托 RCC 与浙江省农办共建的"江南村落研究基地"，开展与菲律宾国际乡村建设学院、西南大学卢作孚研究中心、四川巴中晏阳初博士史迹展览馆等机构的交流与合作，完成了历史文献资料的收集、购买、翻拍、复印等工作，在此基础上，安排专职科研人员和访问学者整理撰写《中国共产党早期乡村建设思想研究》。为了增强研究和编撰人员对"中国共产党早期乡村建设思想研究"意义的深刻认识，更好地掌握第一手资料，2011 年年初，RCC 课题组在江西兴国县党史办和福建上杭县党史办的鼎力协助下，沿着毛泽东当年在中央苏区调查之路，重访兴国县长冈乡长冈村、泗望村和福建省上杭县才溪乡的上、下才溪村，瞻仰了兴国县革命历史纪念馆、将军馆、长冈乡调查纪念馆和毛泽东才溪乡调查纪念馆，收集了《红色中华》、《斗争》等珍贵历史文献和关于中央苏区的最新研究成果。这些文献资料及已有研究成果，是我们研究中国百年乡村建设思想研究的基础。借此书出版之机会，作者向上述为本书撰写出谋划策、慷慨提供历史文献资料和研究成果的各位专家、学者、研究人员以及相关部门的工作人员表示衷心感谢！本书在写作过程中，参考和引用了大量的历史文件、领袖著作、农村调查文献以及专家、学者研究成果等，我们尽可能地在注释及参考文献中一一列出，在此，我们表示衷心的感谢！如有疏漏或错误之处，敬请原成果的作者批评指正。

　　本书是课题组集体智慧和共同研究的结晶，具体撰写任务及成员分工如下：王景新负责总体策划、组织协调，在广泛征求意见和反复讨论的基础上，提出了全书的框架、体系结构，并撰写了总论、第一章的第二部分、第二章。鲁可荣主要承担了前期文献资料的收集与整理、研究内容与体系结构的拟定等组织工作，负责撰写第一章的第一、三部分、第六章、第七章，并对全书初稿进行了统稿、修改及校对及工作。郭海霞负责撰写第一章的第二部分、第三章、第四章和第五章，同时承担了部分初稿的校对任务。廖星成主要负责前期资料的收集整理，并承担了初稿的编撰工作。此外，研究生杨亮承、许文婷、楼海波也参与了资料整理工作，在此，一并表示感谢。

中共早期乡村建设思想内容丰富，体系复杂，涉及面广，要在短短的一年多的时间里，完成对中共早期乡村建设思想的研究，时间未免仓促，加之研究者水平有限，难以全面系统地反映博大精深的中共早期乡村建设思想。本书名之所以用《中国共产党早期乡村建设思想研究》而不是原议的《中国共产党早期乡村建设思想史》正是感受到本研究的缺陷而作出的取舍。此书抛砖引玉，希望能够引起更多的学者专家参与中国百年乡村建设思想史的研究。

2011 年 4 月 28 日于浙江师范大学农村研究中心